詐騙交鋒

FBI 安全顧問、神鬼交鋒傳奇詐欺師，
教你輕鬆識破詐騙陷阱、練就戰勝騙子的反詐心法

Scam Me If You Can:
Simple Strategies to Outsmart Today's Rip-off Artists

—— 法蘭克・艾巴內爾 Frank W. Abagnale ——

將此書獻給我的孫子

目錄

推薦序

一九九五年初，我初到ＦＢＩ聯邦調查局，滿心期望能趕緊投入職涯首份管理職，於處理全球金融犯罪的執法團隊擔任金融機構詐騙組的新任組長，同時負責ＦＢＩ支票詐騙防治計畫。我收到的第一道指令，是集合第一線人員，為他們舉辦一系列全國性演講，解說最新的詐騙手法、說明如何預防受騙，並呼籲大家注意詐騙問題。

在尋覓講師的過程中，有位同事提到法蘭克・艾巴內爾（Frank Abagnale），但我從沒聽過這號人物，也不知道法蘭克過往的犯罪記錄和他以前在調查局工作的情形。當時史蒂芬・史匹柏（Steven Spielberg）已經取得法蘭克的故事版權，但電影《神鬼交鋒》（*Catch Me If You Can*）的劇本、卡司、拍攝等工作都是在那之後好幾年的事情；雖然後來《神鬼交鋒》如預期一樣大賣，還製作成百老匯秀，但在那個還沒有網路的年代，我只能湊合找到一些基本資料，當中包含法蘭克自己寄給我的；光是這些資料，就已讓我欽佩不已，我立即就明白法蘭克絕對是銀行詐騙與相關防治工作的專家，也認為他很有機會在全國巡迴演講中表現出色，但我當時還是太小看他了！

光是在鹽湖城舉辦的首場暖身活動，法蘭克就已風靡全場。六個月後，我們在波士頓舉行了更大規模的講座，而他的表現依舊不同凡響！法蘭克機智又聰明，學識淵博，對於詐騙的經驗和技能更是無可匹敵。他還曾親自示範，教我如何竄改支票、如何用卸甲水輕易清除手寫油墨，我後來也學會能自己胡亂做點類似的簡單示範。更令人欽佩的是，法蘭克做這些完全是無償服務。我曾提議要多少支付些差旅費，但他仍堅持只要我告訴他演講的時間和地點就好。

每隔一陣子，我就會邀請法蘭克來演講，他也都會在約定好的時間出現在約好的地點；其實法蘭克自己手上也有很多事情要忙，但他總會挪時間出來給我們。奇怪的是，那時我對法蘭克的認識，還是很有限。法蘭克年輕的時候四處逃亡，負責追捕他的探員喬・謝伊（Joe Shea）（即電影中的卡爾・漢瑞帝〔Carl Hanratty〕）早已退休，所以當時調查局裡的同事鮮少有人知道法蘭克的過往事蹟。此後，法蘭克以講師、諮詢師、總顧問等身分在全國巡迴演講，他提供的反詐騙簡訊服務，以及他以前行騙的精彩故事，都深受許多客戶青睞。一次在聖地牙哥的研討會，法蘭克給我一本他寫的書《神鬼交鋒：有本事就來抓我呀》（電影《神鬼交鋒》原著），和講述他故事的同名錄音帶；我已記不得自己前後聽了卡帶幾遍，但每次聽都覺得那些情節是如此生動且令人著迷，儘管裡面所提不過是為了拍攝電影所需的前導綱要。

一直以來，法蘭克都很樂意出席反詐騙的演講宣導活動，他不僅把自己的聰明才智都用在反詐騙工作上，研發自己特有的預防手法，更樂意將之分享給數以萬計的聯邦調查局探員和其他聯邦政府機關人員。大家都來拜師法蘭克，就連李奧納多・狄卡皮歐（Leonardo DiCaprio）和湯姆・漢克斯（Tom Hanks）也在電影開拍前，特地前來參加演講活動，好為飾演的角色預先做功課。電影上映後，法蘭克聲名大噪，詢問度更是直衝天際，美國和全球各地的公司行號、銀行機構、保護團體等，大家都爭相要找法蘭克！但是，每次在我需要幫忙的時候，法蘭克依舊在所不辭，始終如一。

當然，現今罪犯的思維早已跳脫我們過去支票詐騙的年代，但法蘭克並沒因此停下腳步，他持續接受新的難題與挑戰。法蘭克很早就預料到身分盜用問題會日益加劇，也料到這類問題會給個人帶來嚴重傷害，最後更會演變成今日我們所看到的局面：犯下網路詐騙的許多罪犯都來自白領階級。這部分會在本書中有更多相關細節。

許多觀眾在電影《神鬼交鋒》中看到了各種詐騙的花招、拉風的噱頭，而在坐牢服刑的情節之後，大家都不免好奇：「真實世界裡的法蘭克·艾巴內爾是個什麼樣的人呢？」我可以跟你說的是，法蘭克絕對是個聰明絕頂的傢伙，這也是為什麼他能搞出這一串不法的勾當，但更可貴的是，他也是你見過最親切、最謙卑、最溫和的人。舉個例子，在認識法蘭克約莫十年後，我升職為培訓單位的副局長，工作職務包含帶領位在維吉尼亞州匡提科鎮的聯邦調查局學院。某個報到日的早上，我上樓準備去跟最新一梯的學員見面，主持聯邦調查局新任實習探員的宣誓就職儀式。教室裡，新探員們按著姓氏的字母順序一排排坐著。念完誓詞之後，大家坐了下來，此時我瞥見左手邊第一位新生的名牌寫著：史考特·艾巴內爾（Scott Abagnale），當時的我雖知道法蘭克有三個兒子，但並不記得他們所有人的名字，於是我開玩笑地問他與法蘭克是否有什麼特殊關係，沒想到他真的回答：「他就是我爸。」我的糗樣當場引來了全班哄堂大笑，即使我之後強作鎮靜地搖頭表示：「等我問過他才能確定！」不過當然了，他的確是法蘭克的孩子沒錯，而法蘭克則秉持著他一貫的態度，不希望他的家人享有任何特殊待遇。於是十六週過去後，我很榮幸能見證史考特和其他學員一起站在結業典禮的舞台上，由當時的局長羅伯特·穆勒（Robert Mueller）帶領他們宣誓就職，正式成為聯邦探員。這天對法蘭克來說，也是人生中最驕傲的一天！

在如今這個時代，我們隨便走進一間書店，都可以找到滿滿好幾櫃講述投資方法、健康養生、成功理財的書籍，而且越知名作家寫的書，就越暢銷。不過，在我們準備更上一層樓之前，是不是要先想想如何保全已累積的財富呢？沒有人探討這方面的議題，可是小偷和詐欺犯卻時時刻刻都在伺機而動。而這也是為什麼法蘭克應該來寫這本書，他在這方面非常有天賦；法蘭克不僅是可以提供財務諮詢的顧問，他更希望能宣揚反詐騙的理念，並期望大眾調整自己的行為敏銳度。只要遵循本書提出的建議，你的財務健康度和風險暴露問題，都可立即獲得改善，並降低遭遇詐騙和個資被濫用的可能性，這些保障我們安全的建議不是一堆運算公式，也不是複雜的財務金融策略，而都是可以輕易做到的普遍常識與技巧。

我和法蘭克到底認識多久已經記不清了，但我很驕傲有他這麼一位朋友！他在工作上對我的幫助極大，也改變了我的人生，而且我永遠搞不懂他是如何同時做到這麼多事情的（但我也沒打算要逼問他原因就是了）。只要是見過法蘭克本人的朋友，都曉得他給的忠告多麼有效，且還都是先見之明。若你尚未見過他本人，那務必把這件事情列到自己的人生夢想清單之中。不管你是已經能看穿許多行騙手法，打算再精進自己的知識；或是一點也不了解詐騙，但想學會如何保護自己；又或者只是多少懂一些些，需要再加強實力，都請好好享受、閱讀這本書吧！記得把本書收在身邊，以後有需要，就可以隨時拿出來參考！記得要隨時保持警覺、勤加留心，這樣我們就都可以遠離永無終止之日的各種騙局了。

奇斯・斯洛特（Keith Slotter）

前聯邦調查局培訓部副局長

引言　受騙上當的「聰明人」

Scam詐欺（名詞）：（非正式解釋）指不正直、不老實的詭計；一種詐騙。

Fraud詐騙（名詞）：指一個人或是一群人，利用一個人、一群人或是一連串事物，以不道德的手段或犯罪手法欺騙他人、謀取私利，目的是為了擁有能滿足其慾望、價值觀的物品，或是獲取日常必需品，又或者是為了達到某種有利的成就或條件，且往往都沒有正當的理由。

「我真的很想死！」海倫・安德森（Helen Anderson）這麼說。「我多希望睡著就別再醒來了，問題一再發生，感覺沒有結束的一天！讓人太累、太無助了！」

海倫，六十四歲，曾是身分被盜用的受害者。她早年任職於西雅圖一間醫院手術房，因為工作得長時間站立，加上精細的手術需要大量精力，搬動病患也相當耗費體力，所以海倫就跟許多護士一樣，背部有了許多老毛病。二〇一一年時，海倫的雙腿開始痛到不行，她雖然接受了背部開刀治療，但後來還是無法再回到工作崗位。幸好她因為有好好做退休規劃，帳單都有準時繳清，信用評等良好，房子也沒有房貸，因此雖然沒有了收入，她倒也不擔心之後的生活。

開刀復原後沒多久，海倫住在奧勒岡州波特蘭市的女兒身體也出了狀況。因為已經退休了，她有大把時間可以去探望女兒，於是她把房子和狗交給了姪女莎曼莎照顧，並交代姪女不可以讓任何人住進她家。這是因為海倫在十五年前就曾有過不好的經驗，當時有位醫院同事的姐妹來她家借住了一個禮拜，結果這個女人竟利用在她家找到的資訊，以海倫的名字辦了張信用卡，後來被海倫發現並當面對質後，對方才付清卡債並剪掉信用卡。經過這件事情之後，海倫就不希望再有陌生人到家裡，尤其是她不在家的時候，更是萬萬不可！

也因此，當海倫從奧勒岡州回到家，發現竟有位陌生女子在自己家裡時，理所當然地非常生氣。海倫問這人是誰，莎曼莎解釋這位朋友叫愛麗絲•利斯基（Alice Lipski），剛跟男友吵了一架，需要有個地方住，因為只會待上幾天，所以認為海倫不會介意。但海倫其實非常在意，她要求愛麗絲當週週末就搬走。而這股不安沒有不對，海倫後來接到了信用合作社※分行經理來電，告知有張她以前未使用過的簽帳金融卡最近消費了三百美元，導致帳戶透支，此時，不安的感覺更加強烈了。

海倫前往信用合作社的辦公室，填寫了詐騙宣誓書，順利取消了這筆消費。但是，麻煩還沒有結束。隔幾天，海倫接到另一通電話，這次是富國銀行打來問海倫是否刷了五千美元，而且刷的還是海倫未曾使用過的信用卡，答案是沒有，海倫沒有刷過這筆消費。顯然是前一週有人在她家啟用了這張信用卡，而且這筆消費的帳單支付來源，是使用海倫在信用合作社的其中一本支票。這到底是怎麼一回事？海倫再度來到信用合作社的辦公室，在查看帳戶的過程中，經理問她：「妳有沒有在網路上，用這個支票帳戶支付美國運通信用卡的帳單？」海倫回沒有，她以前從不會在網路上支付帳單。接著，經理就告訴海倫快去警局報案。

但，這一切都只是惡夢的開始而已！就在海倫努力阻擋信用問題日益擴大的同時，愛麗絲・利斯基卻在縝密地計畫讓自己變成海倫・安德森。愛麗絲除了在海倫家竊取了各種文件資料，更透過社群網站和網路調查海倫的背景，找到海倫母親的出生日期。有了這些資訊，愛麗絲就能解開海倫帳戶的安全檢查問題，甚至重新啟動她已

※非營利的互助型金融機構，主要業務是放低息貸款給成員，可依職業或地區來分。

經註銷的好市多信用卡，順帶還把安全檢查問題的答案換成只有愛麗絲本人才知道的資訊，如此一來，海倫就無法再管理自己的帳戶了。另外，愛麗絲也啟用了海倫的信用監測服務，而這項服務非但沒有保護海倫免於身分被盜用，反倒讓愛麗絲取得了海倫完整的信用記錄。

信用記錄報告提供大量資訊，包含海倫名下的銀行卡、聯名卡等，接著愛麗絲不但逐一通報卡片遺失、同時辦理新卡，還設定了新的帳戶名稱和密碼，然後開始使用這些新卡消費。再來甚至把海倫身分證明文件上的照片換成自己，這樣愛麗絲不僅可以在網路上假冒海倫，也可以在真實世界裡冒充海倫本人了。愛麗絲更要求美國郵政署把海倫的信件都轉到某個郵政信箱，而轉寄的月費當然是用海倫的信用卡支付。另外，愛麗絲還跑去製作一張附有照片、看起來有效的駕照，而雪上加霜的是，她也收到了原本要寄給海倫的全新聯邦醫療保險卡，所以她現在也有了海倫的社會安全碼※（當時的醫療保險卡上還印有社會安全碼）。

過了好一段時間，海倫才發現自己都沒有收到任何郵寄帳單，還接到越來越多信用卡公司打來詢問可疑消費的電話。海倫描述道：「每回我打電話給信用卡公司，都會被問帳號密碼，但我都回答不出來。」海倫感覺自己似乎正逐漸消失在這個世界上，她每次都得親自到銀行或商店，出示自己的駕照，來證明自己就是自己說的那個人。海倫說：「愛麗絲三兩下就能證明她是海倫，但我卻無從證明我是誰！」只要還來得及，海倫就取消信用卡，再重新設定資訊，然後日子就能轉為平靜……一陣子。因為不用多久，就又會再出現一堆新的消費交易。海倫自己估算，以她的名義消費的金額就超過三萬美元，遍及商店、餐廳、賭場、加油站等地方。

海倫不知道的是，當時愛麗絲吸食安非他命重度成癮，且脫序行為越來越嚴重。根據警察執法機關的報告，毒癮和身分盜用之間已證實有著明顯的關連性。而隨著上癮的情況越來越嚴重，犯罪者失手的次數就會越來越多。愛麗絲為了不刷爆海倫的信用卡，使用其他偷來的帳戶開支票支付帳單，但卻都跳票了；後來，愛麗絲男友被捕，為了快點把男友保釋出來，她急需保釋金一萬美元，於是愛麗絲掏空了海倫在信用合作社的帳戶，也花光其他三個偷來的帳戶存款，另外還抵押了海倫的房子。而海倫要一直到接到保釋公司※氣沖沖打來的電話，才知道這間自己住了四十年、已付清

※美國聯邦政府發給本國公民、永久居民、臨時工作居民的一組九位數字號碼，主要是為了追蹤個人的賦稅資料，近年來已成為實際上的身分證。

房貸的房子，居然也岌岌可危了！

海倫表示：「我覺得自己不成人形。」她所受到的創傷，正是身分盜用這類型詐騙所會釀成最大、最嚴重的傷害。就算錢討回來了，信用評等也恢復了，但這種被侵犯的感覺是無法修補的，因為住家和家人的資料、個人資訊等都已被侵害。專家學者指出，遇到詐騙對一個人的影響，其實跟遭逢戰爭、暴力傷害的創傷很類似，從焦慮、性情轉變、憂鬱症，到創傷後壓力症侯群等症狀皆會出現。

某天晚上，愛麗絲在梅西百貨大刷特刷海倫的信用卡，共花掉了兩千美元。當時，吸毒吸到亢奮的愛麗絲因為急著離開百貨公司，而把包包留在椅子上忘了帶走。包包裡有安非他命吸食器，以及愛麗絲全數的犯案工具和詐騙證據：存有受害者資料的平板電腦，行騙用的好幾張信用卡，還有十張全是愛麗絲照片的華盛頓州駕照，上頭分別印了九個不同的名字。等到愛麗絲發現忘了包包、回到店裡要取回的時候，已經為時已晚，商家早已報案，警察也開始追查愛麗絲，不過在警察趕到店裡之前，愛麗絲還是趁亂溜走了。

最後，警察花了六週的時間才拘捕到愛麗絲，發現愛麗絲前後花了幾個月的時間備齊這些作案工具，另有共犯迪諾協助製作假證件，這些假證件真實的程度，連資歷豐富的銀行員也會被騙倒，同夥還有懂得演算駕照號碼的布萊恩。愛麗絲共被指控十起身分盜用案件，他們一夥人從海倫和其他被害人身上，偷走近一百萬美元；警方成功起訴愛麗絲，但若愛麗絲成功戒毒的話，刑期應可縮短。

海倫因為有報案且走了正確的程序，所以被偷走的錢都有討回來，但人生已經完全變調！海倫還得繼續處理信用受損的問題，未來的財務信用狀況也依舊不明朗。經歷過這次的慘痛經驗，海倫賣掉了居住四十年、曾可以稱為「家」的地方，改搬去與年邁的母親同住。為了恢復信用紀錄，海倫仍不時得填寫繁瑣的文件表格給信用報告機構※，並常為此感到無奈又無助，她也常感覺同樣的事情以後一定會再發生。海倫說：「我的資訊已經在外頭流竄，就等著另一個騙子再拿來行騙。」不幸的是，事實確實就是如此，的確會一再發生，沒完沒了。

美國每年都有數百萬名消費者受騙，約占總人口數的百分之七。騙子無所不在，

※負責整理各單位提出的個人信用資訊，彙整成個人信用報告，供金融機構評估個人的信用狀態，臺灣的對等單位為「財團法人金融聯合徵信中心」。

從我們周遭認識、不認識的人到國際詐騙集團都有，他們四處在尋找機會行騙。二〇一七年，美國的詐騙受害人的數目來到一千六百七十萬人，共計損失了一百六十八億美元。受害人損失的不只是金錢，還有花費在處理詐騙問題上的時間，更慘的是：他們的人生因此改變，甚至被毀掉。

我在本書會揭露毫無防備的消費者，是如何被全球頂尖詐騙高手一年詐取高達數十億美元的手法真相。同時，我也會提供具體的步驟，帶領讀者一起來保護自己和家人。我之所以會寫這本書，是因為在預防詐騙的工作職務中，觀察到詐欺犯的詐騙手法日新月異，手段也越來越高端。我也親眼看到詐騙所造成的傷害，所以非常清楚傷害會有多深刻、多恐怖。

本書的內容取自我的專業領域，也就是在前線打擊詐騙累積的經驗。我和聯邦調查局合作，提供擊退詐騙的建議與顧問服務，也和數百家世界各地的金融機構、公司行號、政府機關合作，累積至今已有超過四十五年的資歷了。同時，我也在非營利組織AARP樂齡會（美國非營利組織，服務對象主要為五十歲以上的樂齡人士），擔任反詐騙網絡大使，該會會員已達三千七百萬人之多。另一方面，我還有個很特別的背景，那就是我早在五十多年前就已經開始累積詐騙領域的專長和知識了，因為，我曾經是全球最知名的騙徒之一。

一九六四年時，十六歲的我已開始行騙，且一路騙到一九六九年被抓到才停止，被抓時也才二十一歲。雖然當時我很年輕，卻可以喬裝成各種行業的專業人士，像是機師、醫生、律師、社會學教授、聯邦調查局探員、聯邦監獄局幹員等等。一九八〇年時，我把這段故事寫成書《神鬼交鋒：有本事就來抓我呀》出版，後來導演史蒂芬・史匹柏在二〇〇二年翻拍成電影《神鬼交鋒》，找來李奧納多・狄卡皮歐出演我的角色。（仔細找，就會發現我在電影裡也演出了法國刑警一角！）當時我環遊世界，用假支票兌現了兩百五十多萬美元，用來支應我的奢華生活，像是訂製西裝、高檔名車、環遊世界旅行等等，而我的約會對象全都是大美女，生活極為刺激！

一開始，我先假扮成泛美航空的副駕駛機師，偽照機師證上機後，還假裝是在休假不用執勤，這樣就可以免費乘坐駕駛艙的座位全球到處飛。（我保證，我沒有真的開過飛機。）當時我真的很敢！想像一個十六歲的青少年穿上泛美航空的制服，假扮成機師的模樣。我很高，這讓我看起來也比較老一點，加上穿著得體，行為舉止也很有禮貌。我知道有些人就是比較容易上我的當，像是妙齡女子、年紀較長的，還有就是認為我握有權力的人。妙齡女子是因為……總之就是我喜歡美女，然後她們也喜歡我。年長者則會覺得我是位談話舉止得體、有禮貌的年輕人，所以對我印象很好。至於航空公司和機場的員工、銀行職員以及其他機構的工作人員，則是向來都尊敬身穿機師制服的人。畢竟，我們都會信任能駕駛這麼一大臺機器，把我們安全載到目的地的專業機師。

後來我厭倦了到處旅行，就改扮成醫生，搬到德州亞特蘭大市外頭的高級公寓，甚至還被當地的一間醫院僱用，負責督導住院醫師（你還是大可安心，因為我從沒治療過病患）。接下來，我還喬裝過在哈佛大學念過書的律師，也扮過在哥倫比亞大學念過書的社會學教授。過了一段時間，我決定扮回機師前往歐洲，以印製、兌現更多假支票；這部分的詐欺手法很複雜，我還得學習操控當時女友父親的海德堡印刷機，這裡也是電影裡最有趣的場景之一。最後，我被法國警方逮補、監禁（我的前女友是空服員，在尋人啟事的海報上認出我來，然後通報了主管單位），接著被引渡到瑞典（雖然有警方看管我，但我還是成功逃走兩次，一次是趁著飛機在滑行時溜走，另一次是從聯邦監獄逃脫），但最終還是進了美國監獄，關了四年。

我被放出來的時候，也才二十多歲，聯邦調查局問我要不要運用自己的專長（就姑且稱之為專長吧），一起打擊壞蛋。我的答案是當然好，我覺得投入反詐騙行列，應該多少可以幫我償還欠社會的債。因為事實上，我對自己年輕時行騙、偷竊、誘騙人、傷害人的諸般罪行感到很羞愧，所以很感激能有機會改邪歸正。而在電影《神鬼交鋒》上映之後，我有了更多機會跟更多人分享如何防治詐騙。

我從事預防詐騙和安全顧問工作已經超過四十三年，也成立了艾巴內爾顧問公司（Abagnale & Associates），計有超過一萬四千家金融機構、公司行號、執法機關，採用我的反詐騙方案。我也與數千名詐騙受害者會過面，有小本經營的店家、有執行長、有學生、有退休人士，還有各個年齡層、各種背景、各個國家的人，我傾聽他們的故事，然後提供建議。因此，我接觸過多種不同的詐騙案件，能調查犯罪源頭，找出方法擊潰這些遍布世界各地的禍害。

之所以會決定寫這本書，是因為我不希望再有人受騙上當，我想透過提供相關資訊和工具，協助大家築起保護牆，遠離詐欺犯，希望能盡己之力，幫助越多人越好。AARP樂齡會也希望藉由本書，教導各年齡層的讀者了解個各種不同的行騙手法，保護自己、預防被騙。本書收錄了許多我聽到的故事，以及提出的建議，這些都是很重要的實用資訊，因為我們所處的年代很獨特，是有史以來詐騙分子最如魚得水的年代，也是最容易被騙的時代。過去十年來，科技徹底扭轉了詐騙產業，行騙變得更快、更不著痕跡，甚至更「全球化」，相互的連接性也變得更高，這都是從未出現過的現象。我們每週都可以看到越來越多令人沮喪的新聞標題，報導科技又被拿來做哪些不道德的事，像是二〇一六年美國總統大選期間，就出現了所謂的歐威爾式※謊言操控，利用社群媒體傳播假消息、騙取政治目的，還有就是鎖定易上當的退伍軍人的詐騙案，各種詐騙手法更是到處橫行（二〇一二至二〇一七年間，被騙過錢財的退伍軍人比例高達百分之十六，且數字還在持續增長）。

好消息是，詐騙是可以預防的！隨手可得的警覺心就是我們的武器，每個人都有責任要保護自己、預防詐騙，且只需幾個簡單實用的步驟就可以做到。本書會提供讀者相關資訊和主動出擊的技巧和策略，協助大家捍衛保護自己。我提供的建議，即便只是小小改變一些生活習慣，也可以帶你遠離非法密謀，避免自己不斷被騙子登門拜訪，或是被郵寄信件、電話、電子裝置通知等詐騙手法騷擾和疲勞轟炸。讀完本書，可望大大轉變你的人生。

是誰在被騙？

哪種人比較容易遇上詐騙呢？答案是：不同的詐騙類型，易受騙對象的性別、社經地位、年齡等人口統計資料也會有所不同。二〇一一年AARP樂齡會的全國詐騙受害者調查面談了七百二十三位詐騙受害者與一千五百零九位一般大眾，其中發現投資詐騙的受害者多為受過大學教育且收入超過五萬美元的已婚男性，樂透受害者則多為未受過大學教育且收入低於五萬美元的單身人士，而身分被盜用來詐取處方用藥的受害者多為單身女性，且未受過大學教育、收入低於五萬美元、平均年齡也較長。

是不是有些人比較容易被騙呢？是，也不是。研究指出，不管你是七十五歲還是五歲——沒錯，小朋友也可能會成為受害者——都一樣容易受騙上當，我也遇過受害者是高階主管、醫生、律師等受過高等教育的人。那麼，我們就來了解一下最常被詐騙的人有哪些，以及被騙的原因是什麼。要是發現自己落在這幾個類別之中，那就得

※係指專制的政治體制，提供假資訊，竄改歷史，為的就是要操控民眾，就像喬治・歐威爾（George Orwell）在其反烏托邦小說《一九八四》（*Nineteen Eighty Four*）中所描述的極權獨裁政體。

提高警覺，趕緊做好反詐騙措施。

- **常出現在業務銷售場合**：此類型的詐騙受害者常參與聚會或市場活動，包含消費性市場（例如購物、股票投資等）和意見市場（例如社群媒體）。他們願意為了免費的餐點或住宿，而去參加業務銷售說明會，會填問卷參加抽獎，或者會讓銷售人員進到家裡做業務說明，也會逐一打開並閱讀所有郵寄來的型錄、傳單、競賽獎品、促銷贈品等資訊。
- **疏於預防**：和一般大眾比起來，這類型的詐騙受害者比較不會採取反詐騙措施，沒有加入謝絕來電登錄計劃※，也會在沒有查證商家的信譽之前就下訂。
- **承受較多的壓力**：當你感到壓力大，又或是生活上正發生很多事情的時候，做任何決定都要格外謹慎，因為壓力會讓感知能力變衰弱，也就是說我們可能不會想到要如何保護自己避免被騙。此外，處在壓力之下，我們容易只看到好的一面，卻疏忽了決策可能會帶來的下場。

本書內容

回答第30頁的問題，就可以知道你對詐騙的認識有多少；畢竟，詐騙手法變化萬千，就連警覺性高的人，也可能遇到沒聽過的手法。我在本書會討論到身分盜用、投資詐騙、數位安全、感情詐騙等多種詐騙案件類型，並整理出五大條簡單的準則，讓讀者可以學習保護自己、不再受騙上當。

1. 護好自己的身分資料。
2. 顧好自己的財務管理。
3. 守好自己的網路界線。
4. 看好自己的溫馨小窩。
5. 遮好自己的內心世界。

※為杜絕電話行銷騷擾民眾，聯邦貿易委員會推行的電話登錄計畫。已登錄的號碼若再接到電話行銷來電，委員會便會重罰商家。

每條準則各分為數篇章節，帶領讀者了解相關詐騙手法，以及該如何預防受騙上當。讀者可以依序從頭到尾讀完整本書，也可以直接跳到現在立即需要了解的章節；本書可重複閱讀，目錄一目了然，可迅速找到所需的特定主題。此外，本書的宗旨是提供解決方案，所以我會針對各種詐騙，提供簡明扼要的預防方法，協助讀者保護自己和家人，另外若是不小心成了受害者，本書也有提供相關建議。讀到本書的騙子堂單元時，大家肯定會津津有味，這裡講述了許多惡名昭彰詐欺犯的行騙故事，也分析了隱藏在行騙背後的心理層面因素，另提供數百條深入詳盡的預防方法，好讓你遠離詐欺犯，避免被敲竹槓。

趕緊做好準備吧！這時代所面對的世界可是前所未見的；無關教育程度、智商高低，也不管是哪個年紀、性別、階級，每個人都可能會成為行騙的獵物，因為新型罪犯手法已經進化了，變得非常高深莫測。不管你的能力有多強、年紀有多大，都有可能成為被捕的獵物！而且更殘酷的是，詐騙手法仍持續不斷在演變，潛伏也越來越深，讓人很容易上當，詐欺犯也有越來越多方法來阻撓最新的反詐騙安全措施，那麼，我們該怎麼做呢？首先要知道自己可能會遇到的詐騙類型，特別留心注意，避免掉入遊說技倆的陷阱，並採取行動保護自己，隨時都要保持小心求證的懷疑態度。另外，要認識潛在的詐騙花招，可加入ＡＡＲＰ樂齡會反詐騙網絡，了解最新的行騙手法。

歡迎大家一起加入讓自己「詐騙覺醒」的旅程！也請多多與親朋好友分享！越多人了解詐騙，我們的力量就會越大；大家具備警覺心也了解狀況後，團結一起便可組成有力的防衛隊，讓我們全部的人都更加安全。唯有一起合作，我們才能做出改變，降低詐騙案數量，更重要的是，我們也才能夠保護自己和家人。

法蘭克・威廉・艾巴內爾二世（Frank W. Abagnale Jr.）

你的詐騙防禦等級是多少？

下列問題將測試——我稱為詐騙防禦等級（Scam Quotient，簡稱SQ）——你有多容易受騙上當，測試結果可說明你成為詐騙受害者的可能性有多高。好消息是，不管得分高低，本書提供的資訊、技巧、策略，都會教導你如何增進反詐騙的功力，提升詐騙防禦等級。建議讀者看完整本書之後，再做一次測試，這樣就可以知道你的詐騙防禦等級是否有所提升。作答方式很簡單：閱讀文字敘述後，回答你認為該段敘述是「正確」還是「錯誤」。作答結束後，加總分數，即可查看得分說明。

1. 比起科技技術，詐欺犯能成功行騙是因為運用心理戰術。
2. 重要的金融財務決策，至少都要等上二十四小時才做最後決定。
3. 若沒有使用社群媒體，或是沒有上網購物，就不用擔心身分會被盜用。
4. 美國國稅局依法可以在未寄出紙本通知之前，就打電話通知要補稅。

5. 只有加入美國聯邦醫療保險的人，才會有醫療身分盜用的問題。
6. 銀行絕不會寄電子郵件給客戶，要求點選網址，以利進行客戶資料確認。
7. 中樂透領大獎時，必須先繳交一筆手續費。
8. 宗教場合、聯誼會和社團群體、校友會，以及各種會員制的團體都是很好的管道，可以認識值得信任的金融專業人士和了解投資機會。
9. 社會安全局可能會打電話來，跟你確認社會安全碼。
10. 螢幕畫面自動彈出的電腦病毒警告視窗，是來自偵測電腦問題的便利軟體，所以一定要照著指示點進去，好好解決問題。
11. 又長又複雜的密碼，可說是確保網路帳號安全最好的方式。
12. 出外度假時，上社群媒體分享照片，是跟親朋好友分享最新消息的好方法。
13. 若你沒有光顧過的店家打電話來推銷，這是違法的。
14. 到不需要處方籤或是在大打折扣的小型藥局買藥，又或是從加拿大網站買藥，都是沒問題的。
15. 只要有提供真品保證或買家保障，那上網買二手包和新包包就不會有問題。
16. 租房子時，為了要確保有租到房子，支付前置費用是合法必要的。

17. 出售分時度假房屋需要支付高額的前置費用。

18. 手機約會軟體是幫助你認識另一半的安全途徑。

19. 要取得出生證明書相當困難。

◇解答

使用下方解答來計分，答錯得零分，答對得十分。

1. **正確**；心理戰術是詐欺犯行騙最重要的工具。（詳見第42頁）
2. **正確**；給自己一點時間去釐清想法和情緒，才能做出明智的決定。（詳見第44頁）
3. **錯誤**；就算沒有使用電子裝置，身分可能還是會被盜用。（詳見第一條準則：護好自己的身分資料）
4. **錯誤**；國稅局鮮少會打電話來，要打的話，一定會先郵寄書面通知。（詳見第97頁）
5. **錯誤**；其實最容易被盜用醫療身分的是孩童。（詳見第111頁）
6. **正確**；銀行絕不會寄電子郵件給客戶，要求客戶點選連結來確認個人資料。

（詳見第二條準則：顧好自己的財務管理）

7. **錯誤**；領用合法的樂透獎金無需支付手續費（但需支付稅金）。（詳見第51頁）

8. **錯誤**；有些詐欺犯會利用所謂的「熟人」技倆，到宗教場合、志工單位或學校團體找行騙對象，而我們也不能確信在這些場合所認識的人，真的可以提供可信的法律諮詢。（詳見第143頁）

9. **錯誤**；社會安全局很清楚你的社會安全碼，所以不需要打電話問你。（詳見第123頁）

10. **錯誤**；自動彈出電腦病毒的警告視窗，內含會詐取錢財的病毒或會感染電腦的破壞性惡意程式。（詳見第208頁）

11. **錯誤**；詐欺犯使用的密碼不是猜出來的，而是偷來的。然而不管是又長又複雜的密碼，還是簡短的密碼，都一樣很好偷。（詳見第233頁）

12. **錯誤**；不要在社群軟體告訴大家自己外出不在家，等放假回來再分享度假的照片吧！（詳見第84頁）

13. **正確**；不過卻阻擋不掉非法的自動語音電話騷擾。（詳見第262頁）

14. **錯誤**；無需處方籤就可以買到處方用藥的藥局，賣的往往是過期或被污染的藥，又或是非正規藥廠製造的藥品。

15. **正確**；的確是有信譽良好的網路商家在銷售真品，所以只要有提供買家保障和真品保證，那就大可放心買到手軟！

16. **錯誤**；有些租賃公司會要求在提供低價租屋清單、法拍屋清單、先租後買屋清單之前，先支付前置費用和月費，要避免找這種公司，因為這多為詐騙行為。另外，若是要求得先支付費用才能看屋的，那肯定是詐騙。（詳見第282頁）

17. **錯誤**；出售分時度假房屋時，除了過戶當日要支付成交費用之外，無須支付其他手續費。（詳見第288頁）

18. **錯誤**；網路交友有機會遇到正直的人，但也有許多詐欺犯會上交友網站釣魚。（詳見第350頁）

19. **錯誤**；只要到郡書記辦公室就可以申請取得出生證明書，手續相當簡便。（詳見第374頁）

◇**加總後即為你的詐騙防禦等級：**

〇到五十分：你比其他得分高的人，承擔更高的詐騙受害風險，你甚至可能曾經受騙上當過！但請放心，你現在安全了，認真讀完本書，就能提升詐騙防禦等級。

六十到一百分：你略懂一些詐騙手法與運作方式，成為詐騙受害人的風險程度居中。你或許以前曾被騙過，所以學到了教訓。只要讀完本書，你以後就可以從容預防詐騙了。

一百一十分到一百五十分：你的詐騙防禦功力很不錯，具備相關的知識和絕佳的直覺。若以前曾遇過詐騙，那你應該有成功識破，沒有受騙上當。

一百六十到一百九十分：你已經快是反詐騙高手了！閱讀本書可讓你功力倍增！

識破與擊退詐騙高手設下的騙局

本章將聚焦詐欺犯通用的手法，提供反制策略，協助讀者在日常生活裡預防詐騙。在執法機關服務多年，我看到詐欺犯常常使用這些技倆行騙，其實我自己年輕時，也是用這些手法喬裝成機師、醫師，開立假帳戶，還有兌現假支票。因此，我會在本章裡講述幾個真實詐騙案例，說明詐欺犯的操作手法，並點出詐欺犯慣用的技倆，這樣讀者就可以自行發現端倪，保護自身安全。

首先來講個故事，凱文是名詐欺犯，在一間規模頗大的「鍋爐室」※工作，那裡滿是在撥打強行推銷電話的人，都在找尋消費者——因為是在詐欺犯的鍋爐室裡，所以或許該說——都在獵捕下一位受害者。凱文是這詐欺世家的一份子，不，這裡講的不是凱文的原生家庭，而是指這類型的詐欺犯已有悠久的歷史，而我曾經也是其中一員；凱文的工作是在分時度假房屋轉售網站上尋找目標對象，然後打電話接洽，並施展詐欺犯的慣用手法，博取急著想出售分時度假房屋的賣家信任。

像凱文這樣訓練有序的詐欺犯，具備了給目標對象「灌迷湯」的技能。灌迷湯可建立一種信任狀態，被灌了迷湯的人甚至會對營造出來的情境感到著迷而無法自拔。無論詐欺犯準備要做什麼勾當，給受害者灌迷湯都是至關重要的環節，因為被灌了迷湯的情緒狀態，會讓受害者難以清楚思考，也無法做出理智的決定，而詐欺犯的作法就是去攻擊會讓受害者感到懼怕、恐慌、急迫的痛點。

凱文找到在佛羅里達州土生土長的南西・亞當斯（Nancy Adams）和伊蒂絲（Edith），認為這對姊妹是下手的絕佳目標。時間往前推到二〇一二年四月的某個週末，南西和伊蒂絲深深被推銷用語吸引，接受分時度假公司的安排，到公司旗下南卡羅萊納州查爾斯頓市的分時度假別墅享受免費假期。當時南西約七十出頭，由於從小就和爺爺在佛羅里達州的度假村工作，所以一直很希望自己有天能成為被服務的對象。此趟週末度假還沒結束，南西和伊蒂絲便已決定買下其中一個單位。

兩年過去，南西開始後悔了。姊妹倆的確有去住過幾次，也累積了些可以用來兌換該公司旗下其他房子住宿的「點數」。可是，會籍升等費用非常昂貴，兩人前後投

※ 利用電話、電郵等手段向他人極力推銷問題產品的詐騙手法。最初是在美國租金低廉、空氣悶熱的地方進行，因此被稱為「鍋爐室騙局」。

入分時度假房屋的投資金額已經超過兩萬美元，因此南西打算賣掉房子。南西在分時度假房子銷售網站BuyATimeshare.com上貼出出售的訊息，而凱文正是看到這則出售貼文，才聯繫上南西。

南西之所以會接凱文的來電，是因為來電顯示上有佛羅里達州的州碼，不是她一般會拒接的800免付費電話，她覺得有州碼的電話就不會是非法的機構。電話裡，凱文自稱是國際行銷方案公司的買家代理人，因為有對加拿大蒙特婁市的夫妻對南西的房子有興趣，所以代表前來接洽。凱文為了博取南西的信任，還提供了這對買家夫妻的聯繫方式，讓南西可以直接與買家聯繫；南西照著號碼打電話過去，另一頭接電話的女士確認了凱文所說的一切。南西和伊蒂絲這下就放心了，覺得很快就可以處理掉分時度假房屋。然而，這對買家是凱文和同夥一起假扮的，他們很清楚知道說些什麼能讓姊妹倆安心。

凱文把假買家簽署好的文件，傳真給南西和伊蒂絲；接著，南西開了張兩千兩百五十美元的支票（凱文保證之後會歸還），以利開設第三方託管帳戶和進行產權調查。可是幾週過去、幾個月過去，南西卻沒有再接到凱文或「買家」的消息。其實，凱文早已轉頭繼續詐騙其他分時度假房屋的屋主了，但最後，他還是被抓到並被送進了監牢。因為當南西發現自己被騙的時候，就趕緊報案，所以後來州政府償還了南西大部分的損失，分時度假公司也買回了南西的單位。不過，要是南西事先知道可以如何預防受騙上當，就能免去這些煎熬與財務損失。

給目標對象灌迷湯

頂尖詐欺犯都曉得該如何以安撫人心、沉著的說話語調來灌迷湯，並藉由襲擊受害者的弱點，誘使受害者開口講出個人的隱私資訊。我年輕行騙時，在這方面也相當熟練，我知道該怎樣調整自己說話的聲音，用冷靜且讓人放心的口吻跟目標對象講話，效果幾乎就跟催眠一樣！往往不用等我解釋完為何我得兌現支票、為何得搭乘免費班機，對方早已被我灌飽迷湯，被我玩弄於鼓掌之間。洛基在一九八〇年代和一九九〇年代，曾是許多間詐欺犯鍋爐室的行騙顧問，他也指出好的詐欺犯一定要能「持續給受害者灌迷湯，因為一旦受害者開始用邏輯思考，那機會就沒了」。

建立信任是詐欺犯收集資訊的重要手段，有了資訊就可以用來誘使目標對象做出在一般正常情況下不會做的爛決定。為能順利灌迷湯，行騙高手提出的問題都能誘發受害者情緒波動。舉例來說，南西出售分時度假房屋時，凱文態度誠懇、冷靜、專業又不拐彎抹角，既關心南西對於置產成本的顧慮，也問了南西往後是否真能挪出足夠的時間來度假，這樣才值得繼續投資。不過，詐欺犯提出的問題，也會因詐騙類型而定；舉例來說，約會詐騙就會假裝對對方有興趣，然後問對方平時沒事的時侯喜歡做些什麼事，而居家修繕工程的詐騙則是會詢問受害者是否會覺得工程很麻煩。一旦找出可以激發你情緒的痛點之後，行騙高手就可以利用這來操弄你的情緒，讓你進入情緒激動的狀態。行騙高手藉由提問各種問題，建好目標對象的個人檔案，方便日後繼續撥打追蹤電話，持續灌你迷湯，直到行騙成功為止。

詐欺犯吉米・艾德華（Jimmy Edwards）在被逮捕認罪之前，有八年的時間在三十間不同的詐欺犯鍋爐室行騙。吉米親自解釋詐欺犯如何把行騙帶到私交的層面：「詐欺犯會假裝很友善且討人喜歡，目的是要收集資訊作為武器。詐欺犯會寫下筆記：有兩個孩子，其中一個有身心障礙；有位哥哥，死於越戰。匯集這些資訊就成了最強大的武器……這樣就知道哪個人得按下哪顆按鈕來激發情緒痛點。每當我讓受害者情緒激昂時……他們的邏輯思考能力就會完全消失……。這時候，我已經讓你喜歡我了，我不是會在電話裡獵補受害者的壞蛋，而是來自紐約的吉姆。」

有了這層信任關係，行騙高手就能進一步詢問更隱私的問題，也就是只有親近的朋友才會問的問題。而且，行騙高手也知道該如何提問才妥當，採用可以讓目標對象放下戒心的親和語氣，連施展出來的好奇心也讓人感到友善、無害。如果你直接問：「你每個月的房貸是多少？」會讓目標對象感到不安，所以行騙高手可能會溫和有禮地這麼問：「讓我來問個問題，聽起來你有個很棒的房子，但這樣每個月要負擔多少房貸呢？」與其問：「你的另一半是什麼時候走的？」行騙高手會問：「我知道你很愛你的老公，也很想念他！若你不介意，可以告訴我他走了多久了嗎？」只要心裡湧出情緒和回憶，目標對象就會把這些感受和電話另一頭的那個人產生連結，這下騙子成了「朋友」，目標對象就會敞開心門，回答更多隱私問題，且更重要的是，目標對象會越來越相信這個騙子，此時行騙高手已成功和受害者建立起重要的信任關係。

◇如何避免相信不該相信的人

- 絕不跟陌生人談論自己的私人生活。
- 絕不提供個人資料，不只戶頭資料，就算是家人朋友甚至是寵物的名字，一概都不給。

・只要遇到陌生人詢問隱私問題，務必反問：「為什麼你想知道？」
・記住！你沒有虧欠素未謀面的陌生人任何東西和資料，更沒有一定要買陌生人推銷的產品！你什麼都沒欠他！

些許的諂媚，加上會讓你感到稀有和急迫的觸發點

一旦讓詐騙高手找到可以激發你情緒的弱點之後，詐欺犯就會加碼運用其他策略，進一步說服你一定得行動做出決定！而且是現在就得立即行動！稀有性、急迫感、諂媚態度這三個觸發點，不只詐欺犯常用，喪盡天良的推銷員也會使用，還有當想要說服受害人接受不利於自己的條件交易時，這幾招更是不可或缺。

「稀有性原理」一詞相當常見，出自心理學教授羅伯特・席爾迪尼（Robert Cialdini），用以解釋人為何會因機會有限或稍縱即逝的感覺，而被誘惑上鉤。稀有性常會與急迫感（你現在一定得採取行動！）和諂媚態度（你是聰明人，不會錯失這麼好的機會！）一起出現。就連正派經營的零售商店，也常用這幾招來說服客人購買商品，所以廣告常可見「特賣最後一天！」，或是「只剩兩個，要買要快！」這套銷

售技巧屢試不爽，總能成功操控我們想要把握住稀有機會的自然心理傾向：當我們認為得到好東西的時間非常短暫，我們就很有可能會想要趕緊出手。

詐欺犯也懂得利用人性，交錯運用稀有性、急迫感、諂媚態度來迫使你就範。的確，有些合法物品的數量確實很少，例如拍賣會推出世界獨有的某件藝術品，但是當遇到有人對你施壓，要你匆促做出決定時，那就得要有警覺心了。為了誘使投資人加入假的投資計畫，鍋爐室裡的詐欺犯會輪流使用強而有效的稀有性、急迫感、諂媚態度三招策略。在某個案例中，有個騙子想販售假錢幣給收藏家，這個人就會說：「這是一八六〇年時，費城鑄幣局製作的錢幣，當時生產了兩萬兩千六百二十五枚，但流傳下來的只剩四枚而已！」諸如此類的說詞；如此一來，稀有性便成立了。接著要營造急迫的感覺，所以會丟出「這筆交易的有效期只剩下二十四小時！」或是「只剩下三枚了，你最好趕緊決定！」的說法，為的是要激發買家驚慌的情緒，以為要是現在不決定，就會錯過機會！最後，行騙高手會再施以諂媚態度；為了要趕緊完成交易，騙子會奉承目標對象說：「你是個精明人，應該不需要跟家裡的人商量吧？」或是「你現在會考慮這個機會，說明你真的是聰明人！這種機會很難得的！」為了要你相信如果現在不決定，以後或許就再也遇不到類似的好機會了，行騙高手會聲稱只剩下四枚錢幣（或四間房子），還會說投資機會有效期只剩下幾個小時，這些說詞都是為了啟動你的慌張按鈕，不斷給你灌迷湯。

就算有些機會真的是「一生只會遇到一次」，這種情況也不多！要記得，一定還會有另一枚錢幣、另一間房子、另一筆投資！交易條件或許會有所不同，價格或許會有波動，但要再次買到某樣東西（或是看到某件物品，又或是去某個地方），機會肯定不會是零！

運用十招來破解三道危險詭計：稀有性、急迫感、諂媚態度

1. 檢視自己的情緒狀態：當有人來跟你推銷，說是有機會贏得一大筆獎金，或是有機會加入限時投資案，又或是要你轉帳給未曾見過面的人，這時你得留心自己的反應：心跳是否加速了？是否感到興奮？是否開始想著賺到這筆錢後可以如何花用？以上的反應都顯示自己可能被灌迷湯了，所以千萬別在這種情緒狀態下做出任何決定。

2. **給自己二十四小時**：養成習慣，在做任何財務決策之前，給自己整整一天的時間考慮，並讓這個習慣成為自己不容妥協的處世原則，因為這麼做可以削減被推銷用語激起的高昂情緒，也讓自己可以在不受任何人壓迫的情況下，有時間好好思考。

3. **練習自省**：雖然條件聽起來非常誘人，但還是要把自己拉回理性思考模式，並問問自己下列幾個問題：

   (1) 來推銷的人在這筆交易中扮演什麼角色？他會有什麼好處？

   (2) 為何我會獲得這次機會？合理嗎？為什麼會選上我？

   (3) 長期而言，這筆交易對我有什麼好處呢？

   (4) 是否還有其他更好、更值得信賴，或是類似的替代方案呢？

4. **態度有所保留**：不要回答個人的隱私問題，特別是有關家庭事務、財務狀況、煩惱和擔憂等；也不要把個資提供給不認識或沒見過面的人。

5. **多提問問題**：問的問題一定要比回答的內容來得多；要懂得反過來向對方提問，像是詳細的交易內容、為何你要打電話給我、對方的來歷與資格證明和聯繫地址等各種問題。

6. **不要被時間有限的說詞綁架**：當有人主動來跟你推銷有時效性或限量的產品或

服務時，要提醒自己有時間限制的交易很少是合法的。即便是超市的促銷，也是每週輪流推出不同的特價品，所以就算這週沒有買到特價的雞蛋，過幾週也還是買得到。

7. **保持審慎**：花點時間研究交易內容、了解推銷員和交易的公司。

8. **查看評比**：我都會去網路上查看銷售員在論壇收到的回饋與看法，也會查看商業評比公司給的評分，以及消費者團體給的評價，務必仔細評估交易公司和銷售員被抱怨以及收到負評的情況。若是要從事錢幣購買等理財投資，就算只有一個負面評價，也不要冒風險投資。

9. **告訴其他人**：要是自己或認識的人被騙子（或是任何人）騷擾了，趕緊聯繫執法單位和報案。

10. **不要接電話**：電話打進來，也不表示你一定要接！過濾詐騙電話，也不要回電，時時刻刻都要保持警覺！

我另外還要提醒一點：免費加入反詐騙網絡（AARP.org），了解最新的詐騙手法，提醒自己要留心注意，就能保護自己了！

利用需求

在分時度假房屋詐騙案中，南西和伊蒂絲之所以會受騙，是因為她們擔心房子會脫不了手，此時有個人出現要來解決她們的煩惱，宛如一線生機，輕鬆又容易。凱文用當地的電話號碼聯繫上南西和伊蒂絲，告知有買家對她們的房子有興趣，還讓她們直接與買家聯繫，所以南西和伊蒂絲逐漸信任凱文；要是電話號碼是別州的，或是一般800免付費電話，那麼姊妹倆或許就比較不會輕易採信了。和南西通話時，凱文能夠感受到南西急著想找到買家，也想趕緊完成買賣，所以當告知有對加拿大夫妻（因為厭倦北方寒冷的氣候）想買屋時，凱文就成功挑起了南西興奮的心情，並在短時間內，讓南西樂意接受這筆交易，同時支付費用開設假的第三方託管帳戶和產權調查。

當有位感覺好像是朋友的人，幫你提出簡便的問題解決方案時，自己自然很快就會陷入灌迷湯的狀態！下列幾點說明該如何避免因「需求被滿足」而受騙上當。

- 不要被放手一搏或快速解決問題給沖昏了頭！要懂得尋找替代方案；就算解決方案聽起來很有機會滿足自己的需求，在做任何決策之前，務必要想一想替代方案，看看是不是有其他比較好的處理方式？

・務必要問清楚前置費用！尤其是在買賣房地產的時候，一般都是在交易完成後才需要支付法定的相關規費，又或是結算時直接從總額中扣除。

・千萬不要交付無法追溯的金錢！支付費用時，不要支付現金，不要使用電匯、銀行匯票、禮物卡、銀行／現金支票等無法取消或恢復交易的付款方式。

・查閱信用卡公司對爭議款項的處理原則！許多信用卡在超過規定的天數之後，就不接受爭議款項申請，因此對款項有疑慮時，務必在規定的期限內通知信用卡公司。

・做出決定之前，務必做足功課！美輪美奐的公司網站、來電顯示的號碼等，其實一點也不重要，倒是要接洽當地的消費者保護機構，詢問聯繫你的那間公司是否曾被客訴過，另要查看消費者給的評論，要特別留心負面評價。

・要求白紙黑字寫清楚！沒有文件，就不要答應任何事情，且拿到文件後，還要記得拿給懂的人看過，之後才決定是否同意交易。以分時度假房屋為例，可以打電話給自己的度假村，問一下關於自己手上拿到的交易內容。另外，請律師或房地產經紀人過目文件內容，也會大有幫助。

誘騙你能輕鬆賺大錢

另一個行騙高手會使用的技倆是保證賺大錢，誰聽到自己的投資能翻一倍的時候不興奮的呢？誰聽到中樂透或贏得贈獎活動不會狂喜的呢？得知有意外之財而欣喜雀躍是人的天性，我們都很樂意收到額外的錢財。行騙高手非常清楚這一點，所以會利用賺大錢的口號，撩起你的興奮感，接著你就會進入很容易受騙的心理狀態，荷包裡的錢就開始被搬走了。

財富幻覺是指你想要卻得不到的錢財，行騙高手會拿到你面前當幌子，挑動你興奮的情緒，這樣你就會衝動做決定。研究人員指出，從行騙推銷的臥底影片中，他們發現財富幻覺是排名第一的詐術。

傑洛米・雪普曼（Jeremy Shipman）前後五年待過很多間金幣詐欺鍋爐室，他這樣解釋財富幻覺和輕鬆賺大錢的詐術：「我們會說未來一到兩年黃金的價格一定會變兩倍，所以比起其他投資商品，投資黃金可以讓你賺更多錢！」事實上，沒有任何一個人可以保證黃金或其他商品未來的價格。因此，賺大錢灌迷湯的手法，就是在聽起來合法的投資機會上，冠上異於常態的獲利主張。

另一個常用來騙人的賺大錢詐術是假冒州立彩券，不管是謊稱哪一州的彩券，詐欺犯用的詐術都一樣。詐騙高手會透過打電話或寄信的方式，恭喜你贏得樂透，承諾要支付你一大筆獎金，接著還交代你要和「兌獎代理人」聯繫，以利處理領獎作業。詐欺犯寄來的郵寄信件和電子信件上，皆會有州政府用印與州立彩券的標誌，感覺起來很正式（其實只是從官方網站上剪貼過來用的罷了）。我看過許多詐騙信件，上頭不僅有州立彩券機構的正確地址，還有完整的鋼印和幾可亂真的親筆簽名。

若真打電話給所謂的「兌獎代理人」，你會發現這通免付費電話被轉接到美國以外的地點，接著會有一連串以身分驗證為由的指示，要求你提供一些敏感性資訊，像是社會安全碼、銀行帳號、匯款路徑號碼※等。我遇過的個案中，電話另一頭所謂的兌獎代理人會要求你先支付一筆處理費用或稅金，然後才能拿到獎金；對方的聲音聽起來如此熱情，還頻頻恭喜你，又督促你別浪費時間，趕緊按指示去做，以免喪失領大獎的機會。有時對方還會要你別掛上電話，他要在線上等你匯款轉帳處理費用，這樣才能立即跟你做確認。

要是自己被詐騙高手賺大錢的甜言蜜語給吸引了，也別過於責怪自己。下次再出現這種衝動時，照著下列簡單幾個技巧就可以幫你扭轉情緒。

• 若有人跑來說你贏大獎了，觀察自己當下的情緒感受，心跳是否加速了？是否開始想著有了這些獎金可以買些什麼、做些什麼了？這都是被灌迷湯的跡象，千萬別在如此高昂的情緒狀態下去承諾任何事情！

• 要留心那種保證過一段時間就會賺錢的投資商品。談論投資策略時，若有人提到可以如何輕鬆賺大錢，那麼肯定是詐騙。而且，正當經營的合法樂透最多是告知中獎機率，絕不會承諾保證贏錢！

• 要是你根本就沒有買彩券，那就不可能會中獎。就算接到通知說中了大獎，但若沒有到授權彩券行買過彩券，你就絕對不可能會中樂透！

• 主動聯繫樂透機構。合法的樂透機構不會主動通知獲獎訊息，聯繫的責任是在彩券得主身上！

• 無需支付任何費用。要是真贏了樂透的話，你不需要支付任何前置費用，但或許得要繳納稅金，不過那也是在收到樂透獎金之後才需要支付。要求得先支付費用的樂透、獎金、贈獎活動，幾乎全都是詐騙！

※ 北美地區廣為使用的金融機構識別碼，主要是用於轉帳、匯款、清算等業務。

• 核對與查證。一定要上樂透官網核對中獎號碼。若不確定自己收到的中獎通知是否屬實（一定要查清楚），可以上反詐騙的非營利組織官方網站，查看已知的假樂透活動。

收到可疑的中獎通知時，務必通報州立樂透機構和檢察機關。

使用威脅和挑釁技倆

當招數用盡，但你仍沒上鉤，詐騙高手通常會進一步採取更激烈的手段：恐嚇與懼怕。受害人一天收到五、六十通電話的情況不是沒有，目的無非是要逼人投資、購買產品、支付樂透處理費等。曾有位受害者在拒接詐欺犯打來的一連串騷擾電話之後，開始收到一堆惡意的語音留言，其中有一則就說：「你（問候祖宗）幹嘛不接電話！我打電話給你的時候，你他×的最好給我接電話！不要跟我玩什麼把戲！難道你想要我去你家放火？」

被灌迷湯跟受害人有多聰明，還是多會念書，一點關係也沒有。事實上，以受騙機率來說，擁有大學學歷者被騙的機率，是沒有大學學歷者的兩倍。我年輕的時候，成功說服許多頂尖聰明的人，讓他們相信我是機師，也騙過資深銀行員，讓他們相信我在銀行持有大筆大筆的合法存款。無關目標對象是否夠笨夠呆，詐騙高手的行騙首要原則，乃是要能輕易操弄目標對象的情緒狀態，好建立信任關係，因此當無法取得你的信任時，詐欺犯就會改用威脅的手段。包含我自己在內，我們每個人都有情緒的觸發點，而詐騙高手很會找到我們的弱點，所以先找到自己的情緒觸發點非常重要，這樣就可以事先做好準備，以防上當。我的觸發點是孩子和老婆，我清楚知道要是家人遇到危險，我得非常非常努力才有辦法冷靜下來，控制思緒和行為，然後才能理性判斷。只要你遵循上述幾個步驟，不要讓疑似詐欺犯的人操控你的情緒，那麼就能好好保護自己，避免被灌入迷湯。

騙子堂——麥可・羅曼諾（Michael Romano）

一九九七到二〇〇八年間，羅曼諾在紐約市馬瑟皮夸區和靈頓赫斯區的幾間詐騙鍋爐室，經營了三間錢幣公司，全都獲利豐厚，分別為華爾街稀有錢幣公司、大西洋錢幣公司、西北金銀幣公司。羅曼諾和同夥鎖定的對象是年長的美國人，獲利累積高達數千萬美元。他們拿著騙來的錢，花了四千多萬美元，揮霍享受奢華的生活，擁有好幾間房子和罕見的古董車。羅曼諾一夥人欺騙受害人，謊稱他們販售的錢幣非常值得蒐集，極具升值空間。

消費者新聞與商業頻道的電視訪問中，有位受害人說道：「我接到電話，他們表示知道我對富蘭克林的五角錢幣這款錢幣特別有興趣，又說他們有價格不錯的錢幣。」這位受害人後來在電話裡買了一卷錢幣，沒想到這卷錢幣後來竟成了強行推銷電話疲勞轟炸夢魘的開端，全都是羅曼諾一夥人打的，他們天天糾纏，為的就是要這位受害人買更多錢幣，且為了引誘他上鉤，「還說了很多有關錢幣的好處」。

強行推銷的電話持續不斷打來，羅曼諾一夥人想說服買家相信只要買上一整套錢幣，價值就會更高！這群詐騙無賴甚至還聲稱有認識想收購的投資人，這樣買家就可以轉賣錢幣獲利，但這所謂的投資人顯然從未出現過。

當時的檢察官蘿瑞塔・林奇（Loretta Lynch）表示：「羅曼諾踐踏了全美

上百位相信人性本善的銀髮族！他們一夥人嘴巴上保證賣出去都是稀有的珍藏款錢幣，但實際上只是一文不值的錢幣。其中，有多位買了錢幣的受害人，其實只是想給子孫留點身後物。」

二〇一四年二月，羅曼諾被判入獄服刑二十年，刑期屆滿之後還要管束五年。判決內容中，羅曼諾被判得償還受害者九百多萬美元，並被沒收價值超過三千兩百萬美元的不法所得。

你快上當前的徵兆

以下為辨識詐騙的技巧要點整理：

1. 要求立即照辦。若銷售員要求你：「趕緊拿筆寫下我接下來要跟你說的事情！很重要！」又或是要你簽具有效力的文件，這都是詐騙的徵兆。一旦照辦，行騙高手就占了上風，也握有你們之間對話的主導權，而你可能會因而受騙上當。

2. 要求支付費用。遠離要求先支付費用的樂透、獎金、贈獎活動！只要是得先支付費用才能領獎的活動，肯定都是詐騙。

3. 滿嘴掛保證。詐欺犯很愛出言保證會有豐碩收益，譬如保證投資商品會在六個月內翻一番，這種保證往往就是詐騙的徵兆。

4. 現在不決定，機會就沒了。只要遇到很急迫的要求，一定要在心裡打個大問號，譬如「你今天一定要決定！」或是「我八小時內得知道你的決定！」，其實都是掉入騙局的前奏。

5. 詢問個人資料。當被問到一堆私人問題，還要求你提供個人資料，譬如銀行帳號、社會安全碼、密碼、疾病史、房貸、未償還的貸款等，此時就很有可能是遇到詐騙了。

6. 文法錯誤。電子郵件詐騙多為海外人士犯案，由於不熟悉正確的英文文法，或使用網路翻譯軟體，常會有拼音錯誤和奇怪的用詞用句，這都洩漏了對方應該就是個騙子。

7. 沒有地址。若收到某間公司的來信，但卻沒有地址或是具體的所在地，那麼對方很有可能是坐在幾千公里外咖啡廳犯案的詐欺犯！這種情況特別容易發生在線上購物，因此，要是有個網站沒有詳列電話號碼、電子郵件、地址等聯繫資訊，那應該就是詐騙了。

8. **要求支付無從追溯的款項**。遇到規定要用西聯匯款、禮物卡等無法追溯流向的付款方式時，務必得格外留心，因為合法經營的機構都會有可驗證的銀行資料。

9. **要求使用你的電腦**；除非是你主動要求且也查證過對方身分，否則絕不可讓任何人從遠端連接進入你的電腦！那些說可以「免費」幫你解決電腦問題的工程師，幾乎都只是為了偷取你的個人資料。

10. **不安全的網站**；注意！安全網站的網址開頭多為「https」，而非「http」。安全的網站會加密付款資料等敏感性資料，因此絕不要在不安全的網站輸入個人資料和財務資訊。網頁瀏覽器也可以幫你分辨電子商務網站是否安全：在網址列的左邊，會有一個鎖頭的符號，若鎖頭是開啟的，那就表示該網站不安全。

無所不在的詐欺犯

過去五十年間，詐欺犯的數量持續在增加。科技技術方便許多詐欺犯可以舒舒服服地在家裡行騙，還能一次騙更多人。如同羅伯特•席爾迪尼（Robert Cialdini）在《影響力：讓人乖乖聽話的說服術》（*Influence: Science and Practice*）一書所提到的，科技進步的時代裡，我們被資訊轟炸，也常常倚賴一般性的決策通則，這樣我們才能在有限的思考和時間之內做出決策，這種心理態度在一般日常生活裡，通常都不會出問題，不過詐欺犯卻相當懂得伺機利用此一決策通則來行騙。

現今的詐欺犯，就算不採用上述的騙術，也有能力自行挖出目標對象的資料，因為當今的詐欺犯教戰手冊已全面涵蓋了社群媒體調查技巧以及資料竊取方法。即便是沒有在使用社群媒體的人，或是有節制使用社群媒體的人，又或是非常注重隱私的人，這些人的資料都還是有可能會被詐欺犯收集、建立檔案。這是因為詐欺犯也會竊取、購買、販售潛在目標對象的資料，來源包含其他詐欺犯、詐騙資料掮客，甚至還有員工為了私利，盜取客戶和廠商資料出來賣給詐欺犯。舉例來說，我後來得知南西被騙了第一次之後，又再被騙一次，第二次是位佯裝要來承租房子的騙子，南西的錢又被拐走了。依據我的經驗，我認為南西很可能已經被列入目標對象清單，且她的個資已經被放在詐騙圈裡兜售販賣。

一旦有詐欺犯把你的資料建檔，那你的個人檔案就會被用來詐騙你或其他人。我接下來會說明這種暗中為害的交易活動是如何發生的，也就是第一、二條準則：護好自己的身分資料，以及顧好自己的財務管理。

第一條準則：

護好自己的身分資料

身分盜用是如何運作的？

在這一章裡，我要來談談身分盜用的問題，以及該如何避免或大幅降低身分被盜用的可能性。比起銀行戶頭或信用卡被盜用，身分盜用所引發的問題和殺傷力更甚，不只會造成不方便的麻煩，更會對整個人生帶來重大影響。往下繼續閱讀，你就會知道該注意些什麼，以及該如何保護自己。

二〇一七年，我到Google演講（類似ＴＥＤ演講），分享我的人生故事。提問的時候，有位年輕人問了一個我常在談的問題：「現在的電腦和科技都這麼進步了，身分盜用是不是比在一九六〇年代那時候困難？」我的答案從未變過：沒有比較難！事實上，跟我十六歲那時候比起來，現在要盜用身分可說是簡單上四千倍！盜用身分的小偷非常熱愛科技，因為拜科技之賜，竊賊很方便就能取得你個人的全部相關資料，然後拿來犯案。想想看，只需要在鍵盤上敲幾個鍵，就可以拿到信用報告、帳戶號碼、自己和家人的詳細資料等等，而這些資料都是現成的，只需要知道挖掘到手的門路罷了！偏偏詐欺犯在這方面都特別拿手，很清楚知道該如何尋找、挖掘資訊。

身分盜用案件每兩秒就會發生一起，此種犯罪行為指的是刻意使用他人的身分（名字、社會安全碼、銀行戶頭等），目的是為了要取得錢財、信用紀錄、工作機會，又或者是為了偷取資產、篡改教育文憑等文件、盜用醫療服務等等。雖說長久以來，一直都有人在冒名頂替、佯裝成他人，但我能追溯到最早開始使用「身分盜賊」一詞的時間點，是在一九六六年的報紙文章標題，一則講述有關一位年輕男子在越南被殺的報導：威廉・喬伊斯（William Joyce）在家鄉早有犯罪紀錄，所以改用鄰鎮一位男孩的名字理查・普斯肯尼斯（Richard Preskenis）加入海軍陸戰隊。在那個年代，就連武裝部隊也不會深入做身分驗證。

身分被盜用的受害人下場往往都很慘，甚至會毀掉一個人，舉凡財務損失、福利損害、信用評等受創、精神折磨、尊嚴和信用損壞等等，皆包含在其中。要是被盜用的原因是自己釀成的話，那麼後果勢必會更為加劇。最糟的情況是竊賊領光你戶頭裡的錢、拿走你的資產、毀掉你的名譽，還把你的敏感性資訊拿去販售。除此之外，你要證明自己的身分被盜用還會是件苦差事，同時也會帶來精神上和財務上的折磨。有些人為了恢復原有的身分，得花上好幾年的時間，更有些人無從討回錢財、無法修復聲譽。前一章提到的海倫，她到現在都還在緩步修復被愛麗絲盜用身分造成的損失，但海倫算是幸運的了，因為罪魁禍首愛麗絲有被抓到。反觀其他所有身分盜用案件，能成功起訴的比例可說是微乎其微。

科技是身分盜賊的最佳利器

在現今科技技術的協助之下，重製支票一點也不麻煩。以海倫的例子來說，愛麗絲偷了海倫的身分之後，只要到海倫支票戶頭所屬的銀行，就可以申請重印支票本。愛麗絲竊取的東西中，有些是親自動手偷的，但大部分的資訊取得都是來自社群媒體等網路平台，以及信用報告機構。小偷所要做的就是上網到支票印製需求頁面，輸入名字和帳號，並指示要把支票本郵寄到某個郵政信箱。這麼一來，噹噹，你支票戶頭裡的所有東西，小偷全都有了！

也是在現今科技技術的協助之下，罪犯只要在家裡用電腦上網，就可以做到我數十年前幹的壞勾當：印製假支票。一九六〇年代，當我打算開立某間公司或某個人的假支票，也就是盜用身分，我得先要有一臺四色印刷機和排版設備，還要懂得如何操作機器才行。現在的話，我只要到某間公司官網，取得該公司的商標，然後再到某間銀行官網取得該銀行的商標，接著撥通電話到該公司的應收帳款部門，也就是我打算要盜用身分的公司，假裝要電匯帳款，請該公司提供相關資訊，我就能輕輕鬆鬆取得該公司的銀行名字和帳戶號碼；接下來，我再到網路上去找該公司的年報，因為年報最前面都會有公司董事長或執行長署名的一封信，拜科技奇蹟之賜，這樣我的支票上就有董事長或是執行長的簽名了。除了錢不是我的，支票是假的之外，這當中的每一處小細節，全都不是憑空捏造出來的。

想避免身分被盜用，我常給的一個建議是：盡量不要使用支票，要保持警覺，時時刻刻查看戶頭交易細目。不要使用簽帳金融卡，我自己就不用，現在不用，以後也不會用，我不建議家人、朋友、還有讀者使用簽帳金融卡，為什麼呢？原因很簡單，簽帳金融卡每用一次，就是在拿自己的錢和銀行戶頭冒險。反之，改用信用卡，我買東西幾乎都是用信用卡，連在海外也是，為什麼呢？因為依據聯邦法規，只要不是我授權的信用卡交易，我需要承擔的責任是有限度的；基於這個原因，我強烈鼓勵大家使用信用卡消費。

要真發生嚴重資料外洩（你很清楚這很有可能發生），然後你的資料也被偷了，最糟的情況就是信用卡公司得取消你的信用卡，不過幾天後你又會收到新的信用卡，但你不需要支付舊卡衍生出來的盜刷消費。不過，要是你用的是金融簽帳卡，同樣遇上資料外洩，那麼你戶頭裡損失的錢，還得花上很長一段時間才有機會討回來。其實我們使用信用卡消費的當下，用的是信用卡公司的錢，而不是我們自己的錢。

暗網（dark web）

科技技術不只被拿來製作假支票、被用來竊取身分、強行控管帳號，還被用來建立了所謂「暗網」的地下平台，供詐欺犯和各種罪犯購買、販售，交易潛在受害人的個資，並在身分盜用案件中扮演舉足輕重的一環，這裡所使用的都是匿名帳號，因此所作所為都不會被發現。

我們可以把網路世界想成是海洋，海面就是你我每天都在使用且熟悉的部分，多數人上網的時候都會去亞馬遜（Amazon）、有線電視新聞網CNN、臉書、Google、Yahoo、報章媒體網站、自己的銀行等數千個公開且可供查詢的公眾網站，這些都是友善無害的網站，且都有編入搜尋引擎，皆可搜尋找到。

若往深處潛一點，就可抵達「深網」（deep web），這一區是需要帳號密碼才能進入的資料庫和網站，多為合法的網路活動，只不過不是我們每個人每天都會觸及的地區。舉凡美國航空暨太空總署（NASA）、國家海洋及大氣總署、美國專利暨商標局，以及律商聯訊（LexisNexis）和萬律（Westlaw）等非官方的資料庫，皆位在深網。傳統搜尋引擎沒有編入這些網頁，所以搜尋不到，你得確實知道網頁網址且有授權密碼才得以進入；其中有些網頁是一般大眾不得進入的，例如美國航空暨太空總署，另外像是律商聯訊法律檢索資料庫這類網頁，則需要支付費用或持有帳號密碼才能進入。

再往更深處潛一點，就會抵達暗網了，也稱為「暗網層」（darknet），這一區必須使用洋蔥瀏覽器（The Onion Router，簡稱Tor）才得以進入。洋蔥瀏覽器是美國海軍在一九九〇年代開發出來的軟體，是為了讓海外的情報人員可以匿名與位在美國的同事聯繫，並於二〇〇三年開放給公眾使用，每個人都可以免費下載到自己的電腦。拜其匿名特性所賜，洋蔥瀏覽器也成了政治運動家、記者、間諜的絕佳選擇，同時也是犯罪分子的首選。詐欺犯可以隱匿在暗網購買、販售非法商品和資訊，而不被發現，因為洋蔥瀏覽器隱藏了使用者的ＩＰ位址，且交易多使用像是比特幣這類的加密電子錢幣，所以無從追查。

保護你的文件

壞消息是，傳統近身偷竊的行為，依舊是身分盜賊會使用的手段；而好消息是，你可以降低文件被竊的風險。

- **全面數位化**。不要把含有重要資訊的文件放在車裡，就算是保險卡和行車執照也都不要放在車裡。身分盜賊會到車裡竊走資訊，特別是大型購物中心的停車場、海灘停車場、長期停放的停車場。國家保險犯罪防治局的建議是用手機拍下保險卡和行車執照，然後在錢包裡放一份影本，萬一在路上被攔下來，執法人員多可接受影本或照片，因為他們可以另外透過電腦來查核資訊。
- **個人物品不離身**。絕不可讓錢包、提包和其他個人行李離開身邊！當你外出的時候，一定要把自己的東西放在身邊，不要讓物品離開自己的視線。到擁擠的地方，也務必顧好自己的東西。

- **不要走遠。**家裡若有工人或陌生人來，絕不可讓他們單獨留在放有敏感資料的區域，避免發生資料遭竊的問題。
- **把卡片都放在家裡。**到醫療院所初診之後，就可以把聯邦醫療保險卡收起來放在家裡，另外社會安全卡也不需要帶出門。（這部分我們在「醫療身分盜用」一章中會再進一步討論。）
- **通通都剪碎。**買臺碎紙機，不只是財務和醫療文件，每樣東西都要確實碾碎。就算是看來無關緊要的廣告信，例如服裝型錄，只要上頭有你的名字，都是身分盜賊可以拿去利用的工具。把全部印有自己名字和關於自己資訊的東西，通通都剪碎，例如：空藥罐上的標籤、印有信用卡號的簽單和收據、慈善機構募款募資的文宣等。務必把每樣東西都碾碎！這的確是得花上一些時間，但只要想到可能的後果，便知道這時間花得很值得。市面上有許多款不同的碎紙機，價格都差不多，所以不用多太錢就可以買到能預防騙子上門的碎紙機了。我不建議購買直條型碎紙機，因為紙張切成細條狀後，其實非常容易重新拼製，我會知道這點是因為我們在聯邦調查局拼接過，一點也不難！我也不建議使用碎段式碎紙機，因為一張張小長方形的碎紙，用ePuzzler自動拼接軟體，就能還原原貌了。最好使用細碎式碎紙機，把信件全剪成碎紙，如此一來，詐欺犯就無從重新拼製。

- **選用能上鎖的信箱**。有的時候就算有做好碎紙的工作，卻可能面臨在身分盜賊偷了馬兒後，自己才鎖上穀倉大門的窘境：盜賊只要快速翻看你的信箱，就可以找到型錄廣告、預先審核通過的信用卡，以及其他可利用的郵件。要杜絕掉這類的竊盜風險，只要花點錢買個可以上鎖的信箱就可以了，讓郵差投遞郵件後，郵件可以安穩地待在信箱裡，直到你、且只有你可以去取走自家的郵件。
- **婉拒方案廣告**。撥打888-5-OPT-OUT，或是到www.optoutprescreen.com，選擇不收預先審核通過的信用卡方案，或是廣告郵件。本服務合法正當，由信用報告機構負責管理。
- **選擇電子帳單和電子帳戶明細**。美國仍有許多人在收郵寄紙本帳單，雖然電子帳單也會有外洩的風險，但只要採取正確的保護措施，在網路上支付帳單和辦理銀行作業，其安全性仍大幅高過紙本帳單。

老派科技：平時小偷是如何竊取身分的？

在身分竊賊的眼裡，回收垃圾桶、郵箱、停車場裡的車、擱在教會長凳上的包包，全都是可以偷到飽的下手好目標，且偷飽偷滿之後，還可以回頭再偷。愛麗絲・利斯基就是藉由海倫・安德森的郵件來盜取身分的；愛麗絲在安德森家中，使用手機拍走海倫的郵件之後，就放回原處，害得海倫整個渾然不覺，也毫無頭緒；愛麗絲和竊賊同夥也會到大型購物中心停車場行竊，因為駕駛常常會把行車執照、行李箱、包包、皮夾等物品留在車上。另外，多數人覺得沒用的垃圾，例如加油站和提款機的單據，其實都藏有部分有用的資訊，像是信用卡、金融簽帳卡、銀行帳號的後四碼就可以用來再製成一組完整的號碼，還有名字、住址、身分證字號也都會被直接偷走。相信我，這些東西竊賊通通都想偷。

卡蘿・克瑞（Carole Crane）在奧勒岡州波特蘭市一帶，算是數一數二會賺錢的身分盜賊。她的行竊手法就是到教會、幼兒園、醫療院所等大家會放下戒心的地方，快速翻找手提包，然後使用找到的資訊，幫自己和同夥偽造信用卡、駕照、銀行戶頭。根據聯邦調查局發布的新聞稿，遭克瑞一夥人行竊的受害人共有五十多位，遭殃受害的銀行超過十五間，總計被竊取了二十萬美元。

而且，就算只是去趟自己最愛的咖啡店，這種看似無害的行程，也有可能因而成為詐騙受害人。安琪拉（Angela）和朋友蘇珊在家附近的一間三明治店吃午餐，當時店裡人有點多，也頗為嘈雜，但她們幸運地搶到好位置，開心地談天說笑。到了要拿錢包付帳的時候，安琪拉伸手到她小心翼翼（至少安琪拉覺得自己很小心）放在腳邊的包包，卻發現包包距離自己原本放的位置差了十來公分左右，且錢包不見了。蘇珊後來幫忙付了帳單，安琪拉則持續慌亂地翻找錢包，但就是找不到。她只好告訴店家，希望會有人歸還她錢包。錢包被偷後，安琪拉整個不知所措，因為她的駕照、信用卡、金融簽帳卡、保險卡、AAA會員卡※、備用的空白支票、工作證件等等，全都在錢包裡！她現在該怎麼辦呢？

在回答這個問題之前，且讓我們退一步，花點時間來想一想該如何預防這種事發生，我們可以做些什麼事情，避免讓自己必須面對被行竊後的各種麻煩事。

錢包被偷之前，你可以做些什麼？

你的錢包不應該裝載你人生全部的一切！不需要的東西，就別帶出門，下列是我建議要帶出門的物品清單：

- 駕照
- 健康醫療保險卡影本
- 車險證影本
- 行車執照影本
- 聯邦醫療保險卡影本，證號只留最後四碼，其餘都塗掉
- 一或兩張信用卡
- 工作識別證
- 臨時可用的少量現金

※美國汽車協會（American Automobile Association，AAA）為非營利單位，在北美擁有近六千萬名會員，提供會員道路救援等多項服務，以及各種折扣與福利。

除了上述必需品外，你還會需要其他什麼東西嗎？在錢包裡放空白支票真的是非常不明智，因為小偷有了支票就可以輕輕鬆鬆竊取你的銀行戶頭了。對大多數人來說，錢包裡帶著一大堆聯名信用卡也很不合理。若你有非常多張聯名信用卡，那出門前，最好只帶上準備會用到的就好了。雖然聯名信用卡可以幫你建立信用，也或許可以讓你享有些折扣或優惠，但也常常根本就用不到，甚至還會忘記自己到底帶了哪些卡片在身上。再者，聯名信用卡其實也就只是Visa或Mastercard信用卡罷了。若是想分類購物消費、省點錢的話，那擁有許多張信用卡固然是好，但前提是你得準時繳清卡費；擁有很多張信用卡的缺點是會因受到誘惑而購物，但又無法準時繳清卡費，這麼一來信用分數會受損，還得背債還款。

◇帶錢包出門之前，請做下列幾個步驟

- **減少錢包裡信用卡和金融簽帳卡的數量。**安琪拉的錢包在咖啡廳被偷了之後，便發誓以後隨身只帶每天用得到的卡片：一張用來提領現金的金融簽帳卡、一張購物用的信用卡。帶在身上的卡越少，萬一錢包遺失了，要取消、凍結的卡片數量就越

少。安琪拉把其他卡片放在家裡安全且方便取用的地方，當要去某間特定的商店時，就可以快速拿取，另外也取消超過一年沒用的卡片，縱向剪掉卡片磁條（也可以直接拿塊磁鐵滑過磁條），接著再剪成小碎片，好讓卡片上的資訊無法判別，而最高層級的保護措施就是分不同天把剪成小碎片的垃圾分批拿出去交給垃圾車丟掉。

- **可以用信用卡的時候就用信用卡**。使用信用卡消費，表示我在月底支付信用卡費之前，我每天花的錢是信用卡公司的錢，而我的錢則躺在銀行頭裡賺利息。要真遇到有罪犯竊取我的信用卡號，用來消費了一百萬美元，我還是有受到保護。但若有人用了你的金融簽帳卡，你的錢是直接被提領走，想要取回被盜領的錢，可能得等上三個月，等到銀行調查清楚才會歸還。
- **把支票本留在家裡**。若你打算要開立支票，那麼就帶一張支票出門就好。支票詐騙的難度不高，所以我不常開立支票。若一定得開立，我會使用便宜的膠墨筆來書寫，因為這種筆的墨水洗不掉；還有一種特別調製的墨水筆，這種墨水會鎖在紙張裡，便可以預防支票詐欺犯洗掉字跡或修改文件內容。
- **只開立可以直接交給收款人的支票**。舉例來說，開立支票給保險公司一般都是安全無虞的，但若是在沃爾格林藥妝店開立支票，在它被存入銀行之前，得經手很多人：先是在結帳櫃檯把支票交給收銀員，支票上頭印了所有可以用來偷我錢財的各種資訊，有我的帳號、戶頭的匯款路徑號碼，還有我的名字和住址，且收銀員或許還會要求我在支票背後寫上我的駕照號碼和出生日期，上頭還有我的親筆簽名呢！從收銀員到其他店內的員工、經理，甚至是快遞員，全都可能會看到這張支票，也可能會有人盜取我的銀行帳號資訊。這太容易了。

- **把個人存款條※放家裡**。如同支票本一樣，個人存款條上頭印有戶頭資訊，盜賊只要有了這些資訊，就能查看到你銀行戶頭裡的交易明細了。
- **不要一直把社會安全卡、聯邦醫療保險卡、保險卡放在錢包裡**。會需要用到聯邦醫療保險卡和一般保險卡的時機點，也只有在第一次造訪相關機構的時候，所以平時可以把卡片收好放在家裡安全的地方。
- **把放在錢包裡的東西，列成清單，放在家裡安全、易於取得的地方**。寫下你的駕照號碼、車險證號碼、醫療保險號碼、信用卡號、工作識別證編號，並附上相關機構的電話號碼。萬一卡片遺失了，便可立即聯繫處理。

◇錢包被偷了，你該做些什麼？

要是錢包被偷了，可別驚慌失措。偷錢包的小偷讓人感到害怕，這是肯定會有的感受。不過，我們很多人都曾被偷過錢包，而往後也一定還會有人的錢包被偷。別驚慌！你要這麼做：

- **適當處置**。通知失竊物品的相關機構與單位，此時時間就是金錢，而且都是你自己的錢。
- **報警處理**。警方恐怕無法幫你找回錢包，但報了案，小偷就會有案底。請警方做筆錄，自己也保留一份筆錄影本，之後可用來申請保險理賠或作其他用途。
- **通知銀行**。若是錢包裡有支票、存款條，或其他含有銀行資訊的文件或物品，例如金融簽帳卡，請務必立即通知銀行，這樣銀行就能發給你新的帳號和新的金融簽帳卡，所以千萬不能怠慢！一般銀行願意承擔的期限是三十天，而你得支付的相關手

※英美銀行會為每位帳戶持有人，提供事先印製好姓名、帳號等資訊的個人存款條。

續費其實也只要大約五十美元。

- **聯絡信用卡公司**。聯繫每一張失竊信用卡的發卡公司，通報卡片失竊。信用卡公司會做身分確認，可能會詢問你最後一筆消費為何，也可能會跟你確認最近幾筆消費是否為你本人所為。幾天之內，你就會收到新卡，上頭有新的卡號。如此一來，舊卡的責任問題就不在你身上了。
- **聯繫州立監理所**。重新申請駕照和行車執照，並要求更換駕照號碼。這麼一來，若身分竊賊企圖用你的舊號碼犯案，也已經與你無關。
- **聯繫健康醫療保險機構**。若醫療保險卡（含聯邦醫療保險卡）被盜用了，得付出的代價可是非常可觀的，因此千萬別忘了立即打通電話聯繫保險機構，這個步驟非常重要！
- **申請詐騙警報**。若我是身分竊盜的受害者，除了凍結信用，我還會申請免費的詐騙警報服務。一旦辦理好詐騙警報之後，身分竊賊就很難用你的名字開辦新帳戶。當你的信用報告設有警報，相關機構要審核通過信用貸款之前，得先跟你確認身分，因此該機構得想辦法聯繫上你本人才行。不過，詐騙警報服務是暫時性的，有效期一般為三個月，之後還可再重新申請，最久可延長至七年，但得先填寫資料，並提出文件證明自己是身分盜用的受害者才可辦理。欲申請詐騙警報，可洽詢信用報告機構（Experian信用監測服務、信評公司Equifax、個人徵信機構TransUnion），只要在其中一間信用報告機構申辦完成，其他信用報告機構也都會同時接獲通知。

- **通知社會安全局**。若你的社會安全卡放在錢包裡被偷了，社會安全局並不會給你一組新號碼，但會註明你有通報遺失。因此，往後要是有人企圖使用你的社會安全碼，也會看到檔案有所備註。

騙子堂——杰拉德・巴恩博（Gerald Barnbaum），又名杰拉德・巴諾（Gerald C. Barnes），又名唐納・巴諾（Donald Barnes）

一九三四年，杰拉德・巴恩博於出牛於芝加哥，曾為合法的藥劑師，但後來有段很長的時間都在竊取他人身分，假冒醫療人員。根據當地媒體的報導指出，一九七六年時，巴恩博因低收入戶政府醫療補助詐欺案，藥劑師執照被吊銷，之後就跑到加州，經由合法管道把自己的姓氏改為巴諾

（Barnes），接著在史托克頓鎮偷了一位合格醫師的身分，這位醫師的名字正好就是杰拉德・巴諾（Gerald Barnes），自此以後便在洛杉磯和南加州一帶冒名行醫。

到了一九七九年，二十一歲的約翰・麥肯齊（John McKenzie）尚不知自己患有一型糖尿病。一天，麥肯齊來到巴諾的診所求診，當時麥肯齊已出現一型糖尿病患會有的典型症狀：長期感到口渴、飢餓且狀況日益加劇、頭暈、體重迅速降低，只要是合格的醫生都能立即確診。巴諾找來醫師助理協助抽血，送往實驗室化驗，同時開了治暈眩的藥給麥肯齊後，便打發他離開。巴諾的醫師助理收到血液化驗結果後，驚覺不對勁：麥肯齊的血糖已經飆到每分升一千二百毫克，這可是急性高血糖症！這位醫師助理知道麥肯齊的狀況可能很不妙，立即報警。警方抵達麥肯齊的公寓時，發現這位年輕人早已死亡。

巴諾的助理向相關單位表示非常懷疑巴諾是否為合格醫師；經過一番調查，證實這位醫師助理的疑慮是正確的。根據媒體報導，巴諾於一九八一年承認過失殺人，服刑三年，但服刑一年半後，便獲假釋出獄。

出獄後，巴諾並沒停止詐騙行為，仍繼續假冒杰拉德・巴諾醫師，擔任轉介醫師，但後來在一九八四年又被抓了，這次巴諾也被宣判有罪：重大盜竊罪和開立處方用藥單詐欺病患，並服刑三年四個月。不過，州立醫療委員會卻未曾在真的巴諾醫師的檔案做任何附註說明，也沒有警告醫療院所曾有人假冒過這位醫師。

二度服刑完後，巴諾於一九八九年再次犯案，這次是偷了舊金山藥劑師唐諾・巴諾的身分。巴諾拿著假執照，到洛杉磯一間藥局應徵，但後來被發現是冒牌藥劑師。再次被逮捕之後，巴諾短暫入獄服刑。一九九一年時，巴諾因違反假釋規定，再度被抓，但又被放了出來。後來，他仍然繼續盜用身分：這次巴諾有四年半的時間，以杰拉德・巴諾醫師的身分，在洛杉磯一帶數間醫療機構擔任專業醫療人員。

一九九五年，洛杉磯高階健康醫療集團僱用巴諾做為主治醫師，負責處理高階主管的健康檢查業務，客戶包含聯邦調查局和其他政府機關單位，以及多家私人企業。後來，州立醫療委員會僱用新調查員，重啟調查巴諾的案件時，找到本人問話，隨即發現巴諾又在行騙。這一次，巴諾用盡各種辦法要賴，先是在問話期間假裝要自殺，發現無效後，又假裝心臟病發作。

巴諾曾騙倒過聯邦公務員，因此聯邦執法機關也決定加入調查，也就是說，巴諾很有可能得在聯邦監獄度過餘生，但他本人可不情願。結果，巴諾選擇認罪，承認犯下信件詐騙、非法開立管制藥品、管制藥品登錄詐騙等罪行，並被判刑入獄十二年半。

二〇〇〇年，巴諾在監獄移轉過程中逃跑了，但四週後便被聯邦警官抓了回來。不過，巴諾竟在這短短幾週的時間之內，在一間醫療院所找到工作。被抓回監獄後，二〇一八年六月十五日，八十四歲的巴諾在獄中過世。至於真正的巴諾醫師，則是花了許多年的時間，修復因身分盜用而造成的信用與聲譽損害。

巴諾盜用身分的故事深藏著心理層面的問題，他假冒醫師顯然不是單純為了賺錢，他二十多年來所賺的錢估算起來也只有四十萬美元，一點都不多。其實在內心深處，巴諾一直都很想成為一名醫師，卻屢屢失意。他這麼做，傷害到真的巴諾醫師本人，也傷害了許多人，更造成至少一人死亡。我會把這故事歸類為非常極端少見的案例，而這個故事也說明了，身分竊盜不只是會造成財務損失，也是會鬧出人命的，同時也要大家了解，身分盜賊會為了達到目的，不擇手段。

社群媒體：身分竊賊可以盡情偷飽偷滿的地方

對身分竊賊來說，社群媒體可真是個寶庫，就算是不跟隨流行的人，也都有在使用臉書，與各地的親戚、朋友、高中同學聯繫，我們還會上傳跟親朋好友到處吃喝玩樂的照片到Instagram上，工作上也會透過LinkedIn建立人脈。我們不得不承認，社群媒體簡單、好用又有趣，讓我們可以與認識的人保持聯繫，這些都是使用社群媒體的良善動機。可是，不幸的是，社群媒體也是孳生犯罪活動的溫床。

約翰和艾德在同一間中型企業服務，兩人經常一起相約打高爾夫球，每隔幾週也會各自帶上太太，一同上館子聚會。兩人在臉書上互加為好友，上傳分享許多照片，像是參加慈善盃高爾夫球賽的戰績、代表公司出席政府單位活動的照片，還有偕同太太一起拍攝的團體照等等。一個週末，約翰準備和太太出城度假，正好收到艾德發過來的電子郵件，信裡艾德提醒約翰要在中午之前，慷慨捐一筆錢給協助遊民的組織，最後還預祝約翰和太太一路順風，並再次謝謝約翰昨晚下班後還請他喝了一杯。就在請助理轉帳之前，約翰去了一趟艾德的辦公室，歸還先前借的書，並提醒艾德要在他信裡提到的捐款期限前多多宣傳。但艾德卻說：「什麼捐款？哪封電子郵件？」顯然，這又是一樁身分盜用的冒名案件。表面上看來，這封電子郵件就跟平時收到的郵件一樣，並無二致。信中提到有關約翰和艾德的私生活，像是下班去喝一杯、週末旅行等的細節也都正確。身分竊賊對約翰和艾德的生活，早已瞭若指掌。

身分盜賊是從哪裡知道這些細節資訊的呢？答案是約翰的臉書，因為昨晚約翰和艾德去酒吧喝一杯時，有在酒吧「打卡」，還提到和太太週末要去住的那間度假飯店，另外約翰也在臉書分享過自己很關心遊民，以及為遊民募款所付出的心力。約翰和艾德學到教訓了：上傳東西到社群媒體，要很小心謹慎，因為分享出去的內容很有可能會被用來做壞事。這個教訓，其實也可以廣泛套用到其他事物上。

其實在社群媒體找出潛在身分盜用的目標對象，根本就不用花太多力氣。對身分盜賊來說，你現在人在哪裡、準備要去哪裡，以及你的朋友圈等私人資訊都等同於銀行裡的鈔票，所以上網分享消息時，務必要小心。臉書的帳號名稱、封面照片、大頭照全都是公開資訊，若還填寫了生日、寵物的名字、母親娘家的姓氏等細節，就等於是在等著詐騙高手來竊取身分，因為我們常把這些資訊設為密碼和安全檢查問題的答案。還有，「打卡」或是分享自己現在人在哪裡，其實就是讓準備要竊取你資料的小偷知道你不在家（這是闖空門或翻你家垃圾筒的絕佳時機點）。至於比較高段的手法，像是鎖定約翰和艾德的盜賊，則會細查你的帳戶，找出你的另一半、小孩、朋友和其他社交對象的個資之後，統整利用來行騙。另外，重新申請一個看起來很雷同的電子郵件帳號也不難，只要換個字母或數字，你或許就會因為事情太多、步調太快，沒有多加注意，而不會發現這到是封假冒的信件。你當然可以在臉書上分享家庭聚會的照片，也可以和同事、朋友分享近況，但個人檔案裡，不要放與身分識別有關的個人資料。不要公開生日日期，不要在臉書上購物，不要公開工作的地點，且不管你人是在家裡、在購物中心、在度假，都不要透露自己的實際位置。

回想一下，你上一次上傳照片到臉書時，臉書是不是有問你要不要在照片裡標記自己和朋友？你有讓臉書標記嗎？你是不是想說：天呀！也太方便了吧！這樣我以後就不用自己標記了！真的是臉書自動幫我標的嗎？現在，我們隨處都可使用臉部辨識軟體，臉書在用，銀行和公司行號在用，政府機關也在用。臉部辨識軟體會精確量測臉部特徵，堪稱是驗證身分的超強軟體，有了這些特徵資料，軟體就會辨識出你，且這些特徵也只會指認出你。聽起來很棒，但一旦臉部特徵量測數據被寫入電腦軟體，就得擔心遇上資料外洩了；原本看似非常簡便且萬無一失的身分認證安全措施，瞬間成為另一種罪犯可竊取用來在網路上冒充成你的手段。

上傳自己的照片到臉書時，務必要謹慎小心。為了預防罪犯使用臉部辨識軟體來竊取你的臉部特徵，不要上傳像是護照照片這類的全臉照，因為有了正面大頭照，臉部辨識軟體就能輕易且精準量測到你的臉部特徵數據。反之，最好就只上傳團體照，或是有點角度的照片，這樣臉部辨識軟體就不容易進行臉部特徵量測了。

將身分盜用風險壓至最低的進階作法

1. 暫停動作與進行確認。一旦遇到有人要求你現在立刻提供個人或財務資訊，記得立即啟動防禦機制，絕不聽從指示、絕不照辦！要是有個人自稱是你的信用卡公司打電話給你，並詢問你的密碼，立刻掛上電話，然後撥打信用卡背面的800免付費客服專線，詢問客服剛剛接到電話來詢問密碼的事情是否屬實，客服人員會告訴你：沒有這回事！記得要保持謹慎，這樣就可以預防他人在未經你同意之下，擅自進入你的帳戶。要是跟約翰與艾德一樣，收到電子郵件要你捐款時，一樣要記得：暫停動作與進行確認。花一點時間進行確認，就算一再遇到小偷要來竊取你的身分或詐財，你都能保護自己，避免成為囊中物。

2. **直接凍結。**若基於某些原因與考量，你覺得自己可能會是身分盜用的受害者，又或是帳戶有出現可疑的消費款項，或是信用卡、身分證件遺失，都可以考慮凍結信用。信用凍結（或稱為安全凍結）可阻止企圖竊取身分的竊賊冒用你的名字申請新的信用卡；其作法是凍結信用紀錄報告，因此當盜賊企圖用你的名義開立新帳戶時，銀行和信用卡公司會需要確認你的信用紀錄報告，但卻查不到，自然就會拒絕開設新帳戶，也無法用你的名字申請新的信用卡了。只有當自己想讓銀行、雇主等對象查看自己的信用狀況時，再「解凍」信用紀錄報告服務即可，並於查看完畢之後，再次凍結信用。我個人認為，每個人最好都凍結信用，如此就可以有多一層保護。況且，現在要凍結信用非常容易，因為從二〇一八年九月開始，美國的信用凍結服務已完全免費。現在可以在任何一間信用報告機構，免費辦理信用凍結和解凍服務，且信用報告機構會在接到電話或線上通知一天之內完成辦理，若是郵寄信件通知的話，也得在三天內辦理完畢。要是想在線上辦理信用凍結的話，可到任意一間信用報告機構的官網（可至附錄資料查詢相關聯絡資訊），找到信用凍結頁面進行申請。另外，信用報告機構會提供你一組個人身分識別碼，方便你日後解凍與再結凍信用時使用。

3. **謹慎使用社群媒體**。檔案資料簡單扼要即可，不要詳列生日日期、工作地點、住家地址，也不要即時貼文打卡洩漏自己的實際所在位置，另外只開放給好友查看自己的檔案資料。

4. **謹慎使用公用無線網路**。當你使用公用無線網路傳送資訊之際，駭客有許多種攔截資訊的手段。務必牢記，使用公用無線網路的時候，每個人都有可能看得到你在網路上的一舉一動。事實上，多數的無線網路熱點都不會加密上傳資訊；如果你登入使用的網路，沒有要求你輸入WPA或WPA2密碼，那這個網路極有可能非常不安全，這也代表同在使用該網路的使用者都可以看到你在網路上瀏覽的內容、寫出去的訊息和送出去的資訊。為了偷取你傳送出去的電子郵件、網頁登入的身分驗證資訊和信用卡資訊，駭客可能會架設看起來像是正當無害的假熱點，又或者是潛入你選擇使用的無害熱點。現在網路上非常容易取得各種好用的免費駭客工具，所以即便駭客沒有特別懂技術，也能夠輕易駭入你的網路；身分盜賊不費吹灰之力，就能輕輕鬆鬆竊取包含個資、文件檔案、聯絡人資訊、照片、帳號密碼等資訊。而且，駭客只要用你的帳密登入網站，就能查看你全部的財務資訊了。保護自己最好的方法，就是完全不要使用公用無線網路，為確保自己不會不小心登入公用無線網路，出門在外時，可以直接把電子裝置切換到飛航模式，徹底阻斷網路連結。但若遇到一定得使用公用無線網路或是不安全的網路時，請務必記得不要前往需要輸入帳密或其他身分驗證資訊的網頁。

沒有人喜歡沒事一直談到身分盜賊，但身分盜用卻已是現今無法避免的議題，且未來我們還得繼續面對。我們能做的就是盡可能保持謹慎，並保持積極的態度。本書會接續探討各類型的詐欺犯與詐騙手法，而讀者會發現很多詐騙手法其實多少都與身分盜用有關，繼續閱讀可以更進一步了解與身分盜用有關的議題。

國稅局與稅金詐騙

記得這句俗語嗎？「除了死亡與繳稅，沒有一件事是可以確定的。」當今詐欺犯的犯案手法日益複雜，還會竊取身分來盜領退稅金。歹徒用盡各種科技技術，連美國政府都會被耍！根據國稅局觀察，每年的稅金詐騙手法都會有些許改變，就連稅務專業的從業人員也無法倖免，每個人都可能會被騙。稅金詐騙非常普遍，本章將探討詐欺犯是如何犯案得逞，以及讀者該採取哪些措施來保護自己的稅款和退稅金。

醫療從業人員潔米說：「時間是在二〇一六年初，當時我把稅務資料提供給會計師。」過沒多久，潔米就接到會計師來電，表示她的稅已經申報過了，退稅金也已經被領走了。潔米問會計師：「這是什麼意思？到底是怎麼一回事？」幾週之後，潔米的全數信用卡也都成了被攻擊的目標：「大約在二十分鐘之內，我發現總計有七筆消費產生，地點遍及世界各地，幾乎是在同時間產生的！但這些都不是我的消費，我也根本就沒收到退稅金！」潔米會同會計師，一起和國稅局合作，重新提出納稅申報後，才順利收到實際應退還的稅金。現在，潔米申請了反詐騙保護，每年送出納稅申報和領取退稅金時，政府會先提供一組特殊的個人身分識別碼，以利申報作業，也就是說往後每年申報稅務時，潔米都得重新申請個人身分識別碼。

每一天，詐欺犯都會找到新手法，不只要詐騙你我這種一般民眾，也打算詐取政府機關的錢財。詐欺犯冒用你的名字填寫納稅申報單，又或是用電子郵件、掠奪性電話行銷來行騙，有的還會假扮成報稅員行騙，總之詐欺犯的所作所為不只會讓你的荷包受損，也會讓你的身分陷入危險。

我的退稅金去哪了？

假冒他人申報納稅曾經是非常普遍的稅金詐騙手法，但近幾年來，國稅局越來越善於識破騙局，因此發生的案例數量也降低了許多。依據國稅局的估算，納稅申報詐騙案的數量，在二〇一五年有一百四十萬件，二〇一六年降至八十八萬三千件，到了二〇一七年時，縮減到五十九萬七千件。不過，二〇一六年，國稅局因納稅申報詐騙案和身分盜用問題，所支付出去的退稅金仍高達十六億八千萬美元至二十三億一千萬美元之間。

若有人冒用你的名字申報納稅，並領走你的退稅金，你可以、也應該要採取矯正措施。只要國稅局認定你提出的納稅申報單屬實，那麼就算詐欺犯已經盜領走退稅金，你仍然可以領回你的退稅金。不過，就跟潔米一樣，這過程得花上一點時間，且證明自己身分的責任仍落在你自己身上。

值得欣慰的是，國稅局往往都能夠在詐欺犯盜領走退稅金之前，偵破稅務身分盜用問題。國稅局採用了上百種流程篩選，查出可疑的納稅申報案件；一旦發現有疑慮，便會重新審查納稅申報資料，並寫信給你，要求你上網驗證身分，又或者是親自到納稅人協助中心驗證身分。若你認為自己可能是稅務身分盜用的受害者，又或是上網申報時，發現已經有人冒用你的社會安全碼進行申報，導致你無法申報的情況，務必要立即聯繫國稅局。整個修正流程相當簡單，你只需要提交國稅局表格編號14039的身分竊盜宣誓書，接著就可以重新申報所得。國稅局指出，此修正稅務申報的流程約耗時四個月，但有時也可能需要更長的工作時間。

四招保護社會安全碼

社會安全碼就像一把鑰匙，竊賊拿到了，就能開啟上了鎖的門來傷害你，其中一種傷害就是稅金詐騙。因此，務必要保持警覺，保護好自己的社會安全碼。

1. 絕不隨身攜帶社會安全卡。
2. 只在真的有必要的時候，才提供社會安全碼。遇到被詢問社會安全碼的時候，如醫療院所，務必要反問其必要性。
3. 前往www.ssa.gov/myaccount，開啟線上服務，了解自己的社會安全福利，查看用來核算各式福利的收入所得歷史紀錄，必要時也可要求主管機關更正資訊。為了保護個人隱私和社會安全收入明細表，國稅局已採用新的身分認證流程；除了詢問個人資訊，也就是只有你本人才知道答案的問題，登錄時還會有兩道身分驗證程序：你的帳號和密碼，以及發送到電子郵件或手機的安全碼。這都是保護社會安全碼與相關福利的必要手段，因為行騙高手確實會盜用不知情受害人的帳戶，竊取受害人的福利。

4. 若發現自己的社會安全碼受到危害，務必通報聯邦貿易委員會，詳見本書第388頁的附錄資料。

國稅局會打電話來？恐怕不是吧！

無論國稅局是要通知你好消息還是壞消息，勢必都會透過美國郵政。若你有欠款，國稅局會郵寄欠款通知書給你。要是沒有去付清欠款，會怎樣呢？

私營債務催收計畫（private debt collection program）始於二〇一五年，國稅局也因而不小心讓詐欺犯有利可圖，導致現今詐欺犯都還會佯裝成政府授權的債務催收單位。若你事先沒有收到國稅局來信，告知你的欠款已轉至債務催收單位處理，但卻接到聲稱是國稅局的來電或電子郵件，你就無須回應對方。依據規定，國稅局可以把過期的舊期欠款轉給債務催收單位處理，因此，雖然不常見，但你的確可能會接到代表國稅局來聯繫你的債務催收單位，不過在此之前，你還是會先收到國稅局的郵寄通知書，而且債務催收單位也一樣會先郵寄通知信給你，確認欠款移轉事宜。重點是，無論是國稅局或是債務催收單位，都應先郵寄書面通知書。

就撰寫本書的時間點來說，目前與國稅局合作的債務催收單位有CBE集團、保全公司（ConServe）、績效公司（Performant）、先鋒公司（Pioneer）。凡遇到其他聲稱是代表國稅局、協助處理債務的單位，不管是打電話或寄電子郵件，務必都要先查證過後，才予以回應。即便是上述四間與國稅局合作的債務催收單位，也都會很樂意接到你提出身分查證的要求，所以不用害怕，儘管開口要求對方證明身分。此外，代表國稅局的委外債務催收單位，絕不會要求你補繳稅金到他們的戶頭；補繳的稅金（以及其他欠繳的稅金）一定是繳給美國財政部，且一定都是支付給國稅局。

除此之外，其他的信件與聯絡通知皆不用理會！若是接到電話，那就直接掛掉；若是收到電子郵件，那就直接丟入垃圾桶，絕對不要點選連結網址！電子郵件詐騙案中，連結網址可是詐欺犯的犯案工具，可用來駭取你電腦裡的檔案內容，也可用來植入惡意程式，以利竊取你的密碼、信用卡號等各種儲存資訊。

二〇一八年三月，梅根・莫爾菲德（Megan Murfield）接到一通電話，對方是一男一女，表示是代表政府機關打來的。先是女生開口說明：「我們一直都沒有收到您的回覆，所以已認定你是蓄意詐欺，美國政府也已針對你的名字提出告訴。」接著換男生告知：「有你名字的拘捕令已經批准下來了。」

莫爾菲德乖乖照著詐欺犯的指示，逐一辦理。她向記者解釋：「他們說我欠了兩千零八十五美元的稅金沒有繳，要是不先支付一半，我就會被抓進牢裡，所以我很害怕！」莫爾菲德沒有開車，只好走路到住家附近的沃爾格林藥妝店，並按照指示購買禮物卡，刮除卡片背面的漆墨後，把序號唸給在電話另一頭的詐欺犯。「那男的一直跟我說，若我沒有把戶頭裡的錢都領出來的話，他們就要準備凍結我的銀行戶頭了！他還要我回到店裡買更多禮物卡，再走到店外繼續刮出序號給他們。」即便已經過了一年，莫爾菲德對整起案件仍然記憶猶新。「我跟那男的說，外面很冷，但他回我：『還好啦！小姐妳趕緊繼續刮序號，然後唸給我聽。』」從頭到尾，這男生都不准莫爾菲德掛上電話，還警告她，不可以跟任何人解釋為何要用現金買這麼多張禮物卡。莫爾菲德總共買了六百五十美元的禮物卡，這金額還不到一開始說的欠繳稅金金額的一半，但已能稍微滿足詐欺犯了。後來，詐欺犯還打了三、四通電話給莫爾菲德，留言要求她支付更多錢。

莫爾菲德感到非常害怕，所以打電話給一位同事說週五可能無法去上班了，因為自己逃漏稅，快要被抓了。同事聽說了來龍去脈後，擔心她可能是遇上詐騙，莫爾菲德這才恍然大悟，但為時已晚，六百五十美元已經飛了！莫爾菲德接著去報案，並打電話到當地的電視臺，講述自己遭遇的事情經過，期望可以幫助其他人避免受騙上當。

◇破解假國稅局電話詐騙的線索與跡象

- 國稅局打電話給你之前，一定會先郵寄通知書。若沒有先收到國稅局的郵寄通知，但卻接到自稱是國稅局或是代表國稅局的人打來的電話，絕不可立即採信！不要和對方多講，直接掛上電話就好！和對方講越久，越有可能會受騙，也越有可能提供不應該給的個人資訊。
- 國稅局與其債務催收單位的收款方式，絕不會有禮物卡此一選項。
- 國稅局絕不會在電話裡，威脅表示要立刻懲罰你。通常只有假冒是國稅局打電話來的，才會語帶威脅；真的國稅局來電不會說要立即拘捕你、要凍結你的資產（雖說國稅局真的可以凍結資產，但國稅局不會在電話裡決定要凍結你的資產，還是得依法跑完必要的規定程序）、或是要吊銷你的駕照，也不會說要變更你的移民身分。另外，詐欺犯甚至會威脅要把你遣返，但國稅局是不會這樣做的。

- 立即刪掉聲稱是國稅局的電子郵件來信，也不要點選信件裡的任何連結網址。國稅局不會逕行寄發電子郵件，也不會透過電子郵件詢問個人資料和財務資訊。
- 不必提供國稅局有關信用卡、銀行業務等財務帳戶的個人身分識別碼、密碼、保密性登入資訊，國稅局不會要求納稅人提供此類資訊。

若你有理由認為某通跟稅務相關的來電應該是合法正當的，那麼請你撥打電話到住家附近的國稅局納稅人協助中心，詢問剛剛是否有國稅局人員打電話給你。不過，就算真的接到從納稅人協助中心打來的電話，也得要小心！二〇一八年，國稅局曾發出警告，指出舊型電話詐騙有了新花招；詐欺犯編寫程式，讓手機來電顯示出來的是納稅人協助中心的電話，誘騙你相信真的是納稅人協助中心打來的電話，然後你就會乖乖支付假稅金。而且，為了增添這通電話的真實性，詐欺犯還會要你到國稅局官網去查證當地納稅人協助中心的電話號碼，所以詐欺犯會先掛上電話，給你幾分鐘的時間去官網查證，然後再打電話給你，開口跟你討錢，而且通常都是直接要求以金融簽帳卡支付欠款。

由於越來越多人會認出這類假冒來電，詐欺犯後來也改變手段；新手段雖然一開始不會先用電話聯繫，但最終還是免不了要撥打電話找你。行騙高手會先用國稅局的信紙寄信給你，且信封上還印有「美國政府預付郵資」的字樣，通知你照著信上的電話號碼或電子郵件網址聯繫國稅局人員。你如果打電話過去，電話那頭會說：「國稅局，您好。」你開口說：「我收到通知信，要我聯繫某某人員。」接著，電話那頭的人會說：「請稍等一下，我幫您轉接。」電話接通之後，這位某某人員就會批頭說：「這裡是國稅局，你有欠稅！要趕緊償還！……」這部分的重點是要你立即付清欠稅款項，而且還得在二十四小時之內付清才行。接著，你會收到指示，要你是去沃爾格林藥妝店購買綠點公司（Green Dot）發行的禮物卡（一款很受歡迎的預付金融簽帳卡，在藥妝店和超市都買得到），又或者是要你使用Apple Pay來付清欠稅。在此再次強調，國稅局不會接受上述這幾種方式來支付稅金！

騙子堂——薩希爾・帕特爾（Sahil Patel）

二〇一五年，法官判了薩希爾・帕特爾十四年牢刑，為的是要給同樣有意圖詐欺他人的惡徒祭出警告。帕特爾和同夥假冒國稅局官員，以積欠稅金之名，威脅、指控美國納稅人得補繳數百萬美元的稅金。帕特爾被拘捕的情節重大，包含盜用他人身分、密謀勒索他人錢財、假冒政府官員、電訊詐欺罪，總計被沒收了一百萬美元，這些錢是帕特爾被追捕到案之前，於二〇一一至二〇一三年期間詐騙來的錢財。

法院文件指出，帕特爾一夥人是在印度的電話中心行騙，假冒執法人員，時常用罰金和拘捕的理由來威脅受害人。這群罪犯利用網路技術，讓來電顯示看起來都是從美國執法機構打出來的電話。負責調查國稅局相關犯罪行為的副督察長提摩西・卡繆（Timothy Camus），向《洛杉磯時報》表示：「打電話來的人，態度非常強硬，所以大家都會感到害怕。他們還會假裝是國稅局的人，開口就說『這裡是國稅局，你有積欠稅款！若不立即繳清的話，你就會被拘捕！我明天就會派人去逮捕你！』這類的話，聽起來就讓人擔心害怕。」

法官艾爾文・賀勒斯坦（Alvin Hellerstein）負責審理帕特爾的案件，說道：「這種犯罪手法利用的是大眾覺得自己的人生就要被毀掉的恐懼，目的是要搶奪他人的身分和錢財。」依據報告文件內容，助理檢察官安德魯・亞當斯（Andrew Adams）在法庭上告訴法官，這樁詐欺案「經過完美設計」，能操控人心，讓人為自己的財務狀況感到焦慮擔心，心生被拘捕的恐懼。

檢察官也指出，帕特爾還剝削了「迫切的」同夥，特別是女性和被他歸類為「笨蛋」的夥伴，因為他認為這些人會為了分贓一點詐騙來的錢而聽令於他。檢察官報告寫道：「在所有同夥中，帕特爾特別瞧不起女性，覺得女性既貪心又聽話，很容易被牽著鼻子走，也很容易操控。而且難以置信的是，帕特爾就連對待自己的親姐妹也一樣厭惡、瞧不起。」

一派胡言的電子郵件

我已經提過電子郵件詐騙的問題了，但我還是想要更深入地講清楚，因為我們每天都會用到電子郵件，很容易一不小心就放下戒心。詐欺犯的電子郵件「釣魚」行騙，使用以假亂真的商標圖案和免責聲明，誘使你閱讀信件內容，進而點選信中的連結網址。最好的防禦方法，就是一開始就抱持著懷疑查證的心態，畢竟每年一到報稅季，就會發現詐騙手法又有了些許新變化，詐欺犯可說是年年都在進化。所以，大可直接假定凡是標題寫著「國稅局」字樣的電子郵件全都是詐騙信函。

此類型詐騙電子郵件的寄件人常會是「國稅局退稅服務」之類的名稱，目的是要收件人覺得自己快收到退稅金了，因而感到開心興奮。可是，就算多數內容看起來都很正常、很正當，這封信還是假的。一旦依照指示，點選「進行安全檢查」，你就會被要求提供社會安全碼和其他個人資訊；要是你又照辦了，那麼寄信來的盜賊便已經竊取到你的身分了。

有些詐欺犯的野心更大，與其一次只詐騙一位納稅人，他會假冒國稅局寄送電子郵件給專業報稅員、執業會計師、人力資源專員，以利騙取客戶和員工的個資。詐欺犯收集到個資後，便用來冒名申報納稅額，詐領退稅金。我知道我已經講過很多次了，但我還是得再次強調：不論你是一般市民，還是專業的稅務人員，國稅局有事找你，絕對會先郵寄通知書，絕不會直接透過電子郵件、簡訊、社群媒體來聯繫你！也不會在沒有書面通知的情況下，直接打電話給你！就算記不得本章全部的內容，唯獨這一點，務必要牢牢記住！

小心冒牌報稅員

雖然國稅局沒有公布報稅員詐欺案的統計數字，但報稅員詐欺的問題已經存在好多年了，名列前十二大詐欺案，也就是所謂的常見稅務相關詐騙觀察清單。

長久以來，我們都知道報稅員會竊取非客戶的身分，冒名提交納稅申報單。二〇一三年，聯邦法官判貝納度・戴維斯（Bernando O. Davis）有罪，罪由是不實申報聯邦所得稅，詐領數百萬美元退稅金。從二〇一〇至二〇一三年間，戴維斯在喬治亞的克萊頓郡，經營「戴維斯稅務服務」，提供申報稅務服務。有上千名受害人採信戴維斯的話，提供自己的姓名和社會安全碼，申請「政府激勵回饋方案」或「政府免費金專案」。美國司法部的報告指出，戴維斯透過免付費電話、網站、傳單、廣播等行銷管道，宣傳「激勵回饋方案」，收集受害人的個人資訊。他也僱用「業務推手」，以口碑式行銷介紹這些假方案，並進一步網羅受害人個資。另外，也從其他像是監獄和遊民庇護所等管道取得更多受害人的名字，事發之後，有多位受害人皆作證表示從未聽說過「激勵回饋方案」，但身分卻都被戴維斯和其黨羽用來冒名申報納稅。事實上，根本就沒有什麼激勵回饋方案，戴維斯就是拿受害人的資料，冒名申報納稅，盜領退稅金，總計共有一千九百多萬美元因此進了戴維斯的口袋！

報稅員詐騙也會誘騙政府（也涉及盜用客戶的身分），超額申報客戶原本依法可領取的退稅金。報稅員諾艾蜜・潘德（Noemi Pender）在紐澤西州的羅森黑區執業，從二〇〇七至二〇一一年共計有五年時間，不實申報聯邦所得稅，被判刑一年。依據司法部的資料，潘德和一位同夥欺瞞財政部，虛報客戶的退稅金，共詐領超過三十四萬美元。

來自佛羅里達州中部的商人傑森・史蒂森（Jason Stinson），因不實申報，被該州奧蘭多市的聯邦法官下令，必須支付約九十五萬美元的民事罰金。史蒂森負責的國家稅務服務，在佛羅里達州、阿拉巴馬州、喬治亞州和北卡羅萊納州一帶營業。就跟上述的潘德一樣，史蒂森虛報客戶的扶養親屬人數、營業費用、慈善捐款金額等項目，進而獲取超額稅金。法院發現史蒂森鎖定「弱勢、未受教育的貧窮族群」，每次的申報服務會收取高達九百九十九美元的費用，有時史蒂森還會逕行從退稅金中扣除，而客戶全然不知情。

◇如何保護自己避免挑選到冒牌報稅員？

- 若報稅員是在臨時辦公室工作，那就要小心了！雖然在臨時辦公室工作並非一定有問題，但詐欺犯常常都是租用臨時辦公室，一旦搬走了，那就真的是人間蒸發，很難再找到人了。
- 若報稅員承諾會提供一大筆退稅金的話，那務必得立即提高警覺！要是申報金額被謊報，你還是得向國稅局繳回應付的所得稅。
- 若報稅員跟你說，只要提供社會安全碼等個人資訊，你就可以申請「激勵回饋方案」，一定要抱持懷疑的態度並求證。
- 不要相信報稅員拿出來的國稅局背書文件，根本就沒有這種文件！國稅局不會為報稅員和會計師做任何背書！要是你正在考慮僱用的報稅員，跟你說他有國稅局的背書，還給你看國稅局的背書文件，正好證實了這個人不能信。這份文件是假的，這傢伙是個騙子！

- 若報稅員表示要依照退稅金額來收取服務費，那就趕緊遠離這傢伙！會計師的服務費不是靠抽成的，而是以小時計費，又或是直接收取一筆固定費用。要是考慮僱用的服務人選提出這種收費方式，立即結束相關討論與聯繫。
- 若會計師提議把你的退稅金退到會計師這邊的戶頭，或甚至是會計師的私人戶頭的話，千萬別再僱用他了！這個建議直接說明了他有犯罪意圖。
- 若報稅員跟你說，他有辦法幫你調整申報、提高退稅金額的話，絕不僱用這個人！報稅員理當要了解法律規定，也要知道該如何幫你依法如實扣除所有符合條件的扣除額才是。
- 檢視、確認所有的收入和扣除明細都有誠實申報後，才簽署納稅申報單！
- 要確認報稅員合法與否，可以要求對方提供國稅局核發的身分編號。拿到編號後，可再與國稅局查證此一編號是否屬實。
- 須確認報稅員有在你的納稅申報單上簽名！依據法律規定，你和報稅員都要在納稅申報單上簽名。如果到了申報流程最後的文件簽署步驟時，報稅員才表示拒絕在納稅申報單上簽名，這時候雖然已經來不及更換報稅員了，但也說明是時候該趕緊換個新人了。依據國稅局的解釋，這種拒絕簽署的報稅員就是「幽靈報稅員」，協助申報納稅但卻拒絕具名簽署。幽靈報稅員不誠實，不僅會承諾申報金額，還會抽成收費，目的是想要詐騙納稅人來賺快錢。因此，拒絕具名簽署就是個警告信號！

◇若成了稅務相關的身分盜用受害人，該怎麼辦呢？

國稅局識破冒名申報的能力越來越厲害，只要發現可疑案件，就會寄出編號4883C通知信，提醒申報人，國稅局懷疑你的申報資料可能被冒名了。收到通知信後，你有三十天的時間準備好指定文件回覆國稅局，說明該份遭到懷疑的申報資料確實是你自己申報的，或是你根本就還沒申報。回應編號4883C通知信時，你應該要：

- 記住！郵寄來的編號4883C通知信上，會告訴你該打哪一支免付費電話。
- 準備好前一個年度的納稅申報單影本。

- 準備好該通知書標示的當年度納稅申報單。
- 準備好當年度和前一個年度的相關申報輔助說明文件，像是W-2工資與稅務說明書或1099雜項收入申報表，以及附表C「自僱者報稅明細表」或附表F「農場損益報稅明細表」。

有了以上這些資料，國稅局納稅人保護計畫的專員，便能裁定遭懷疑的申報資料是否屬於你本人。要是這筆申報資料真是你自己提出的，國稅局便會接續辦理申報事宜；要是申報結果有退稅，你也會照常收到退稅金。相反地，要是這筆申報資料是假的，你會被告知要改以紙本提交納稅申報，至於冒名申報的那一份資料，就會從你在國稅局的稅籍資料中刪除。

處理詐騙案件的確很令人感到心煩，但國稅局也真的很努力想要提供協助和保護。因此，如果你真的成了受害者，那麼處理流程的最後一個步驟，是國稅局會在你的稅籍檔案裡頭，加註說明你的身分曾被冒名申報。要是你再次被冒名申報的風險很高，那麼國稅局會提供你身分保護的個人身分識別碼；考量到是高風險群的關係，這組身分識別碼的有效期只有一年，也就是說，你往後每年都得重新申請這組身分識別碼。如此一來，申報納稅時，你就可以用這組身分識別碼來證明自己的身分。

要是遇到國稅局拒收你的網路納稅申報資料，而你懷疑是因為有人冒名申報，國稅局官網上清楚載明了處理步驟（詳見第388頁的附錄資料）。如同本章前面提過的，你得填寫表格編號14039的身分竊盜宣誓書，另再提交納稅申報紙本即可；國稅局收到你的納稅申報和14039宣誓書之後，會郵寄收取確認信給你，並交由身分竊盜受害人協助單位來展開調查。整個調查過程非常詳盡、耗時，舉例來說，國稅局會調查你以前是否曾經受害過？是否有其他受害納稅人？是否屬於大規模詐騙案件？往後是否需要申請個人身分識別碼？你稅籍檔案裡的「身分竊盜欄位」會被勾選起來，以確保日後國稅局可以進一步提供保護。切記：國稅局一定會和你合作，一同保護你，預防你掉入稅務詐欺陷阱。

我知道拿錢出來繳給國稅局並不是件特別開心的事，但我們也得知道我們繳的稅金是用來支付一些重大服務。若不幸遇上身分竊賊冒名提出申報和領取退稅金，而你想要從錯綜複雜的詐騙案件中脫身，那麼就會需要國稅局提供相關協助，並幫助你預防未來再次遇到騙子。面對身分詐騙案件，國稅局不僅認真、細心打擊詐騙，還要幫助你遠離被誘騙的風險。

醫療身分盜用

資安服務商「安全工程」（SecureWorks）的首席技術長瓊恩・雷姆斯（Jon Ramsey）指出，社會安全碼、金融帳戶號碼等個人資料是金融詐欺犯行騙所需的一切資料，只要花約二十五美元就可以在黑市買到這些個資；健康醫療保險和病歷資料在黑市的賣價則高出非常多，約落在每人兩千美元。原因是詐欺犯可以利用這些資訊，冒名向聯邦醫療保險和其他保險業者申請理賠，譬如一場手術的理賠金就能拿到兩萬美元。因此，醫療身分盜用的潛在獲利比較高，在黑市的賣價自然也就比較高。本章我們要來了解醫療身分盜賊是如何竊取、消費你的身分，接著擾亂甚至毀損你的健康醫療紀錄，當然我也會告訴你該如何進行預防。

二〇一八年五月，路易斯安那州居民海瑟・卡平斯基（Heather Karpinsky）和家人出門去度假。一家人回到家後，海瑟去信箱拿信，發現有非常多封信都署名寄給她五歲的兒子蓋文（Gavin），讓她覺得有些納悶。海瑟回想時表示：「我當下就在想，為什麼會有這麼多廣告信寄給蓋文？但我隨即就把廣告信撕一撕丟掉了，之後也沒再多想。」不過，隔天信箱裡又有兩封給蓋文的廣告信，海瑟於是跑去問鄰居，看看他們家的小朋友是不是也有收到，但鄰居說沒有。又過了兩天，信箱裡有一封屬名給蓋文的帳單，是電視購物的，總共購買了價值兩百美元的健康營養補充品，可是，蓋文不常看電視，而且只有五歲的他，又怎麼會知道打電話去電視臺購物呢？況且這些東西都是刷卡支付的，但蓋文根本就沒有信用卡。

海瑟立即打電話給信用卡公司，經信用卡公司判斷，確定是樁詐騙案。收到帳單後四天，蓋文平時去的診所打電話給海瑟，表示他們診所的電腦被駭客入侵了，共計有十四名小朋友的名字、出生日期和社會安全碼被竊走，而蓋文和蓋文的弟弟都在遭竊的資料清單之中。蓋文弟弟的資料還沒有被冒用，但蓋文的資料已經被用來購買健康營養補充品了。

為了打擊詐欺犯的惡行，海瑟唯一能做的，就是幫蓋文做好詐騙防護措施，這對蓋文的未來而言，非常有必要。海瑟說：「我後來才知道，蓋文的資料會持續在黑市裡兜售，且蓋文的醫療身分也可能會再被有心人士利用。」由於蓋文被冒名辦了信用卡，所以三大信用報告機構裡也有蓋文的信用紀錄報告了。「他才五歲啊！不應該要有什麼信用紀錄報告或信用評等之類的。」但是，蓋文現在的確已經有信用紀錄了，所以也得有信用監測服務才行。直到蓋文成年之前，海瑟得持續監測蓋文的信用紀錄，等到蓋文成年後，再換他自己接續監測。海瑟解釋說：「因為蓋文的資料已經被洩漏出去了，所以藍盾藍十字保險公司（Blue Cross Blue Shield），也就是蓋文的保險公司，施行一道新政策。保險公司會在蓋文的保戶資料裡，標注為受危害保戶，一旦發生詐領醫療費用案件，蓋文都不必支付費用，這筆費用會直接被退回到醫療院所那邊。」現在，每次帶蓋文去看新醫生，海瑟就得出示有照片的身分證件；現階段是用海瑟自己的駕照證件，等蓋文再大一點，就得出示有蓋文自己照片的身分證件。

海瑟也報警了，警方後來調查發現，該負責任的不是診所，因為診所有支付費用購買資安系統來保護診所裡的資料，問題是出在資安系統。海瑟說：「保護自己的醫療身分成了受害者一輩子的負擔！」海瑟很難想像，等到兒子長大，想要辦信用卡的時候會有多困難，或是去看新醫生的時候，為了證明自己的醫療身分會有多麻煩。目前蓋文的信用已經被凍結，但是他的個人資料和病歷文件已經確定在外頭被散布傳播了。海瑟說：「我完全沒有想到這些資訊居然這麼值錢！我以前總以為自己已經夠小心了，為了不暴露兒子的個資，我從來不會在社群媒體上祝兒子生日快樂。現在我知道了，就算自己已經非常小心翼翼了，還是很容易會被詐騙攻擊。」海瑟認為自己平時有盡到保護家人的職責，但面對兒子的個資被偷，卻也束手無策。我們無法預防資料外洩，但我們可以確實做好保護自己的工作。

醫療身分被盜用的下場真的很慘痛

我們會想要保護自己，避免醫療身分被盜用，那是因為騙子會為了要看病治療或拿藥，而盜用我們的醫療保險和個人醫療資訊，也會把醫療費用嫁禍到我們身上。其實，醫療身分盜賊偷走的不只是身分證號，也會偷走我們的健康。要是有小偷取得你的醫療紀錄或保險卡，並拿去看病，那麼這小偷的就醫紀錄就會和你自己原本的混在一起，你可能會因此而遭誤診。而且，你還可能得為了小偷就醫服務和處方用藥的帳單，持續不斷跟醫療院所提出解釋。另外，小偷還會拿這些資訊來從事其他與醫療無關的詐騙行為。

有些受害人更慘，因為身分竊賊會冒名購買昂貴的鴉片或具有黑市價值的藥品，迫使受害人因而承受藥物罪的指控而被拘捕。依據《消費者報告》（*Consumer Reports*）的文章報導，某天在德州休士頓，有位退休的郵務人員黛柏拉・福特（Deborah Ford）接到一通令人不安的電話，是保釋公司打來的，告訴她，她即將要被逮捕了，因為她從當地許多間不同的藥局，拿了一千七百多顆的鴉片類止痛處方用藥。這通電話可不是詐騙，後來福特真的因藥物罪被逮捕。福特告訴記者：「我被抓去拍了嫌疑犯大頭照，也被取了指紋。」因為被逮捕這件事，搞得福特精神壓力非常大，還突然發了很嚴重的牛皮癬，「當時警察看了看我的雙手說：『這就是藥物成癮的人會有的手！』所以，當下警察早已認定我是罪犯！」

福特最後能脫離被起訴定罪的命運，是因為她幾年前的一份報案紀錄。當時她人在加油站的商店裡頭，但錢包在車上被偷了。福特一發現車子遭竊就報案的作法非常正確，除了報案，她也取消全部的信用卡、更換新的駕照、補辦新的健康醫療保險卡。在確認銀行戶頭都沒有被侵害後，福特也就忘了這件事情，繼續正常生活，直到接到保釋公司來電這天，才發現自己已經無法再過上正常的生活了。

這小偷把福特駕照上的照片換成自己，但保留了駕照上原有的名字和身分資料，接著拿竄改過的駕照和保險卡去醫療院所求診，要求醫生開立止痛藥處方籤。一間當地的藥局發現有人拿了數張列有管制藥物的處方箋，不免起疑，所以打電話報警，然後福特就被逮捕了。雖然最後證明抓錯了人，但是福特前前後後，從二〇〇八至二〇一五年，花了七年時間才洗刷自己的罪名。

聰明降低醫療身分被盜用的風險

你無法預防資料外洩的意外事件，也無法遏止員工偷竊的行為，但你能做的，是學習發現端倪與自我保護。

- 掌握銀行戶頭和信用卡的明細，查看有無不屬於自己的就醫開銷；若被告知自己的醫療資料被外洩了，那更要特別仔細檢查。發現有錯誤時，應立即要求修正文件紀錄。遇到詐騙的時候，也要通報保險公司和三大信用評等公司：信評公司Equifax、Experian信用監測服務、個人徵信機構TransUnion。
- 謹慎且仔細地閱讀保險公司的「福利說明書」與聯邦醫療保險的「就醫明細通知」，這些文件會列出保險公司幫你支付費用的就醫次數、檢查項目和其他醫療服務。只要看到你不是很確定的服務費用，要立即反應處理，直到釐清並確認紀錄修正正確之後，才可罷休。雖然可能只是出帳錯誤，但也有可能是有人企圖要盜用你的醫療身分。畢竟在詐欺犯冒用你的名字花費幾十萬美元就醫之前，你會有的線索也就只有這麼一丁點，因此務必仔細閱讀醫療保險公司和醫療院所寄來的文件，一個字一個字仔仔細細讀清楚，就連標注了「這份文件不是帳單」的文件信函也要讀清楚。如果看到不認識的醫生姓名，或是奇怪的就醫日期，一定要向保險公司反應！另外，也可以找可靠的朋友，陪你一起查看文件。有時，另一雙眼睛就是能看到自己沒注意到的地方，抓出可疑的醫療費用項目。

- 只有在初診時，才帶上聯邦醫療保險卡和其他保險卡。平時只攜帶影本出門就好，且影本上的證號只留最後四碼，其餘都塗掉。
- 就醫紀錄與帳單、聯邦醫療保險與其他類型保險的相關資料，以及含有帳戶編號等資訊的文件，都要收好放在安全的地方。要丟棄這類文件，以及諸如藥袋、藥瓶標籤、藥品收據等物品的時候，務必要使用細碎式碎紙機，通通絞碎。
- 除非是你打過去的電話，否則絕對不要在電話裡提供有關醫療或健康保險的資訊。另外，要是收到電子郵件要你回信提供這類資訊，也千萬不要照辦。

• 遇到對方向你表示要提供「免費的」醫療服務時，一定要格外留心！也要特別謹慎注意，別不小心提供自己的醫療資訊，而收到的服務其實根本就不值錢。

• 不要在社群媒體上，分享有關去看病、接受醫療檢查或開刀等內容的貼文！醫療身分盜賊冒用你的身分時，會利用這些資訊來證明他才是你。

• 請醫生把自己檔案裡的資料，全部列印一份給你（可能得支付一些影印費用）。這樣一來，在有需要的時候，就有證明文件了。

• 在醫療展覽會或商店門口的臨時攤位，遇到提供（免費或其他種形式的）醫療檢驗時，只要他們開口跟你要保險資訊，都絕對不要給！

• 遇到有人打電話來，表明要免費給你贈品，或是問你有關自己的健康狀況、醫療服務、醫療保險等問題時，大可直接掛上電話！

• 若你有僱用看護或清潔人員到家裡服務，務必把自己的藥罐、藥袋鎖起來，因為只要有智慧型手機，任何人都可以拍下藥品標籤，然後重新申請用藥。

騙子堂——亞尼爾・岡薩雷斯（Yennier Capote Gonzalez）

二〇一〇年八月，衛生教育福利部接獲舉報，指出佛羅里達州邁阿密有位男子試圖從田納西州一個新開設的戶頭，轉出一萬七千美元到一間佛州銀行。司法部新聞稿指出，這個新開設的戶頭才剛收到聯邦醫療保險匯來的三萬八千美元。銀行遇到有大筆匯款進出的時候，都會特別留心注意；以這個案例來說，銀行小心查證的態度還真是起了作用。當時，亞尼爾・岡薩雷斯在田納西州的偏鄉治根茲波羅鎮，剛創立了「治根茲波羅鎮全方位醫療服務」，並開立了新戶頭。不過，當執法機關來到營業地點時，卻發現根本沒有什麼醫療服務公司，只看到舊農舍和蓋到一半的房子。

後續的調查發現，治根茲波羅鎮全方位醫療服務是間假公司！岡薩雷斯竊取田納西州諾克斯維爾市一位醫師的身分，盜用來申請取得聯邦醫療保險特約機構證號。接著，以這間假公司的名義，冒名好幾位住在佛州南部的聯邦醫療保險受益人，申請醫療補助，這幾位受益人全都是醫療身分盜用的受害人，他們壓根兒就沒去過田納西州，但居然都收到治根茲波羅鎮全方位醫療服務的帳單。

二〇一〇年，美國政府在岡薩雷斯準備再次轉帳的時候，把他逮個正著。經過審判，岡薩雷斯被判了五年又七個月的牢刑，並被沒收一萬九千兩百九十六美元的行騙不法所得。

病歷文件盜賊：專家在擔心什麼？

二〇一七年十一月，紐澤西州東布市的警察接獲一通倉庫被闖空門的報案電話。竊賊小心翼翼搬走了滿滿十三箱的文件資料，讓這樁搶案顯得相當突兀。盜賊大費周章闖進倉庫，一般都會認為應該是為了偷取珠寶銀器等昂貴物品，還是說，這群竊賊是不小心跑錯地方了？

結果發現，這樁搶案果然非比尋常！這些文件箱裡，裝滿了紐澤西中部耳鼻喉科中心病患的病歷，這些文件全是可以讓身分盜賊發大財的寶物，因為病歷上有病患的名字、地址、電話、出生日期、就醫紀錄、聯邦醫療保險與其他保險資料、社會安全碼、駕照、服役狀況等資訊。把這些資料拿到黑市兜售，盜賊就可以大賺一筆，但對醫療院所來說卻相當頭痛，因為院所得聯繫上千名病患，告知他們個資遭到侵害的壞消息。除了警方，美國國土安全部和該州的密德薩克斯郡檢察官辦公室也介入該起竊案調查工作，經過積極的追查，立即展開拘捕行動，並成功救回多數未被售出的病歷文件；其中有位竊賊是在販售時，被兜售對象舉報而被逮補歸案。

這起竊盜案特別的地方在於：第一，這是一樁古早時代才會發生的文件失竊案；第二，司法審判過程迅速果決，盜賊也很快就捉到了。一般大型醫療院所的身分竊盜案都是駭客侵入電腦，竊取電子檔案文件，這類型的竊賊很難辨識、也很難抓到，因為網路竊賊不會留下「電子指紋」，而且他們人多位在海外，所以國內執法機關根本就抓不到人。其實，醫療資料外洩和竊盜數量增加的主要原因，乃是因為現今的病歷多為電子檔案。德洲奧斯丁市的非營利組織「病患隱私權益」（Patient Privacy Rights），其創辦人黛博拉・皮（Deborah Pee）醫師表示：「電子病歷比紙本病歷好偷很多很多！而且，電子病歷儲存在數百萬個資料庫裡，只要被竊賊修改了內容，那就很難再修正回來了。」

依據波耐蒙研究所（Ponemon Institute）的調查，光是因為資料外洩，每年醫療健康產業就得付出高達六十億美元的成本。負責監管駭客型盜賊的官員，為了要判斷資料是否真有被拿去使用，可說是吃盡苦頭。每年病歷失竊的數量非常可觀，可多達約兩千七百萬件！波耐蒙研究所長期追查醫療健康產業資料外洩的問題，其資料指出，光是二〇一七年就有多達四百七十七間醫療院所，向衛生教育福利部或媒體單位，通報發生資料外洩意外，總計影響到約五百六十萬名病患。專家學者預估，到了二〇二四年，居住在美國境內的每個人都會遇上病歷資料外洩的問題。然而，健康醫療產業的資料外洩問題，其實大多都是源自內部。我一而再、再而三地不斷警告我的商業客戶：資料外洩不會無端發生！不滿的員工或是壞員工，可能只會少少偷一個或幾個檔案，或直接刪除整個檔案系統，但不至於貪心或氣到釀成資料外洩。員工純粹是因為粗心，才會導致資料外洩。

二〇一八年，威訊公司（Verizon）製作了「受保護健康資訊外洩報告」（Protected Health Information Data Breach Report），內容指出健康醫療產業發生資料外洩的主要原因，與其他產業的原因大不同，並說明其中有百分之三十五是人為因素，像是資料誤傳、資料丟棄處理不當、資料遺失等，另有超過百分之十六的原因是內賊所為。資料外洩的原因包含沒有使用密碼保護、沒有把裝置放在安全的地方、沒有更新資安軟體等等，資安工作要能起到作用，相關人員必須落實執行、維護與監督，只要有所閃失，便是給資料盜賊敞開大門，讓小偷有機可乘。

小偷只要逮到機會，是絕對不會放過的！就算沒有粗心的員工無意間成為「幫兇」，讓小偷輕鬆取得公司資料，資料盜賊依然有其他竊取醫療資訊的手段：惡意程式、阻斷服務（DoS）攻擊、勒索軟體等，都是非法獲取資訊的工具。有的時候，就算遭到惡意程式攻擊而被奪走資料，事主也可能還是渾然不覺。

聯邦醫療保戶特別容易被盯上

我們許多人都會同意在滿六十五歲的時候，心中的感受其實是相當百感交集的。我自己便是如此，不過我很開心（真的非常開心！）能收到這個里程碑的獎品：聯邦醫療保險卡。但是，當我看到上頭印有我的社會安全碼之後，我就開心不起來了，因為這麼做等於是讓每個人都可以看到我的社會安全碼，還可以抄下來盡情使用。若你已經使用聯邦醫療保險卡好幾年了，那麼你應該發現，在你的卡片上也同樣印有社會安全碼。

其實，政府當局一直到二〇一五年才通過法律，要求聯邦醫療保險卡號和社會安全碼要有所區隔，這是我和ＡＡＲＰ樂齡會努力爭取而來的成果。二〇一八年四月起，衛生教育福利部的聯邦醫療保險和聯邦醫療輔助服務中心，也就是負責管理聯邦醫療保險的主管單位，終於開始製發新卡，以州為單位，逐一發送保戶新的聯邦醫療保險卡。新卡上印有不同於社會安全碼的全新識別碼，若你享有聯邦醫療保險，那你應該已經收到了。有了全新的識別碼，如果聯邦醫療保險卡遭竊或遺失了，肯定可以大幅降低身分被盜用的威脅，這可是件好事！

不過壞消息是，因為聯邦醫療保險卡上長期以來都印有社會安全碼，所以滋生了一大群縝密組織的詐欺犯，哄騙聯邦醫療保險人交出社會安全碼。有些詐欺犯行騙打電話時，其來電顯示還能假扮成好像是聯邦醫療保險的來電，並開口要求你支付換發新卡的處理費用，或是跟你說因為要寄新卡給你，所以要跟你確認社會安全碼。這些全都是詐騙！新卡是免費的，聯邦醫療保險也不需要跟你確認社會安全碼，因為主管機關早就已經有這些資料了。

求助資源：聯邦醫療保險的身分盜賊

若你是聯邦醫療保險的保戶，且認為自己是醫療身分盜用的受害者，即可享有專屬的求助資源。

- 致電800-medicare（800-633-4227），通報可疑的健康醫療或相關保險問題。
- 各州皆設有長者醫療巡邏隊，可解答各種聯邦醫療保險的相關疑問，提供可靠資訊，例如潛在的詐騙行為或身分盜用情事，工作人員會協助你判斷是否真遇上詐騙或竊盜。可到網站www.smpresource.org/content/what-smps-do.aspx，找到你所在州別的辦公室。
- 要是你確信有人在偷用你的聯邦醫療保險福利，請採取跟其他身分盜用一樣的處理步驟，而第一步就是前往聯邦貿易委員會的網站www.identitytheft.gov報案。

病歷盜賊：該怎麼做才能遏阻盜賊？

要徹底杜絕網路醫療身分盜用，恐怕還有很長遠的路要走，不過我已經看到一些好的改善跡象。第一，由於資料外洩引發高度關注，因此健康醫療產業比以往更加重視資料外洩的問題。舉例來說，二〇一七年，有個勒索軟體病毒釀成洛杉磯華埠協和醫院（Pacific Alliance Medical Center）二十六萬六千多名病患的資料外洩，醫院的資訊人員得儘速找到並移除病毒，然後加密受危害的檔案。我們不知道醫院後來有沒有支付贖金給犯罪分子，但我們知道醫院聯繫了資料被外洩的病患，並同意支付兩年信用監測服務的費用。就我的經驗來說，兩年是不夠的；犯罪分子都很有耐性，他們可以等到五年、甚至更久才開始盜用偷來的資訊，所以信用監測和身分保護的措施必須長期落實。選用的信用監測服務，必須連結上三大信用報告機構（Experian信用監測服務、信評公司Equifax、個人徵信機構TransUnion），且一旦發生資料外洩，要能夠在第一時間就聯繫上你。

只要業務上有觸及病歷資訊的事業單位都必須採取預防措施，強化相關檔案的安全性。我自己也會去看醫生，也有病歷，所以我會去查看自己選擇的單位組織是否有落實相關的安全政策和處理程序。我也會建議你去做一樣的確認工作，並向自己選擇的單位組織主張要落實相關的防護措施。畢竟，醫療資訊的正確性和安全性，也攸關自己是否能獲得最佳、最適切的醫療照護。我的話，我會詢問以下幾個問題：

- 是否有訓練工作人員，幫助人員了解正確的資料保護流程？一旦出現新的風險和解決方案，就得舉辦訓練課程，更新最新處理方式。凡是工作有觸碰到資料的工作人員，其責任須包含正確保護資料的安全，且須納入員工的工作表現評量。
- 員工讀取安全性資料的權限，是否有受密碼管制？用來讀取資料的相關裝置是否也有密碼保護？因為平板電腦、智慧型手機、手提電腦等移動式裝置容易遺失或遭竊，也可能會被放置在公開的地方，導致未經授權的人取得安全性資料。
- 是否有規劃軟體復原方案？是否有定期審視與更新方案？遇到資料外洩意外時，方案是否有清楚說明該如何協助病患修復病歷資料等因應措施？
- 如果發生資料外洩意外，相關事業單位是否願意為資料遭竊的病患提供至少三年以上——理想是至少五年以上——的身分盜用保護服務？
- 事業單位是否有針對資料外洩的意外投保呢？若不幸發生資料外洩時，是否有足夠的資金調查犯案細節，解決系統遭受攻擊的地方，協助生命或名聲遭受損害的受害者呢？

病歷盜賊：我們可以做些什麼來預防？

第一步最好從提高警覺方面著手，事業單位要特別留意電腦系統易受攻擊的弱點，實施情境模擬測試，並要求員工要有更嚴謹的負責態度。政府機關已經跨出了重要的一大步：區別聯邦醫療保險識別碼與社會安全碼。最近歐盟可望頒布新法案《通用資料保護規則》（*General Data Protection Regulation*，已於二〇一八年五月生效），此法案會侷限資料盜賊偷到手的個人資料範疇。該法案非常複雜繁瑣，但其中有一條取名為「假名化」的重要條款，也就是使用隨機代碼或「假名」來取代個人身分資訊，這麼一來，就算員工或盜賊看到了資訊，也完全不會知道這份資訊到底屬於哪一個人的；此外，這還可以再多增加一層加密處理保護，使所有的資訊都需要特殊的數位金鑰才能開啟。此作法可說是個起步，但在撰寫本書期間，假名化在美國仍不見普及，因此我們還是必須保持警覺，因為我們的醫療身分等資訊可是價值連城！

第二條準則：

顧好自己的財務管理

保護自己遠離假投資

本章針對投資活動提出的首要準則是：遠離承諾能賺大錢的投資活動。我會從龐氏騙局，談到熟人騙局、電子郵件投資騙局、過量交易陷阱、金幣詐騙等等。此外，我們也會探討最常見的投資詐騙手法，並提供幾個避免被金融詐欺犯蠱惑的方法。要是有人告訴你，他如何在投資市場裡叱吒風雲，還保證你一定可以賺回多少，或是保證會有非常驚人的高額收益（例如六個月能賺百分之五百），一定要立即回絕。只要是投資行為，都會有其風險存在，一位合格、誠實的理財規劃師是無法拍胸脯保證投資績效的。

試想下列看似低風險、直接又明瞭的投資方案：（一）用少少的錢，買下消費者積欠銀行、信用卡公司、學生貸款公司或車輛融資公司未能履行的呆帳債務，該投資商品稱為「消費者債務組合」。（二）這組合商品可以用來討回債款，只不過討回的金額會低於原本的呆帳金額，但會高於當初購買此筆債務商品的成本，或是可以提高賣價，把該組合商品轉賣給第三方債務買受人（稱為「轉手買賣」）。凱文・梅里爾（Kevin Merrill）、傑伊・萊德福（Jay Ledford）、卡梅隆・傑齊爾斯基（Cameron Jezierski）三人，正是因為該種組合商品而遭到起訴。債務組合商品其實是合法的，且可以是獲利賺錢的投資商品。梅里爾三人所提出的投資方案據稱非常受歡迎，吸引了四百多位投資人，其中包含小本經營的店家、餐廳老闆、營建商、律師、醫生、會計師、娛樂圈經紀人、銀行家、專業運動員，甚至連理財顧問也都加入投資行列。

依據政府單位的報告指出，梅里爾三人推出的投資商品，問題出在這幫人在做的其實是所謂的龐氏騙局，也稱為老鼠會，其手法就是答應投資人會大舉獲利，但獲利來源其實是後期加入的投資受害人，新投資人繳納的資金被拿來當作收益，發給早期加入的舊投資人。由於投資人有拿到收益，所以表面上看起來就像是合法正派的盈利企業，但是實際的資金來源全都是來自投資人本身。這就是梅里爾三人的債務組合投資商品詐騙運作方式，這起案件的吸金總額超過三億六千四百萬美元，詐欺犯用這些騙來的錢購買豪宅、奢華車款、鑽石珠寶、高級船艇，甚至還買了私人飛機的會員資格，另外還花了一部分的錢——兩千五百萬美元——去賭場賭博。

類似的金融詐欺案其實非常多。聯邦調查局表示，光是二〇一七年，消費者因投資詐騙而被騙的金額就有約九千七百萬美元。這數據還是執法單位已經查到的詐騙案，而未包含其他沒有前來報案的投資犯罪行為。不報案的原因可能是因為受害人覺得要承認自己被騙實在太丟人，又或是因為投資人把損失（包含被詐騙的損失）歸咎於投資既有的風險。

投資方案或產品看起來很棒，似乎沒什麼問題，但真相是商品經過精密規劃，感覺非常吸引人，這是詐欺犯運用了我們在「識破與擊退詐騙高手設下的騙局」一章中討論過的策略技巧，讓我們相信這些投資方案既合法又可信。詐欺犯圓滑、熱忱的溝通態度，加上奉承、好聽的話，再進一步表示這種投資機會很稀有，截止日期也快到了，讓我們很容易就被高獲利的想法徹底迷惑。此外，投資詐欺犯提供的投資說明書可能都是印刷精美的手冊，文件上會有精緻的浮水印，還有假的證照與認證、捏造的成功案例，以及假冒與知名品牌、成功人士、獲利企業聯名。

龐氏騙局

約莫一百年前，有名詐騙高手犯下一起舉世聞名的詐欺案，從那時起，相同手法的詐欺案便以該名詐欺犯的名字為名。這名詐欺犯的名字叫做查爾斯・龐氏（Charles Ponzi），此後還招來非常多心懷不軌的騙子一起加入使壞行騙的行列。

當年，龐氏遊說投資人投資郵票和回郵票券，這樁投資計畫一開始是合法的，但很快就變質成為吸金詐騙案，因為龐氏拿了新投資人的資金，當作是投資分紅發給舊投資人。投資人的錢沒有被拿去做投資，倒成了整個投資案唯一的資金來源。最後，吸金案瓦解，龐氏於一九二〇年八月被捕，並入獄服刑十四年之久。

柏尼・馬多夫（Bernie Madoff）的案例正好可以用來說明當代龐氏騙局釀成的慘況；馬多夫以前是一位股市仲介、投資顧問、融資專家，他欺騙了最聰明、最細心的投資人，吸金總額高達兩百億美元——是「億」喔——可說是有史以來最大宗的龐氏騙局。計有超過兩千兩百人參與馬多夫的投資案，其中還有多年投資經驗的人士和金融產業的專家。投資人也不乏知名公眾人物，像是史蒂芬・史匹柏的慈善機構神童基金會（Wunderkinder Foundation），房地產大亨莫蒂默・朱克曼（Mortimer

Zuckerman）、演員凱文・貝肯（Kevin Bacon）、名人堂投手山迪・寇法克斯（Sandy Koufax）等等。另外，被害人也有一般大眾，像是來自賓州巴克斯郡的麥可・迪維塔（Michael De Vita），投入了和母親一起存的退休金五百萬美元，這筆錢原本可以讓他早早退休，和妥當打理母親的晚年生活，但卻都付諸流水了。其中還有位受害人曾是避險基金的行銷人員，亞利安娜（Arianna）可是非常清楚第一手直接投資的風險，她表示：「馬多夫害我損失了五萬美元，我應該更早就發現問題的！當時我搞不清楚柏尼是如何獲取暴利，但我有許多同事和朋友都有跟著柏尼賺錢，所以我就想：這怎麼可能會是不合法的呢？」

另一個近期的案例發生在二〇一七年十二月，房地產投資公司伍德布里奇集團（Woodbridge Group of Companies LLC）和羅伯特・夏畢若（Robert H. Shapiro），因龐氏騙局吸金十二億美元，而被美國證券交易委員會提出告訴。此項投資計劃聲稱是借貸高利率的短期借款給公司行號來獲利，但問題是伍德布里奇集團的「借款」其實都是給夏畢若旗下公司的假匯款，而早期投資人所賺到的錢——你應該猜到了——其實是後期投資人投入的資金。二〇一七年年底，伍德布里奇集團宣告破產。

此起詐騙案奇特的地方，不只是非法吸金規模龐大，總計吸引了八千四百多名投資人，其手法還相當明目張膽，共計有數百名經紀人加入投資銷售行列，伍德布里奇集團還在大眾媒體，諸如電視、廣播、報紙、網路等，刊登許多宣傳廣告，另舉辦提供免費餐點的座談會和說明會，更在社群媒體發表充滿熱情洋溢的見證案例，這可都不是偷偷摸摸暗地運作的營運方式！證交會凍結夏畢若和伍德布里奇集團的資產，並努力為投資人討回資金。二〇一八年，伍德布里奇集團和政府達成協議，公司會成立新的董事會，並會支付款項給代表被害人的法定代理人。二〇一九年一月，伍德布里奇集團與其前任所有人收到命令，總計要支付十億美元。

◇如何辨別龐氏騙局

- **承諾低風險或是零風險的投資，卻可坐擁高獲利**：投資一定會有風險，所以低風險投資但卻有高獲利的承諾，本身就是一大警訊。高收益投資一般附有高風險（例如賭博），低風險投資的獲利一般來說也會比較低（政府公債便是一例）。
- **承諾會穩定獲利**：從歷史紀錄看來，股市本來就是有漲有跌，有時一週漲一週跌，有時一個月漲一個月跌，有時甚至一年漲一年跌。所以，只要是跟證券市場有關聯的投資商品，其獲利基本上就是會高高低低。只要看到資料標明獲利率一直都很穩定沒有變化，就又是另一大警訊了。

- **未登記註冊的投資商品**：在法規的保護之下，投資人可以取得投資公司的經營資訊、商品項目、服務內容和財務狀況，而龐氏騙局的投資商品往往都是沒有在證交會或州政府登記註冊的產品。

- **沒有執照或是未登記註冊的銷售事業單位**：依據聯邦政府和州政府的相關證券管理法規，投資專業從業人員和投資公司必須要有執照或登記註冊。龐氏騙局多為未具備專業執照的個人或未登記註冊的公司所為，但也有例外的情況，像在柏尼・馬多夫的案例中，公司便有在證交會登記註冊，所以檔案資料看起來其實是個合法正當的事業單位。

- **神秘複雜的投資策略**：我們常會聽到：「這是因為採用了神秘且精密的投資策略，才能有這麼漂亮的投資績效！」當銷售人員向你解釋時，你聽得似懂非懂，內容充滿許多術語且模糊不清。這是因為整個投資計畫本來就不可行，一切根本都是虛假的！但也不是所有龐式騙局的投資策略都很難懂，譬如本章一開始提到的呆帳投資方案，就相當簡單易懂，也沒有什麼專業術語，推銷人員純粹就是說謊高手。

● **資料文件的問題**：正派經營的投資公司，其所提供的回報機制和帳務說明書，相對簡單易讀，也容易理解。因此，若你沒有準時收到帳務說明書，又或是發現內容有誤或看不懂，務必要詢問投資公司。

● **很難收回款項**：要是發現要收回投資款項時，總是被百般刁難，又或是根本就收不回來，那你就要小心了！龐氏騙局的推銷員會定期鼓吹投資人「展期」，有時甚至還會承諾展期後，會有更多獲利。

電視裡看到的，或是廣播裡聽到的

就算是有在電視、廣播，或是其他媒體上打廣告的商品，也不能確保就是合法正派的。一般廣告都得先經過廣告審查流程，有些商品種類的廣告管制比較嚴格，像是菸品、雪茄、口嚼煙草等商品就不能出現在電視和廣播媒體。雖然金融商品也有相關管制法規，但行騙高手仍有手段可以規避。所以，絕對不要認為有看到廣告就表示這是一間有誠信的公司，務求小心求證！

電子郵件投資詐騙

網際網路對投資人來說，實在是非常棒的工具，可讓投資研究工作變得更加簡單。我們可以透過網路來進行投資交易，也可以上網找到大量有關投資的方法、商品、公司、趨勢等訊息，這些資訊可以幫助我們了解可行的投資機會。無論聽到什麼投資想法，只要動動手指，就可以上網找尋線索查證。也因為這樣，當我收到下方這封電子郵件時，便趕緊上網調查，並立即發現是詐騙，就直接把郵件刪除了！

二〇一八年六月二十八日

收件人：法蘭克

主旨：限期活動——保證獲利的投資機會

嗨，法蘭克：

我通常不會寄送這種電子郵件，但真的不能不跟你分享這麼棒的投資機會！我其實也是最近才知道這個「終極投資交易平台」，開發平台的工程師致力於尋找下一檔蘋果電腦或亞馬遜這類成功的股票，同時也找到方法避開西爾斯百貨和玩具反斗城這類失敗的。我用這個平台不到一年，但我的獲利已經高達百分之一千五百！這個平台真的很有用！我知道你是聰明的投資人，所以一定不會錯過這麼棒的投資機會！

這個平台真的很棒，也很容易使用！我也介紹給我媽媽，她才用兩個月，投資報酬率就已經很高了！平台開發人員保證一定可以賺回投資本金，所以絕對是零風險的投資選擇！

若你想要使用這個平台，只要給我三百九十九美元就可以了，不過你得在今天就做出決定，不然就會和賺錢的好機會擦身而過了。你得在今天給我這筆錢，然後才能開始使用這個我覺得是最棒的網路投資工具！因為現在有太多人想加入，所以目前只限定少數幾個人可以參加！

千萬別錯過這千載難逢的機會！

麥可・皮（Mike P.）敬上

我壓根就不知道這位「麥可・皮」是誰，也不認識可能會發出這類信件的詐欺犯。不過，信中的用字遣詞是那麼友善，就好像在跟朋友說話一般，但口吻卻又交代我去做某件事情。對方好像真的認識我一樣——其實他就是要我以為他真的認識我。而且，這傢伙還說他拉了自己的媽媽加入——這樣有可能會是假的嗎？誰會去騙自己的親生母親呢？

有注意到這位詐欺犯用了許多我們在「識破與擊退詐騙高手設下的騙局」一章中談到的灌迷湯技倆嗎？這封電子郵件催促我立即把握機會，因為這可是限期活動（急迫感和稀有性），只有少數挑選過的人（諂媚：我很特別），也就是聰明的投資人（再次諂媚）才會有的機會，但要享有這次千載難逢的機會，必須立即決定才行（再一次強調急迫感）。這封電子郵件還說他們可以「保證」投資收益（輕鬆賺大錢），並信誓旦旦地表示這是「零風險」的投資。

這封電子郵件（以及其他類似的郵件）都會把我導到某間投資公司的網站，網站裡有很多模糊不清的用詞，還會詳列許多聽起來很像有那麼一回事的法規與法律規定，以及機關單位列表，當然也會載明獲利將會遠遠超乎原本的期待。這類型的假公司常會設置社群媒體帳號，然後會有很多所謂的專家現身說法，表示這樣的機會有多棒、有多好。另外，還會有網路論壇連結，裡頭很容易就可以找到「客觀的」意見留言，也是在吹捧這間假公司。要是看到有人在推特上討論某間投資公司的話，那麼這間公司就一定是真的，是嗎？

其實，詐騙高手只要花一點點力氣，就可以迅速架設好假網站，並在社群媒體平台植入貼文回應，把你導到這個假網站。至於電子郵件裡提到只有「少數人」有這個機會，事實上，這封精心撰文的郵件可是一口氣同時寄給幾十萬人。網站是假的，在社群媒體上滔滔不絕、聊得很開心的快樂投資人也都是假帳號，甚至可能是電腦程式編寫出來的社群網站「機器人」。

除了本章討論到的行騙手法，電子郵件投資詐騙的型式還有非常多種，例如房地產投資詐騙、拍片投資詐騙、炒股技巧等等，名目多到數不清。

◇看穿網路投資詐騙，然後趕緊遠離

- **主動發出的電子郵件**：有些理財專員依舊會挨家挨戶推銷商品，有些則是會打推銷電話。不過，不請自來的電子郵件很少會是合法正當的推銷。無論怎樣，在沒有研究過相關金融投資商品之前，絕不要下手投資。

- **現在就要做決定，不然機會就沒了**：遇到任何要你立即開支票給錢的情況，就直接放棄不要吧！為了保護自己，沒有花點時間做研究之前都別投資。研究工作包含進一步了解這位推銷人員的來歷，以及打算投資的商品。
- **你很特別**：確實如此，你的確很特別！但可不是讓詐欺犯騙取財物的那種特別！遇到推銷員跟你說，你是優選客戶，你就得格外小心了，因為這就是諂媚技倆，目的是要卸下你的心防。
- **網路上有滿飛天的讚許留言**：網路上有非常多與投資相關的「留言板」，任何人都可以上去發表投資意見，留言多到幾乎很難分辨哪些是真話、哪些是假話。網路留言板的形式有非常多種，包含新聞群組、討論板、社群媒體平台等。有些是比較大型的網路留言板，例如直搗牛市網站（Raging Bull）和矽谷投資人網站（Silicon Investor），其每小時的貼文數量高達數千則以上！讀起來或許有趣，但誰說的話是可信的呢？誰的話又是假的呢？事實上，這些平台上多數的投資技巧都是假的，因為網路留言板和社群媒體的身分不需要經過驗證，每個人都可以假扮成另一個人發文，所以詐欺犯會利用這些網站炒作假投資商品或績效差的商品，且還常會出現有多個不同帳號發表同一則貼文的情況。

熟人騙局

所謂的熟人騙局，行騙的目標是投資人，不是金錢。這類型的騙子一般會鎖定既有已存在的團體組織，如：教會或是其他宗教聚會團體、特定族群、校友會、職業工會、慈善團體，或甚至是公民團體，也就是成員間已經有關係和信任建立的團體。詐欺犯會針對整個團體，推銷專為該團體設計的絕佳——且從各個層面來說都是最棒的——投資機會。隨著決定加入的投資人數增加，投資方案本身看起來就會越加真實，因為自己的朋友都決定投資了，那肯定是很不錯的方案吧？是吧？錯了！

艾佛倫・泰勒（Ephren W. Taylor II）是位很能鼓舞人心的人物，身為牧師之子，泰勒希望自己能有仁心義舉的形象。他自許為「社會資本家」，出了三本書講述如何成為成功、賺錢的創業家，還上過唐尼・道奇（Donny Deutsch）的電視節目以及《威廉秀》（*Montel Williams*），把自己描述成白手起家的新銳百萬富翁。泰勒創立了城市資本（City Capital）投資公司，旨在運用投資人的錢來幫助弱勢社群與社群中的小型企業。

這想法理念聽起來很不錯，泰勒也在廣播和電視上打廣告，還舉行網路線上研討會，指出投資人可以委託城市資本投資公司管理個人退休戶頭或購買本票，並自行選擇想要投資的行業領域。收益的部分，投資人除了賺取高額利息之外，也能讓自己的錢拿去做善事。另外，泰勒也提供了其他投資機會，例如聲稱投資報酬率可達百分之三百的「穩賺機器」投資商品。泰勒募得了好幾百萬美元，但只有一小部分拿來投資弱勢群體，大部分的錢都進了泰勒和密友的口袋，也有部分的錢用來推銷泰勒的書和贊助明星老婆的演藝事業。直到證交會介入、起訴泰勒之前，泰勒已從四百多位投資人身上詐取了好幾百萬美元，而被他盯上的主要受害族群為全美各地的基督教友，正好就是泰勒聲稱要提供協助的族群。認罪之後，泰勒的刑期長達十九年，並裁定得償還所有騙來的錢財。

◇如何識破熟人騙局

● **針對團體提出的方案：**遇到針對宗教組織、校友會或其他團體單位所提出的投資方案，務必要格外留心！詐欺犯特別喜歡現成的團體成員，肯定不會放過。

- **你所信任的人**：即便團體內的成員已經決定要投資，且是你已經認識、信任、認同的成員，你還是得小心謹慎處理投資決策！詐欺犯用來取得團體成員信任的一招，就是成功說服某位成員投資，且可能是領導階級的成員，好讓這位成員成為該投資方案的活招牌。

過量交易行為：可惡的金融詐騙

過量交易係指沒必要的過度交易行為；一般來說，客戶交易時仲介員就能賺取佣金，所以如果交易決定不是出自客戶，而是為了仲介員的利益時，即可稱為過度交易行為或炒單。過量交易不僅違反道德，也是違法行為；依法規定，就算只有一筆過度交易的情況，仍可構成過量交易行為。因此，最好不要找收取佣金的理財顧問，改找收取單筆費用或按比例計費的顧問會比較好。

對於該如何分辨帳戶是否被過量交易了，證交會有清楚的解釋。如果你的仲介員每個月都在幫你執行交易，結果相關手續費用增加了，但投資組合績效卻未見成長，那麼你就很有可能遭遇到過量交易的問題了。舉例來說，你投資了一百美元購買證券，而一年之內，仲介員幫你承作股票的總交易金額達一千美元，那麼你的帳戶週轉率就會是10（$1,000÷$100＝10）。依據證交會的建議，當帳戶週轉率達到3.3，對某些投資人來說就已經算是過度交易，若週轉率達到10，那表示你絕對是遇到藉由過量交易賺取傭金的仲介員了！

◇如何辨識過量交易行為，且該如何處理

- **注意帳戶裡的異常交易**：帳戶有在交易，但投資組合卻不見成長，這就可以算是過量交易行為的警訊。若費用款項還在持續增加，那麼被過量交易的可能性就更大了。
- **確認你的風險屬性類型**：確認你帳戶的風險屬性類型是你認為可接受的類別，因為無良仲介員有一招，就是把客戶帳戶設定為「投機型」或「積極型」，好讓過量交易行為看起來像是正常無異的交易。
- **遵守「六倍週轉率」原則**：依照經驗法則來說，可以使用「六倍週轉率」

原則來衡量是否遇上過量交易行為。如果一年之內，帳戶的證券交易總額超過原始投資金額的六倍，且都是或幾乎都是理財顧問下的買賣決策，那麼就很有可能構成過量交易。舉例來說，有個帳戶價值十萬美元（未計投資收益），而一年的交易總額達六十萬美元，那麼該帳戶的週轉率即為6（$600,000÷$100,000），已構成過量交易行為。

要預防被過量交易，就要按月仔細閱讀理財顧問寄來的交易明細表，檢查有無未經你同意的交易筆數。若你覺得自己遇到過量交易的情況，務必請仲介員逐一說明每筆交易細節，以及帳戶的委託情形。若發現說明內容不合理，且仍懷疑自己被過量交易的話，那就得趕緊去找新的仲介員，同時上證交所官網www.sec.gov/tcr，填寫申訴單。另外，記得要收集相關重要文件（交易明細表和報告書），也可能需要聯繫專門處理此方面業務的律師來協助，不過最重要的，還是要先向證交所提出

成本比例	週轉率	等級
百分之四	兩倍	疑似有過量交易行為
百分之八	四倍	臆斷有過量交易行為
百分之十二	六倍	明確有過量交易行為

申訴。

若真被過量交易了，那麼有個估算相關損失的方法。在麥莉控告證券商奧本海默（Miley v. Oppenheimer & Co.）的判決先例中，提出了過量交易損害估算框架，極具指標意義，可補償受害人被收取的佣金和投資組合損失的金額，以及利息費用。上一頁的表格分別針對三種「過量交易」等級，標示出對應的週轉率和年度帳戶成本。

提醒：常見的投資警訊

- 聽起來好到難以置信……那就表示真的不能信。
- 標榜「保證獲利」。（世界上沒有這種事！）
- 用了稀有性、急迫感、諂媚態度三招。
- 魅力攻勢的「光環效應」（指以偏概全的主觀認知行為），也就是讓行騙高手感覺起來很討喜、很值得信賴的溝通技巧。
- 「大家都買了」的推銷手法。
- 施壓要你現在立刻匯款。

・施予小人情（免費的午餐或工作坊）。

閃爍著光芒的不是黃金：罕見錢幣詐騙案

有些收藏品易成為詐騙商品；從歷史過往紀錄來看，罕見錢幣、金條塊、銀條塊、白金條塊都是很棒的投資商品，可對抗美元的漲跌，但也是基於這個原因，此類商品易淪為詐騙商品。罕見錢幣和貴金屬都屬於潛力良好的投資商品，前提是你得夠了解，同時也要清楚詐騙推銷員的運作方式，這樣才能避免掉入騙局。

罕見錢幣詐騙案中，可常見到美國之鷹、加拿大楓葉、南非克魯閣等金幣，原因是在景氣低迷或是通膨時期，這幾款金幣的價值都會有所反應與波動。錢幣投資新手見到可以在市場漲跌之間買賣交易，便覺得可以快速獲利，因此很容易受到誘惑，拿出積蓄和現金存款來購買錢幣，尤其是遇到無良交易員時，新手更會因為天花亂墜的行銷說詞而上鉤。

有些公司還會承諾能短期獲利，成長至兩倍、三倍，成功遊說投資人購買價值數百萬美元的錢幣，但後來投資人卻發現自己買到的錢幣價格是實價的三倍甚至更高。

黛芬妮（Daphne）就是遇到這種狀況；鎂瑞錢幣公司（Merit Gold & Silver）看似是間合法的正派公司，但黛芬妮向其購買金幣之後，卻只收到購買收據，沒收到金幣市值報告，打電話過去詢問，也被直接轉到語音信箱，且後來也沒有再接到回電。黛芬妮之後把錢幣拿去鑑定，才發現自己被騙了！原來她購買的價格不只高出成本的百分之一而已，而是被加價了百分之三十五！而且，當時黃金價格崩盤，所以黛芬妮的投資可說是付之一炬。黛芬妮還在網路上找到有消費者控告鎂瑞錢幣的欺騙性行銷行為，接著還發現鎂瑞錢幣曾被提出消費者保護訴訟，被指控涉嫌「全國性惡意詐欺計畫，詐騙了消費者數千萬美元」。

◇如何避開錢幣詐騙的敲詐騙術

- **查證資格認證**：購買錢幣之前，要先查證錢幣交易商的認證與資格，也要調查這間公司營運多久了。要是對方表態是專業錢幣學會或其他相關產業公會的成員，就去向該組織進行查證。美國錢幣學會正是一例，你可以上該學會網站查看會員清單，也可以針對會員提出申訴，網址是www.money.org，此外，該學會也提供了許多有關錢幣和貴金屬的資訊。同樣的，有形資產產業理事會（Industry Council for Tangible Assets）是全國性商會，也是錢幣和貴金屬交易商的監督機構，因此你也可以到該會網站www.ictaonline.org舉報會員與非會員的問題。另外，錢幣交易商的專業錢幣行業協會也提供許多有關錢幣的研習資源與投資指南。

- **貨比三家**：查查看其他類似貨幣的價格，在下手購入錢幣之前，要先了解在自己的預算內，有哪些錢幣可以選擇。
- **親手摸到錢幣**：務必要親手摸到錢幣才算數，如此才能確認錢幣真的存在，因為有些詐欺犯會販賣幽靈錢幣給你，借口說是要幫你保管，但實情是，所謂的錢幣根本就不存在！
- **確認退貨條款**：購買錢幣之前，要確保買賣合約內容有保障你可以在合理期限之內，在發現錢幣的鑑定價格低於承諾的價格後，可以退貨，並全額退款；換句話說，不要相信交易商告知的錢幣現價或未來的價格，一拿到購買的錢幣，立即拿去信譽良好的獨立交易商鑑定錢幣的級別（錢幣的實際條件狀態）和價格。
- **對認證服務持保留態度**：因為認證服務也有可能是不肖的交易商，且和信譽良好的交易商和專業機構相比，某些認證服務採用的估算標準就是比較低，這其實也算是詐騙的一環。

● **對錢幣價格持懷疑態度**：索羅門兄弟錢幣指數（Salomon Brothers Index）含括二十種非常罕見錢幣的價格，但當交易商引用該指數的價格時，千萬別輕易採信，因為不肖交易商所販售的錢幣，多為非罕見錢幣。因此，原因不在於指數本身有問題，而是詐欺犯會利用該指數來聲稱錢幣一年會有百分之十二到百分之二十五的成長空間，但其實你根本就拿不到這種非常罕見的錢幣。

要付費與不須付費的金融服務

眾多投資詐騙手法之中，還有一種是支付沒必要的費用給本該是免費的金融投資服務；有賺錢的投資人都會知道哪些服務需要支付費用，哪些是免費的服務。

◇無須付費的服務

● **信用報告**：每年可向全國三大信用報告機構免費索取信用報告，包含Experian

信用監測服務、信評公司Equifax、個人徵信機構TransUnion，只要上網站www.annualcreditreport.com登錄即可（本書第393頁的附錄資料詳列三大信用報告機構的資訊）。有些公司為了賺錢，會使用跟官網類似的名稱和網址，跟你收取信用報告的費用；還有些公司會標榜是「免費的」試用服務，但要求你提供信用卡和銀行等付款資料，接著往後每個月都跟你收取二十美元或更高額的月費。因此，若有三大信用報告機構以外的網站載明要免費為你提供信用報告，得先確認有無其他像是要填寫一堆個人資料（這些資料之後可能會被變賣）的附加要求。另外，只要好好規劃安排，每年共可在www.annualcreditreport.com網站免費取得三份的信用報告，作法是錯開時間點，向三大信用報告機構逐一索取報告，譬如：一月一日先跟Experian信用監測服務索取，五月一日向個人徵信機構TransUnion索取，到了九月一日再跟信評公司Equifax索取。（編註：台灣個人信用報告可向「財團法人金融聯合徵信中心」申請，每年一人有一次免費額度。）

- **保險規劃諮詢**：信譽良好的保險代理商會免費提供適合你的保險規劃建議，並不會收取諮詢費用。當然，這裡的重點是「信譽良好」這四個大字！優質保險業務員能取得多家保險公司的保險產品，並在評估你的生活方式、目標與需求之後，幫你找到最具經濟效益的合適房屋險、健康醫療險、人壽險、車險、長期健康照護保險等等。就算你已經打算直接跟保險公司購買保險了，仍值得多到處問問。你也可以跟網路保險經紀公司購買保險，譬如：保險報價面面觀（AccuQuote）、保險聰明選（Policygenius），便於比對各家保險公司商品的價格。尤其是在購買人壽險、長期健康照護保險、失能險的時候，最安穩的作法就是付費僱用有證照的理財顧問幾個小時的時間，一起坐下來研究、討論，找出最合適自己的保險商品。

問答時間：選擇理財顧問時，該問些什麼樣的問題呢？

我會選擇可信任的專業人士，來協助我決定各種財務決策；我不會把我的遺產規劃隨便交託給一個人，我也不會想要在茫茫金融大海之中，自己摸索方向。

為了能瞭解理財顧問的資歷是否符合規定、其收費的方式為何、應有哪些信賴義務，你應該要多多提問，而對方也要樂於回答才是。因此，要是遇到不想回答提問或是態度很不耐煩的理財顧問，那就不要再提問了，趕緊換個話題，別再談投資的事，因為對方很可能就是詐騙集團。歡迎參考使用AARP樂齡會提供的理財顧問面談指南（www.aarp.org/interviewanadvisor），面談時還要記得把答案逐一記錄下來。若想進一步了解投資這檔事，可以前往網站www.nasaa.org/的投資人教育（investor-education）專欄，同時也可參考下列的提問。

- **你有哪些專業證照？**詐欺犯可能會扭曲解讀專業證照，讓你誤以為他具有資格幫你管理財務。若不清楚各個種類的金融專業證照，也不知道什麼樣的人有資格從事哪一類理財工作的話，就很容易受騙上當。許多擁有不同專業認證的人選都具有幫你管理財務的資格，因此若你不知道到底有哪些資格認證的話，你最後找到的可能是沒有任何專長、也沒有受過專業教育的人。在某些州，比起開店幫客人剪頭髮，幫客戶管理辛苦錢的招牌申請還比較容易。詐欺犯可以把你的錢騙到手之後，就速速關店遠走高飛，留下虛假的投資商品給你。以下列出數種你應該要知道的專業證照：

■ **理財規劃師**（Certified Financial Planner）：由執業所在地的州政府負責管理和頒發證照；為能密切更新新知，理財規劃師必須要研修許多課程，內容含括各領域的財務規劃以及相關法規。

- **執業會計師**（Certified Public Accountant）：只要完成規定的教育課程和工作經驗，即可取得證照。除了提供財務規劃服務外，執業會計師也可以提供申報稅務等其他會計相關服務。
- **特許金融分析師**（Chartered Financial Analyst）：不僅要通過三個難度頗高的考試，還要有三年經認可的工作經驗，並符合其他相關規定才能取得證照。
- **經登記註冊的投資顧問**（Registered Investment Adviser）：需跟證交所或州立證券管理機關註冊登記，對客戶具有信賴義務，必須以客戶的最大利益為考量，提供相關投資建議。

● **理財規劃服務如何計費？我會得到什樣的服務？**有些理財規劃師是收取佣金，有些規劃師是固定收取一筆費用，另外有些則是以時薪計費。收取佣金的理財規劃師，可能會有誘因不去顧及對客戶怎樣才是最好的投資條件，進而建議購買特定投資商品；雖然佣金收費的規劃師多為合法正當的業務，但佣金的收費形式，容易讓行為較不謹慎的規劃師為了想多賺取佣金，而去建議客戶購買沒必要的投資商品。收取固定費用的規劃師，只針對一次性理財規劃收取一筆費用；若是聘請規劃師協助長期管理財務，那麼可能會被收取（通常是投資總金額的）一個小比例做為年度費用，或是以服務時數的方式來計費。

- **對方是財產受託人嗎？**規劃師成為財產受託人，係指管理財務時，有義務把客戶的利益擺在第一位；相反地，非財產受託人的金融從業人員不會把你的利益擺在第一位，只會建議你購買「合適的」投資商品，但合適並不一定表示對你而言是最好的選擇。若你需要的只是有個人幫你交易股票，那麼你可能不需要財產受託人，但若你需要的人選是要能徹底投入心力來幫你管理財務的，那麼你可能就得找位財產受託人。
- **對方有哪些證照？**問到答案後，可以到「證券商查詢網站」（BrokerCheck，網址：brokercheck.org）或是「理財規劃師委員會」（Certified Financial Planner Board，網址：www.cfp.net），簡單調查一下規劃師的經歷，查看對方是否一直都很守法，及相關證照是否都有如期更新。另外，也可以前往www.finra.org與www.sec.gov，查看規劃師是否曾被監管單位盯上，是否有在你所屬州別的證券管理機關登記註冊，以及以前是否曾被申訴過。若你的規劃師也有販售保險商品，例如年金保險單，那麼也得向你所在的州政府的保險主管機關進行查證。

自己做功課

除了閱讀可靠新聞媒體報導有關潛在投資商品的消息內容，例如《彭博新聞》（*Bloomberg*）、《庫倫新聞》（*Crain's*）、《晨星新聞》（*Morningstar*）等網路媒體，以及《紐約時報》（*The New York Times*）、《華爾街日報》（*The Wall Street Journal*）等報章雜誌之外，也可以從金融監理單位提供的資源來學習投資，而證交會的網站就是你成為投資高手，開始學習投資活動的好選擇。網站www.investor.gov也提供了許多聰明投資的技巧，另可查到各種新舊詐欺案件的手法，幫助自己保持警覺，隨時更新最新詐取錢財的詐騙手法。無論你已經有在投資，還是打算開始投資，我都強烈建議把這幾個網站設成書籤，時常上去查看、瀏覽。

除了網站www.investor.gov，證交會還有其他網站可以協助你查證投資商品是否合法。金融業監管局為一獨立機構，負責統籌證券經紀自營商應要具備的管理標準，該機構的官網www.finra.org為投資人提供了許多資源與服務，包含經紀暨經銷商的申訴服務。另外，北美證券管理協會官網www.nasaa.org也提供許多有用的資源。要是你認為自己遇到詐騙了，可以直接撥打電話877-ftc-help，也可以上聯邦貿易委員會官網www.ftc.gov，進行通報。

金融商品和投資活動種類繁多，本章無法著墨到每一種，但願這些內容可以幫助讀者了解一些常見的金融詐騙手法，學會懂得如何保護自己，也知道該如何開始學習認識投資議題。在下一章，我要來談談詐欺犯如何盯上小型企業：我們都不樂見辛苦賺錢的人被掏空，但這種詐騙手法實在是太常見了；另外也會探討詐欺犯如何冒名毀掉小型企業的資金，並如何從中獲得利益。

被敲詐的小型企業

和消費者比起來，小型企業所面臨的詐騙風險與日俱增。詐欺犯會採取與對付消費者一樣的詐騙策略，但會特別調整手法，以利侵犯小型企業的資料和財務帳目，導致小型企業被詐騙的金額可高達一般消費者的四倍；平均來說，每一起小型企業詐騙案的損失都超過四千美元，而每一起消費者詐騙案件的損失則落在一千零三十八美元，兩個種類的詐騙案加總起來可達近七十億美元。本章就要來告訴小型企業主該如何偵測出衝著自己來的詐騙行為，以及該如何預防被詐騙。

凱倫，六十歲，在紐約從事出版社工作約有四十年的時間，最近剛搬到佛羅里達州鄰近墨西哥灣的威尼斯市，但凱倫可沒打算跟周遭朋友一樣成天只打高爾夫球，她想要繼續從事出版相關的工作。因此，凱倫就近在薩拉索塔市外的這座海濱城鎮威尼斯市成立了一間小公司。她先到佛州的商業登記處Sunbiz.org註冊公司，並支付了七十五美元的註冊費，但沒打算另外花一筆錢購買紙本登記證，反正也沒有硬性規定一定要有。一週後，凱倫收到一封看起來很正式的郵件，回郵信封上還有佛州政府用印，這封信件通知凱倫得購買紙本登記證，且費用高達六十七美元又二十五分。好在凱倫聰明，仔細閱讀信件後，發現有一行小小的字寫著：「非隸屬政府機關。」原來這是一間營利私人公司叫做「佛州登記證服務公司」，想要蒙騙凱倫以為真的得購買紙本登記證才行，但所謂的登記證其實只不過是一張約A4大小的無用廢紙罷了。過了兩天，凱倫又收到一封類似的通知信函，一樣看起來非常正式，但寄件人是另一間公司，這回是要凱倫支付七十八美元購買紙本登記證。

此外，凱倫還收到一張索價三十五美元的勞工法海報費用清單，信中警告凱倫，若不在勞工看得到的地方張貼此張海報，標明薪資與其他相關就業法條文，雇主就會被拘捕。可是，獨資的雇主以及在家工作者並沒有員工，所以並不需要在辦公室張貼此張海報，而且就算需要張貼，也可以直接上網免費下載就好了。凱倫沒有受騙上當，因為這些細節她都很清楚，可是每年都有許多小型企業雇主會中招，或被類似的理由拐騙。

假帳單

聯邦法律規定不可寄送實為「請求收件人購買商品或服務」，但看似為「帳單、收據或應付款對帳單」的信件，除非另有特別「在明顯處以清楚的字跡」標注下列資訊：「此封信件為商品、服務或兩者皆有之購物推銷信件，並非帳單、收據或應付款項對帳單。所以，除非您決定要購買本信件所推銷之商品或服務，否則您沒有義務要支付任何款項。」

多數州別也都有自己的消費者保護條例，禁止業者寄出假帳單。舉例來說，明尼蘇達州的法律便規定，不可「以收據、帳單，或其他可合理解讀為收據或帳單的書面文件」，要求支付未售出之商品與服務，或是未執行之服務項目。不過，詐欺犯可沒在管法律規定，他們知道小型企業主常常是一人身兼多職，得同時面對許多間供應商和服務廠商。因此，詐欺犯會利用小型企業主分身乏術這點，寄送企業主根本就沒有訂購、沒有收到、也沒有需要的商品或服務帳單，甚至還會明目張膽地打電話給小型企業主，要求支付費用給根本就沒有收到的商品或服務，並威脅會有債務催收公司找上門，讓人心懷恐懼。

詐欺犯還有一種收取款項的手段，那就是直接把你根本就沒有訂購的商品寄給你，然後要你付錢，這也是違法的行為！若商品不是你訂購的，那麼你就沒有虧欠任何費用，甚至也沒有責任要把商品寄回。只要不是你訂購的貨品，你就可以拒絕簽收包裹，也可以在簽收後，自行決定要把商品丟掉或留下來。在法律上，此類商品被歸為「未附任何條件之贈品」。隨貨附上收據帳單也是違法的行為；除非你真的有訂購該商品，那當然就要支付款項，或把商品退回去。

◇如何避免支付到假帳單

- 建立系統式管理，無論是電子化還是紙本整理皆可；支付款項之前，須仔細比對收到的帳單和實際使用到的服務或採買的商品。分類帳或會計軟體可協助追蹤與記錄款項，大幅降低支付到假帳單和重複付款的問題。
- 若收到的帳單很像是往來的廠商，請記下帳單上的帳戶編號。若該編號不符合該廠商原有的編號，那麼這筆帳單就很可能是假的。
- 若商品或服務不在平時有在使用的類別範圍之中，那麼就別輕易相信推銷員，也不要輕易支付請款項目。

• 若帳單上沒有電話號碼等聯絡資訊，那麼務必仔細審閱該張帳單，因為詐欺犯可沒打算接聽電話或是被問一大堆問題，所以往往不會在帳單上留下聯絡資訊。不過，有些正派經營的公司也的確不會在帳單上印製聯絡資訊。

• 若有員工的話，也務必先與員工確認是否真有下訂單採買商品或服務。

拜託不要再寄支票來了！

另一種類似的詐騙案，乃是涉及「折扣退款」或退款支票，且都是在毫無預期的情況之下收到郵寄來的支票。除非已經確認過支票是你退貨商品的退款，或者真是你申請的折扣退款，否則可別存入支票，因為沒人能保證這張支票不是芭樂票（即空頭支票）！要是跳票了，你可是得負擔相關費用的！絕不在支票兌現之前，就花用支票存款，就算是銀行的本票或匯票亦然，而兌現流程往往得等上幾週的時間；不然的話，若不幸拿到的是芭樂票，你還是得歸還支票上頭的金額。因此，無預期收到支票時，務必仔細閱讀信件，連附件細則也要全都讀清楚；若對於支票的合法性仍存有疑問，可請你的銀行一同協助檢閱。

商業名錄詐騙案

小型企業主常會接到登錄推銷信，把企業資訊登錄到產業名錄或消費者名錄；凱倫也指出，當初在申請公司登記時，陸續接到很多推銷電話，要她付費登錄各種不同的名錄，有作家與編輯名錄、專業顧問名錄，還有商業領袖名錄。雖然在推銷電話裡，對方信誓旦旦表示可以增加公司曝光度，讓潛在客戶找到凱倫的公司，但實際上很少人真的會使用這種商業名錄。

這種騙人的公司往往就是想利用長期合約來綁住你，約期可長達一至兩年，因此會要求你預先支付整筆款項，或是設定銀行戶頭或信用卡自動扣繳功能來支付，且此種合約的金額往往都相當可觀，每年可高達一千多美元。詐騙公司還會設下回覆期限和繳款截止日期，若你沒有在五天或七天之類的期限之內回應，他們就會開始打電話來跟你討錢。這類型的騙子一開始會表示，你可以在三個月內取消服務，但實際的流程卻相當困難，常會要求以郵寄書面申請到海外地址的方式來取消服務，或是其他難以達成的取消流程。當你表示拒絕支付費用時，騙子的態度會大變，還會威脅將採取法律行動，此時你一定要堅定自己的立場，因為這種公司的所做所為都是違法的。政府當局非常慎重看待商業名錄詐騙的問題，但相關詐騙案量實在太大，因此政府機關單位很難做到在損害造成之前就勒令停業，在此舉個例子說明。

二〇一三年，美國聯邦貿易委員會提告一間位於斯洛伐克的公司，叫做建構數據出版社（Construct Data Publishers；其出版品的名稱是《展覽名錄指南》〔Fair Guide〕），也控告了兩位高階主管沃夫岡・鮑沃達（Wolfgang Valvoda）和蘇珊・安諾（Susanne Anhorn），理由是幾經國際展覽暨活動協會的警告，該公司仍對美國多家企業詐取數百萬美元的線上商業名錄刊登費用。

其實建構數據出版社早在二〇〇八年，就因詐騙行為遭到奧地利當局起訴，該社於是從奧地利搬到斯洛伐克，並同意往後不會在歐盟地區招攬業務，接著就轉移到美國市場。聯邦貿易委員會控告，所謂的《展覽名錄指南》和其相關人士，藉由寄送信件給曾參加過展覽的零售商、地區協會、住家式業務等企業團體單位，通知他們要確認自己的企業資訊是否正確，因為這些資訊會免費刊登在「參展商名錄」。這份確認表格讓目標企業以為公司已經有和《展覽名錄指南》合作，現在只是要確認一下刊登的資訊是否正確而已。

回簽表示刊登內容「確認無誤」的當事者，完全不知道自己簽署了一份合約，這合約指示當事者每年得支付《展覽名錄指南》一千七百一十七美元。要是企業團體拒絕支付該筆費用的話，便會定期收到通知，要求把費用寄到斯洛伐克的銀行帳戶；若再繼續拒絕支付的話，假帳單也會一直寄來，還會加上遲繳費用和罰款。後來，有些企業團體為了不想再被電話和信件騷擾，索性就把費用付掉了。

二〇一六年九月，針對聯邦貿易委員會提出的訴訟，聯邦法院對《展覽名錄指南》發出禁令，也禁止鮑沃達和安諾兩人再從事商業名錄刊登招攬業務，終結這起詐騙案。但是，一直到二〇一七年三月，聯邦貿易委員會才幫受害者討回部分被騙取的錢財，並總共寄出九百七十四張支票給受害的商業團體和非營利組織，支票的總金額超過五十三萬五千美元。這金額固然聽起來很多，但僅補償了受害人損失總額的百分之二十四而已，平均每位受害人只領到五百四十九美元。

◇如何避免掉入商業名錄刊登詐騙陷阱

• 凡不是自己主動去洽詢的名錄刊登，皆要小心求證。

• 簽署同意書之前，要仔細閱讀並徹底了解合約內容。

• 在決定刊登名錄之前，務必上網調查負責刊登業務的公司，並與相關單位確認是否曾收到該間公司的申訴案件，以及是否有發生過爭議案件。

• 要是找不到刊登服務公司的名字，也可以把信件中所使用的專有名詞和用詞說法，拿到網路上搜尋，這也是辨識詐騙的好方法。

• 要是信件附有帳單收據，那麼付款之前，務必檢查確認這收據上的收費內容確實是你訂購的商品或服務。

• 除非你已經確信對方是合法正當的單位，否則不要把與公司有關的資訊提供給任何人，也不要跟任何人確認有關公司的資訊。

• 要是你未曾授權，也沒有提出商品服務的需求，那就不要讓任何人對你施壓，逼你支付費用。要是感覺被騷擾了，可以聯絡當地執法機關，或是州政府和聯邦政府的消費者保護單位，請求協助。

• 要是你真的想要合法刊登線上或書面商業資訊，一定要勤做研究，查看評論和意見回饋，並調查刊登服務公司是否為合法機構。

辦公室事務用品詐騙案

辦公室事務用品詐騙手法已經存在好長一段時間，這是因為下單購買辦公室事務用品的人員，和負責支付款項的人員，往往隸屬兩個不同的部門，所以詐欺犯特別愛用此種詐騙手法。

該種詐騙有多種不同變化；騙子打電話到辦公室時，會自稱是現有供應商，或是代表供應商的授權盤商，然後詢問現在辦公室使用的產品類型，例如印表機墨水匣型號、紙張規格、小型辦公室事務機品牌、咖啡機款式等等，還會順帶問出公司負責採買的人員姓名。一旦取得這些資訊之後，詐欺犯就會主動寄來這些事務用品，但盡是些瑕疵品或劣質商品，同時一併附上天文數字般的離譜帳單。

二〇一六年，聯邦貿易委員會對兩間事務用品公司，以詐騙非營利組織和小型企業為由進行起訴，理由是非經當事者同意就訂購事務用品和清潔用品，並詐取昂貴的售價。起訴案橫跨馬里蘭州和加州，聯邦貿易委員會順利凍結兩間行騙公司的資產，並於二〇一七年成功讓兩間公司都關門大吉。潔西卡・瑞奇（Jessica Rich）時任聯邦貿易委員會消費者保護局局長，指出：「詐欺犯欺騙了小型企業、慈善單位、教會，騙取無人訂購且價格昂貴的事務用品。這種手法不僅非常可恥，更是違法的乖張行為。」

聯邦貿易委員會指出，只要顧客質疑帳單內容或是提出疑問，這些騙子公司就會以要找討債公司來的方式威脅顧客。有些顧客還誤以為真的必須支付費用才行，其中有些顧客支付的總金額甚至遠遠超過原本所需支付的數字，其差額可高達數千美元之多，且這些顧客之後還是陸續收到更多沒有訂購的用品和帳單。

聯邦貿易委員會的起訴內容也指出，這些行騙公司的電話銷售員還會撒謊，聲稱曾是受害公司的供應商，打算提供免費的樣品或型錄，但卻完全沒有表態這是通銷售訂購電話。此種詐騙手法之所以會成功，是因為負責處理帳單與請款資料的人員，和收到帳單商品的人員是兩位不同的員工，加上公司內部沒有查證流程所致。

◇保護自己避免掉入辦公室事務用品騙局

• **建立資訊保護政策**。告知負責接聽電話的員工，絕不可透露辦公室事務用品和設備的相關資訊，也不可把公司負責採購的人員姓名給來電的人。反之，記下來電者的名字、電話和公司名稱，並轉告對方會轉交給採購人員後，即可結束通話。

• **不要回答電話市調**。詐欺犯常打電話來，表示在做「辦公室事務用品的調查」，若接到這種要你參加事務用品和設備的電話市調，大可直接掛上電話。

• **不是你訂購的商品，就不要付錢**。詐欺犯常會直接寄來沒人下訂的商品，幾週後再寄帳單收據來請款。這招會讓公司行號覺得自己有責任要支付費用，因為公司已經把這些商品收起來放到櫃子裡了；有些公司甚至已經使用了這些商品，因此以為這筆交易是合法成立的。事實上，只要不是你訂購的商品，你就沒有任何法律責任，不需要支付費用，也無需退回商品。

• **堅持立場**。不要屈服於脅迫、威脅與騷擾！一旦付了錢，詐欺犯就會賴著不走，繼續欺詐你！

• **向主管機關申訴**。可以到www.ftc.gov/complaint，向聯邦貿易委員會提出申訴。

聘僱對的員工

我年輕的時候，曾假裝成某間大型企業的員工行騙，所以我非常清楚並不是每個人都跟外表看起來的一樣。小型企業主覺得很難找到素質良好的員工，也很擔心會僱用到打算來詐騙自己的員工。

雇主保護自己的常見作法是做背景調查；員工的工作內容若涉及現金交易、公司帳戶資訊、採買事宜、客戶資訊、財務資料，或是會與特殊客戶接觸，背景調查工作便顯得非常重要。不過，調查員工背景可是要付錢的服務，且所費不貲。若員工的工作內容沒有涉及敏感性資訊或沒有碰到錢，那麼可藉由推薦信和聯繫前雇主做確認即可。

著手進行背景調查時，雇主需遵守相關法律規定。要事先取得申請人的書面同意，申請人有權查看背景調查報告書，並可針對負面內容提出異議。優良的背景調查公司會遵循法律規定，所以雇主就不用擔心會觸犯法律了。

背景調查分為許多種類，包含犯罪紀錄、信用情況、就業經歷、駕駛紀錄、毒品檢測、學歷資歷等類別。有些調查機構會提供社群媒體上的搜尋服務，可是該服務可能會演變成滑坡效應，因為社群媒體調查揭露出來的資訊正是法律明定雇主不可打探的領域，例如種族背景、性別傾向、政治觀點、家庭結構等。

僱用了對的員工之後，還要花時間訓練，教導員工了解本章詳加解釋的各種常見詐騙手法與預防方法。本章提供的預防詐騙技巧，也可協助制定成預防員工被詐騙的工作流程。

企業貸款詐騙案

小型企業主有時也會有資金需求，可能還在創業初期、需要購買設備，或是得支付辦公室或店面租金。過去這幾年來，由於利率攀升，小型企業貸款條件變寬鬆，易於銀行借款獲利。雖然取得資金有許多種合法的管道，但想要有一筆好的貸款交易仍是困難重重，費用也不少，這也是為什麼會有棘手的企業貸款詐騙案出現。

◇企業貸款的紅燈警訊

- **要求預先支付費用**。合法正派經營的貸款方或貸款經紀人絕不會要求預先支付費用，然後才能取得貸款。若在申請過程中，遇到要求你預先支付任何一種費用時，那就趕緊掉頭走吧！
- **沒有聯絡地址**。合法正派經營的貸款方應該要有營業聯絡地址，而不是只留下郵政信箱或電子郵件。若貸款方或貸款經紀人無法提出聯絡地址，也趕緊掉頭離開！這情況很可能是遇到海外詐欺犯了！
- **預支現金服務**。絕不要跟標榜能快速、預先支付現金給你的貸款方合作！有些貸款不需要調查你的信用紀錄——這種貸款有時稱為「創業貸款」——但利率高得嚇人，且貸款條件嚴苛到無法履行，簡直就像跟放高利貸的犯罪集團借款一樣。不過，也有例外，像商家預支現金就是合法快速取得貸款的商品，這是合法金融機構預支資金給你，加上手續費後，每日以一定的比率直接從信用卡簽帳營收金額扣款的方式來支付貸款；雖然利率會比一般企業貸款利率來得高，但很適合營業活動明顯有季節變化的商家，也適合信用紀錄不夠出色的商家。另外，務必要與小型企業管理局查證貸款方為合法企業，充分了解合約條件與內容，也確定自己可以履行所應承擔的責任與義務。

- **保證成功貸款**。信譽良好的誠實貸款方不會在收到貸款申請前，就保證一定能成功貸款，絕對不要跟保證會成功貸款的公司行號借款！

技術支援詐騙案

此種詐騙案的騙子會扮成前來提供協助的技術人員，打電話到辦公室，聲稱公司電腦有問題，需要遠端連線處理。詐欺犯常會用的理由是公司電腦被駭了，所以寄送出含有違法內容的電子郵件。要是你拒絕讓對方連線處理的話，詐欺犯就會聲稱，你這樣會被罰很多錢，甚至還得坐牢。我在前面提過：只要推銷員要你立即做出決定，那就很有可能是詐騙。一旦讓詐欺犯遠端遙控電腦，個人資料、金融資訊和其他敏感性資料都有可能會被竊取。

若電腦螢幕跳出電腦中毒視窗畫面的話，千萬不要點擊視窗裡任何有關病毒資訊、技術支援、你的電腦等連結！若有視窗跳出來告訴你得下載軟體的話，也千萬不要理會！此外，關閉視窗的時候，不要點選視窗畫面裡面的打叉符號，因為這也是詐欺犯意圖植入病毒到你電腦的手法，直接關閉視窗即可。

◇如何擊退技術支援詐騙

- 確認員工都清楚知道，只要接到主動打來的詢問電話，或是遇到裝置上彈跳出來的訊息，皆要小心求證。
- 除非是公司聘請的合法電腦技術支援團隊，否則不准員工把公司電腦或其他裝置交給第三方操控。告知員工，凡是接到電話聲稱是公司僱用的服務商或電腦製造商，且表示公司電腦有問題，務必要掛上電話，不予理會。蘋果電腦和微軟公司這類的公司行號，並不會主動打電話給個人或是機關團體告知發生了技術問題；所有的溝通聯繫活動，絕對是由使用者這端先提出來的。

四種保護小型企業資料的方法

身為小型企業主，你擁有的各類資訊對事業成功與否皆有著重大關係，因此保護資料乃為首要工作。

1. 自動備份系統：使用自動備份系統來保存電腦資料，把電腦或伺服器裡的資訊，自動備份到外接硬碟或主機原有的硬碟；只要到倉儲購物中心的電子用品部、電子商品專賣店，或是網路購物中心，不用一百美元即可買齊這些設備。也可考慮再追加一道保護，增添第三方或異地備份服務，如此一來，即便辦公室的資料損壞了，仍可從異地取回資料。另一種選擇是雲端備份服務，Dropbox和Carbonite兩家業者皆提供雲端複製、備份和儲存資料的服務。

2. 伺服器虛擬化：有了伺服器虛擬化，便可在一台伺服器主機上執行數種不同的虛擬伺服器環境（例如電子郵件、資料庫、網站伺服器），基本上就是一台伺服器同時執行多項工作。此作法不僅可節省費用，萬一遇上意外，虛擬化伺服器也會讓復原工作變得輕鬆、簡單。

3. 裝置防火牆：電腦病毒、惡意程式、勒索軟體、虛擬竊盜等，全都會威脅到電腦資料。使用硬體防火牆可保護軟體，但等到架設好硬體防火牆之後，潛在威脅或許已經潛伏在網絡之中了，因此務必要在網際網路和公司資料之間，架設裝置防火牆，這樣才能阻絕不速之客和可能威脅進入到公司的網絡。

4. 過濾軟體：防毒軟體和垃圾郵件過濾軟體，可針對頻繁進出的各項資料，提供另一道防護措施。網路內容過濾軟體則可阻絕可能會傷害電腦主機的網站，避免被惡意程式入侵。

W-2薪資與稅務說明書網路釣魚詐騙案

某個週四下午，貝西一邊在辦公座位上吃午餐，一邊處理薪資作業，一邊想著週末的活動，還一邊煩惱女兒的SAT大學入學考試，這就是貝西日常工作的情形。在同時處理許多事情且思緒繁雜的情況之下，貝西快速讀過老闆寄來的信，信裡要求要公司全體員工的W-2薪資與稅務說明書檔案。時值三月，即將進入報稅季，所以貝西也沒多想，便趕緊把檔案寄給老闆。幾個小時過後，老闆又來信附上匯款路徑號碼和帳戶號碼，要貝西從公司戶頭轉一些錢到他的帳號。貝西一心想要下班回家，自然沒有多加思考，便迅速照辦。

隔天早上，貝西抵達辦公室時，老闆和公司合夥人已經在辦公室等她了，因為公司戶頭每晚的檢查程序發現了竊賊的行蹤。你可能已經猜到故事的後續發展：貝西回的信其實是假冒成老闆來信的詐騙郵件，躲在幕後的其實是網路犯罪分子。現在竊賊已經取得了公司一百五十位員工的姓名、社會安全碼、地址、薪資等資訊，有了這些資訊，竊賊就可以用來冒名申報納稅，也可以直接拿到暗網去兜售（有關暗網的討論可查閱本書第66頁）。問題還不只這些，貝西匯了一筆錢到竊賊的戶頭，這筆錢隔天早上已經匯了出去。銀行或許會補償公司一些財務損失，但員工資料已經救不回來了。

國稅局指出，W-2薪資與稅務說明書的網路釣魚詐騙案，可是名列在最危險的稅務詐騙排行之中。網路犯罪分子會先找出公司的營運長或財務長、學校的行政主管，或是醫療院所、慈善機構的管理高層；這其實不是件難事，因為這類資訊多數都已刊登在網路上。接著，犯罪分子會入侵或偽造商務電子郵件信箱，以內部的名義寄信給負責計算薪資的主要負責人，要求提供W-2薪資與稅務說明書。由於信件看起來很真實，所以負責人通常不會起疑，也不會跟主管做查驗，就直接照著辦理。

光就二〇一六年（距離撰寫本文時間點最近的報稅年度）來說，計有超過兩百名員工受騙，另計有幾十萬名中大型企業、學術機關、醫療院所和慈善機構的員工身分資料受到波及。無論你經營的企業規模多大，就算只有幾名員工而已，也要教育員工有關釣魚郵件的問題，且要針對敏感性資料和金錢財務事宜的工作請求郵件，制訂好相關申請流程。貝西服務的公司被詐騙之後，便立即制訂新制度，凡是提出有關員工的敏感性資料需求時，皆須持書面文件親自前來辦理，不可透過電子郵件提出需求。

若你的公司收到前來詢問W-2薪資與稅務說明書的可疑郵件，請立即通報國稅局！並把整封信件轉寄到phishing@irs.gov，信件標題設為「W2 Scam」。若是發現公司已經受害了，也可立即通報國稅局。

勒索軟體詐騙案

許多公司行號都曾被勒索軟體騙過，這種軟體其實就是入侵電腦系統的病毒，電腦感染病毒後，所有的檔案都會被加密鎖住，導致無法讀取使用。詐欺犯會寄來說明信，指出是因為你從網路上不法取得資料，所以得支付費用，並附上付費網址，有時信件裡還會註明「您的付款期限只有七十二小時，若費用未能如期到帳，您全部的檔案就會被永久封鎖，並且永遠都無法修復。」但若你點下網址，很有可能就會被植入更多病毒！零售企業、醫療院所、服務提供商等，全都得面對勒索軟體來大鬧電腦系統的不安。美國司法部建議了以下幾個擊退勒索軟體敲竹槓的步驟：

- **員工教育**。確保公司每位員工都清楚勒索軟體的運作方式和其威脅性，並知道除非百分之百確定網址是合法正當的，否則絕不可點選網址！不要開啟可疑的電子郵件，也不要開啟疑似是垃圾郵件的信件，直接刪除即可。
- **使用功能強大的垃圾郵件過濾軟體**。過濾軟體可直接把釣魚郵件阻擋掉，根本就進不到電腦使用者的收件箱。美國司法部表示，有許多種驗證機制設定可有效阻擋掉郵件詐騙，例如寄件者政策架構（Sender Policy Framework，SPF）、以網域為基礎的郵件驗證、報告與一致性的驗證機制（Domain-based Message Authentication, Reporting, and Conformance，DMARC）、網域金鑰郵件識別機制（DomainKeys Identified Mail，DKIM）等皆是。

● **確實使用防火牆**。設定好防火牆，阻擋前往已知的惡意IP網址。

● **軟體更新到最新版**。定期更新軟體可「修補」作業系統、軟體和韌體，阻擋惡意病毒藉由電子郵件或其他方式進入到電腦系統。

● **採取防毒保護措施**。設定好防毒軟體與預防惡意程式的軟體，定期自動掃描並立即移除具威脅性的程式。

信用卡與銀行戶頭詐騙案

企業用戶信用卡與銀行戶頭的詐騙問題，跟個人遇到信用卡與銀行戶頭詐騙的問題一樣嚴重，以下提供幾個技巧，確保企業信用卡與銀行戶頭的安全。

● **公私分明**。公司和個人的銀行業務往來一定要分開，要有不同的戶頭，以及不同的信用卡、金融簽帳卡和支票本，如此便可預防詐欺犯一口氣把你的錢都騙光，也便於清楚追蹤公司的營運費用，和利於報稅作業。

● **顧好信用卡**。不要讓員工取得你個人或企業的信用卡；同理，除非已經查證對方是正派經營的公司，且已決定要與該廠商合作，否則不要隨意把卡號給廠商。

- **使用單點帳單繳納服務**。與其開立支票，我會建議改用廠商或銀行提供的帳單支付服務，或是改採帳單無紙化服務。若真需要紙本帳單，那麼一定要把帳單收好。直接從銀行帳戶繳納帳單可幫助你追蹤款項，在同一個地方就可以統整帳務，方便記帳工作和追蹤資金流向，且也降低被詐欺犯入侵的機會。
- **開啟通知服務**。可設定只要交易金額超過譬如一美元，便寄送付款通知的服務。
- **查看戶頭**。每天都要查看戶頭，看看有無可疑或是陌生的交易活動。

鎖定企業為目標的詐騙案，對辛苦創業的小型企業主和創業家來說，可說是備嘗艱苦。詐騙行為對大型企業而言，也是個大問題，不僅是財務金錢上的損失，也會傷害到生產力、企業形象、客戶的信賴度。那麼，假冒成政府單位或其他當責機關官方人員的詐騙案呢？這種詐騙手法也會損害到金錢和財務，我們下一章就來討論該種詐騙手段。

我（其實不）是公務員——社會安全福利、政府補助款等「官方」詐騙案

政府單位、執法機關等皆是握有管轄權力的組織單位，只要聲稱與上述單位有關聯的詐騙行為，都具有嚴重危害的風險，因為我們一般都被教導要守法、要信任公家機關，而詐欺犯正好就是利用這一點來使壞。本章我要說明最常見的假官方詐騙案，解釋此類詐騙案是如何運作的，提醒讀者該如何提防；如果你認為自己可能被盯上了，我也會提供處理建議與方法。

不肅靜的法院：陪審團詐騙案

瑪莎的小孩都已長大成人，也都搬出去各自發展了，她一個人住在佛羅里達州，不過有時會出門到南美洲當義工。最近，瑪莎正好從國外回來，電話答錄機裡有留

言，對方說是負責瑪莎家這一區的警官，表示有重要的事情要跟她談。瑪莎說：「我當時沒有多想，就回了電話。」她回電表示要找這位警官，卻被轉到電話答錄機，答錄機那頭的聲音聽起來很像是打電話給她的那個人，所以她便留言，還留下自己的手機電話號碼。這位警官很快就回電，並告訴瑪莎她先前被傳喚去當陪審員，但沒有出席。瑪莎說：「這個人能說出我的全名、地址和出生日期，所以聽起來很像真有這麼一回事。」瑪莎告訴這位警官她從未收到通知書，並詢問郡辦公室是何時發出未盡擔任陪審員義務的拘捕令，這位警官只回覆瑪莎，這是佛州的新規定。

美國有許多州都在嚴厲處罰未前來擔任陪審員的市民，光是二〇〇三年，麻薩諸塞州就針對四萬八千名未出席擔任陪審員的市民，處以每人兩千美元罰鍰。二〇一二年，佛州有三十五名市民，因未出席擔任陪審員，被法官寄出藐視法庭罪的聽證會通知。二〇一八年，計有三十位亞利桑大州市民，因未出席擔任陪審員，而被處以五百美元罰鍰。

瑪莎回覆這位警官，若拘捕令真的寄出了，那她就得找律師討論。她回憶道：「他馬上回我：『不用不用！比起繳納罰金，找律師得花更多錢啊！』」這位警官表示罰金是一千美元，可以在電話裡支付，也可以到警局繳納，不過也警告瑪莎，如果人到了警局，可能會有被拘捕的風險。瑪莎說：「他聽起來感覺不像是在威脅我。而且記憶中，以前我在警局跟真的警官講話的時候，他們的態度從來就不像電話裡這位警官這麼和善，他真的非常和藹可親。」這就是典型的陪審團義務詐騙的手法，先派出一位態度和善的人來卸下詐騙對象的心防，因為語帶挑釁的話語會讓目標對象提高警覺，接著再想盡辦法讓對方不要掛電話。

這位「警官」要瑪莎到溫迪克西超市去買兩張五百美元的禮物卡，還交代她：「電話不要掛。」買好禮物卡後，他立即要瑪莎提供卡片背後的號碼，瑪莎都逐一照辦了。後來，這位「警官」還提供了警局的真實地址，位處瑪莎在佛州的住家附近，他要瑪莎去警局，把禮物卡交給他的主管。可是，就在開車前往警局的半路上，瑪莎回憶道：「他跟我說不用去警局了，因為他的主管有急事先行離開，禮物卡可以改用郵寄的。」詐欺犯自然沒打算讓瑪莎真的進到警局去，會這樣說只是詭計的一部分罷了，好讓整個騙局看起來跟真的一樣，這位假警官從頭到尾就是要瑪莎把禮物卡郵寄給他。瑪莎逐一照辦，但其實一千美元老早就被騙走了，因為瑪莎在電話裡就已經把卡片背後的號碼提供給詐欺犯了。

掛上電話後，被灌了迷湯的瑪莎逐漸清醒，開始回想剛剛發生的始末：「我覺得我被侵犯了，並感到生氣和害怕！這個人侵犯了我的生活，他有我的名字、住址和出生日期，可能都是從網路上找到的資料！後來，我就決定打電話到警長辦公室報案。」電話一頭的警員證實瑪莎真的遇上詐騙了，法院絕不會打電話給未前來擔任陪審員的市民，也不會要市民到超市以購買禮物卡的方式來支付罰金，這都不是政府單位的作法。不過，瑪莎遇上的可是行騙道行相當高的詐欺犯，所以還是被灌了迷湯。

陪審團詐騙案已經出現多年，仍無從得知到底有多少人受騙的相關數據，不過聯邦調查局表示，近幾年的受害人數還在持續攀升。或許正是因為這種詐騙手法既簡易又大膽，受害人在面對被拘捕的威脅恐懼，會感到措手不及，當下也可能忘記要先好好了解一下狀況，所以才會輕易受騙上當。詐欺犯用「未出席」擔任陪審員的騙術，不只為了要騙你的錢，有時是為了要竊取你的身分。詐欺犯假裝是從法院打來的電話，告知你因為沒有履行陪審員義務，所以被發出拘捕令，並表示為了查證你的身分，所以要詢問你一些個人資料，例如社會安全碼、出生日期等，有時也會問你母親的中間名以及你的銀行帳戶等資料，這些都是要用來竊取你身分和錢財所需的資訊。

不過，就如同我先前說過的，法院依據規定，不會因為你未盡陪審員義務而打電話給你，也不會打電話來詢問個人資料；反之，法院一般都是透過郵政服務寄送通知書。由於越來越多州政府加重未出席擔任陪審員的處罰，所以你的確有可能會收到郵寄來的相關的法院文件，只有在很少見的情況下，會由執達員※親自遞交通知書。如果你真的收到未出席擔任陪審員的罰單通知書，務必要打電話到法院或郡書記辦公室，直接確認郵件是否屬實。

假錢：政府補助款詐騙案

西德・克坎默（Sid Kirchheimer）接到電話通知，被告知自己因為都有按時繳納稅金給國稅局，所以可以獲得三千兩百美元的政府補助金時，感到無比驚訝。西德滿腹不解，也清楚這應該是樁詐騙案，因為電話打來的時間是在晚上七點，遠超過聯邦政府機關的正常辦公時間，且西德也曉得政府不會因為他有乖乖繳稅而獎勵自己。這類型的詐騙案中，打電話來的騙子會自稱是從財政部的某部門，或甚至是不存在的單位打來的，像是「聯邦政府補助款部門」，或是「政府補助款協會」。

不過，補助款詐騙案的型式也不只會透過電話，詐欺犯也會利用社群媒體來誘導受害人，提出贏得政府大筆資助的申請。有個頗為典型的政府補助款詐騙手法，詐欺犯會自稱是國際金融公司的專款小組（確實是有國際金融公司這麼一個組織，但該組織可沒有什麼專款小組，這純粹是詐騙說詞），其運作方式如下：被鎖定的行騙對象，通常會從臉書之類的社群媒體收到訊息，指出國際金融公司專款真的存在，而且還是「專為有帳單支付、購屋、創業、就學等需求的人士，甚至是幫助退休人士撫養小孩」而設立的。詐欺犯常會假冒成你的臉書好友，跑來跟你說自己成功申請到國際金融公司的補助款，收到一大筆高達一萬五千美元的資金，接著繼續說這個機會有多棒，可以幫你申請到政府補助款，所以鼓勵你也提出申請。然後，你會被告知去聯繫一位國際金融公司的公務人員，也就是專門負責處理補助款申請的負責人。當然，這位「公務人員」也是詐騙集團的一分子。

詐騙手法的第二階段中，詐欺犯會透過即時訊息，傳送申請表給你填寫。你得填上你的姓名、電子郵件地址、電話號碼、住址、職業工作、雇主資料、社會安全碼、月薪和年薪，以及欲申請的補助款金額和理由（或是你打算如何運用此筆補助款的說明）。這申請表格看起來幾可亂真，上頭還有很像是政府機構的用印。填寫完畢，回

※ 法院裡負責把文書送達給當事人或代理人的人員。

寄給這位假承辦之後，你還會收到更多有關該補助款的資料，包含聲明書和編號——都是假的——以及其他詳細資訊，為的就是要讓整體看起來好像是真的一樣。隔天，或是不到一天，這位承辦人就會前來通知你資料都已經審核通過，可以領取補助款了，但是得先支付一筆「政府處理費」。這筆假處理費的金額會依據補助款金額大小而定，補助款金額越大，處理費就越高，從幾百美元到幾千美元不等。若你這時去詢問承辦人員自己何時可以收到補助款的話，對方會語帶威脅或以辱罵的方式傳訊息跟你說：「顯然你還沒有準備好領取這筆資金，我們打算把這筆補助款保留給下一位申請人。謝謝前來申請，也恭喜你符合資格，但是你領不到這筆補助款。」或者，更有可能的狀況是被已讀不回，對方從此都不再回你訊息。

如果你在臉書上收到關於政府補助款的訊息，應立即通報臉書有詐騙案件，也要通報聯邦調查局的網際網路犯罪申訴中心，網址為www.ic3.gov。如果傳訊息來的是自己的臉書好友，那麼也告知好友，他的臉書帳號被駭了。

該如何保護自己？你得記清楚，政府單位不會透過臉書或其他社群媒體傳送訊息鼓勵你申請補助款，也絕不會要求你預先支付處理費用，然後才發放補助款給你；你也不可能透過社群媒體，取得公共援助金來購買食物、付房租和帳單。

另一種補助款詐騙手法是假扮成政府官員來接近行騙對象，可能是透過電話、電子郵件、一般郵件等方式，通知對方補助款申請審核通過了，但當事人其實根本就沒有提出申請。通常這些假冒的騙子手上都會有一份腳本，他們的講話內容和表達方式都跟一般人很像，這些都是他們企圖要騙你上鉤的徵兆。要是你有聽到下列幾句話術的話，那就得提高警覺了！

- 「你可是從上千人中被挑選出來的申請人！」若你不記得自己有提出申請，或許你真的就沒有提出過！
- 「因為你都有準時繳納稅金，也沒有犯罪紀錄，所以獲選領取政府補助款！」可惜的是，政府不會因為你是守法的好市民，就拿錢來獎勵你！
- 「有關此項政府補助款方案的資訊，在其他地方是找不到的。」因為這個補助方案根本就不存在！
- 「你只需提供信用卡號，就能獲得這筆補助款。」真把卡號給出去之後，詐欺犯就可以拿去大肆購物一番了。

◇真正的政府補助款會有的五大重要原則

1. 所有政府補助款的相關資訊與申請作業，都可到www.grants.gov免費取得，其實該網站也是唯一一個有關政府補助款的官方資料中心。

2. 其他提供獎勵補助款的地方或國家非營利單位、非政府組織、機關單位、基金會等，其單位名稱都可在公共圖書館或網路上找到。

3. 申請政府補助款時，政府機關絕不會收取申請費用。

4. 所有政府補助款都是針對公眾的福利設置，所以用途絕不會是個人消費，例如支付帳單、購買私人用品等。

5. 政府單位絕不會主動聯繫你，鼓勵你申請補助款，或是要你支付補助款申請費用；政府補助款並不會有費用產生。

自己就能搞懂政府大專院校的獎學金詐騙案

被大專院校獎學金詐騙鎖定的目標對象，以為政府真的會資助他們去念書深造，只不過獎學金的相關資訊是得付費才能取得的專屬資訊。有些詐騙手法會要求獎學金申請人參加「免費座談會」，但實際上是推銷支付昂貴費用取得獎學金資訊的業務銷售會，且這些獎學金資訊明明上網或到公共圖書館即可免費取得。另有些詐騙手法是網路會費制服務，只要按月支付「會員費」，即可加入「潛在」獎學金得主的名單，且雖然有退費承諾，但相關規定卻模糊不清或根本就沒有制定。

聯邦免費申請助學方案（Free Application of Federal Student Aid，FAFSA）是政府唯一一個負責裁定是否符合資助條件的單位，其網址為https://fafsa.ed.gov。正如同該方案的名稱所示，申請助學方案是不用花一毛錢的。若你去參加了關於獎學金或資助方案的免費座談會，可參照下列基本預防措施：

- **不要在座談會現場開立支票**。這類教育座談會都會施展高壓的業務銷售技巧，迫使你付費購買沒必要的服務，其實這些服務在網路上就可以免費搜尋到了。保持冷靜，不要輕易讓任何人說服你掏錢購買自己也能找到的免費資訊服務。
- **確認對方是何許人物**。訂購服務之前，而且是訂購到你可能不需要的服務之前，可以先就服務內容，詢問升學顧問或學校的就學顧問。另外，也可以上網查查舉辦獎學金座談會的公司，看看有無消費者申訴過這間公司，再來也可以查閱消費者的評價（不是推薦實例）。

- **不要輕易相信推薦實例**。公司網站上的推薦實例可能是騙子花錢杜撰出來的假故事，要確認成功案例的真實性，可以直接與本人查證。雖然消費者評比不是百分之百沒問題，但要了解一間公司的商譽，此類評比還是相當有幫助的。
- **提問問題並期望對方給出答案**。訂購任何獎學金服務之前，務必要先了解自己會獲得什麼樣的服務。可以先詢問服務費用是多少？服務期間有多久？能獲得的服務有哪些？如果業務人員無法以書面方式，提供詳細、精確的解答，那麼你大可表明：「那不用了，謝謝！」接著轉身離開。

不是真的贏錢了：州政府樂透彩券和贈獎活動詐騙案

長久以來，州政府樂透彩券詐騙案在美國各地層出不窮。一項調查發現，新澤西州前二十位最常贏得樂透獎金的得主中，有一半都是賣彩券的零售商店家，以及他們的家人；也就是說，這群人之所以能戰勝低中獎率，乃是藉由欺騙中獎的客人，或是在幫客人兌獎時，欺騙客人中的是小獎，然後從中偷走部分獎金。

密西根州有三十七位彩券商店家在兩年之內，共計兌換了價值達三百六十萬美元的彩券，其中一位店家光是一年便兌換了一百零七個獎項，獎金總額達三十四萬六千三百一十二美元。另外，一年之中，計有六位彩券商在申報納稅時，未誠實申報樂透獎金，金額共計超過五十萬美元。這種欺騙行為也剝削了納稅人，因為彩券的營收和獎金稅金是要用來投入教育和其他福利計劃的。

近期有幾個案例是受害人收到大百萬樂透頭獎的中獎通知信函，信中聲稱這是從聯邦調查局和聯邦存款保險公司寄出的通知。這封相當有說服力的通知信，旨在告知收件人贏了樂透，不過領獎前，收件人要先繳交處理費用到某個戶頭。這算是預付款項，是詐騙行為！通知信幾可亂真，印刷紙張非常高級，上頭還有聯邦調查局和聯邦存款保險公司各自的用印。切記：無論是聯邦調查局，或是聯邦存款保險公司，皆不會寄信給樂透得主，且要真是中獎了，領獎前也無須支付任何費用。

另一種詐騙手法是自稱自己是政府官員，打電話告知中了政府舉辦的贈獎活動。有時詐欺犯會自稱是來自全國消費者保護機構，或是全國贈獎活動局，但兩者皆是不存在的假機構。有時則會自稱是從聯邦貿易委員會打來的，這是真實存在的機構，但這通電話是假冒的，因為沒有政府單位會打這種電話給民眾。你買了樂透彩券之後，兌獎可是你自己的事。贈獎活動詐欺犯口中常會冒出來的台詞如下：

- 「兌現獎金之前，你得先支付稅金或服務費用。」根本就不用！等你領到獎金之後，才需要支付相關稅金。
- 「為確保獎金『安全無虞』，必須先轉帳費用到倫敦勞埃德保險公司，或是其他知名保險公司。」根本就不用！即便是意外贏得政府樂透彩最大獎項，也不需要支付保險公司費用來「保護」獎金。

另一種政府樂透彩詐騙手法是詐取實際贏得樂透獎金的得獎人；有一種彩券詐騙手法是便利商店、加油站等彩券商，欺騙回到店裡想對獎的無辜客人。不誠實的無良店員會低報客戶實際中獎的金額，然後把差額占為己有，或甚至直接告訴客戶沒有中獎，再把彩券收走，自己跑去兌獎。一起類似的詐騙案就發生在北卡羅萊納州的羅里市，一名店員因騙走客戶的中獎彩券而被拘捕，這位店員幫客戶到櫃檯後方掃描彩券，發現彩券中獎後，卻騙客戶「槓龜」了，隨即自行跑去兌現了一千美元的獎金；

不過這位客戶其實是名臥底警察，所以這位店員便被逮捕，並處以兩年緩刑。

另外也有案例是店員從得獎人手中，搶走中獎的刮刮樂彩券，並拒絕歸還給得獎人。事發地點是在紐約市的一間便利商店，店員拒絕歸還一位老人家的一千四百萬美元的中獎彩券，後來這位老人家數度回到店裡要討回彩券，並向執法單位報案，才順利領取贏得的獎金。

為了打擊此類型的詐騙犯罪行為，有些州政府會在商店裡架設掃描機，讓客戶可以自行掃描確認是否有中獎。若你認為你的彩券中獎了，或是想要對獎，那麼你應該要：

- 一買到彩券後，立即在彩券背面簽名，宣告你是彩券的所有權人。
- 如果店家給你的金額少於州政府承諾的金額（金額每州都不一樣），可以的話就帶上一位可信任的親朋好友一起去兌獎。比較大筆的獎金，直接向樂透主辦當局兌獎會比較合適。
- 若你買的刮刮樂彩券中獎了，先不要把彩券交給店員，而是出示給店員看彩券並確認中獎之後，再把中獎彩券交給店員兌獎。

•可以的話，請自己掃描彩券，或是自行上州樂透官網對獎。

若真中了樂透，有件事你一定得做：繳稅，但是繳稅的時間點是在你領取獎金之後的下一個四月十五日。（編註：台灣若彩券中獎超過五千元，需繳納百分之二十所得稅與千分之四印花稅，並於兌獎時直接從獎金扣取。）

六招擊退假冒政府人員的詐騙實用策略

1. **絕不匯款。**詐欺犯常會誘拐受害人匯款到某個銀行戶頭，或是存錢到預付型金融簽帳卡，然後再郵寄交付簽帳卡，千千萬萬別照辦！
2. **不要支付費用給補助款或贈獎活動的獎金。**若是要你先行支付費用，然後才能領取補助款或贈獎活動獎金的話，那就是詐騙。
3. **不要把財務資訊告訴來路不明的來電人士。**絕不在陌生來電中，提供、驗證任何個人資訊、帳戶號碼或其他身分相關的資訊。
4. **遇到前來告知你中獎或是要你支付費用的通知時，務必再三確認其真實性。**

行騙高手為了要讓你信以為真，會使用感覺很像是官方單位的名字、電話號碼、抬頭、標識、文件紙張等行騙手段。

5. 查驗身分證件。遇到自稱是來自政府單位、地方機關、公共事業處的人士來電，務必要與對方確認身分、詢問證件編號，並致電該單位，查證此人的身分，以及查證此人是否真有必要與你聯繫。

6. 通報詐騙行為。若你覺得自己可能是接到假冒政府單位的來電或信件，可到www.ftc.gov/complaint申訴，並逐一告知下列資訊：

- 來電的日期和時間。
- 可以的話，提供信件掃描檔。
- 假冒的政府單位名稱。
- 來電內容，例如被通知的欠款金額或可領取的金額、付款方式等。
- 來電的電話號碼；就算詐欺犯可能會使詐，讓你看到的是機關單位的電話號碼，又或是使用假的電話號碼，不過執法機關依舊有辦法追蹤電話來源，揪出來電的人。
- 其他電話裡談到的內容。

畢竟一般大眾都相信政府單位會為人民著想，因此也很容易就被這種詐騙手法騙倒。這也就是為什麼一定要了解這種假官方詐騙案的徵兆，才能進而保護自己和周遭的人。

第三條準則：

守好自己的網路界線

擊退網路攻擊

過去這一年來，你有部分個資可能已經遭竊，因而有身分被盜用的風險，這部分我們在「身分盜用是如何運作的？」一章中討論過，但這是如何發生的呢？網路攻擊問題日益嚴重，致使我們可能很容易成為身分竊盜和其他詐騙行為的受害者。金雅拓（Gemalto）為一間數位安全公司，該公司指出二〇一七年上半年，計有九百一十八起資料外洩事件，共有十九億筆資料紀錄遭竊，這數據和二〇一六年下半年相比，足足成長了百分之一百六十四。此外，在九百一十八起資料外洩事件之中，最嚴重的前二十二起就已釀成一百多萬筆紀錄被竊。Experian信用監測服務也證實，二〇一七年光是單一一次資料攻擊事件就已造成一億四千三百萬名美國人的資料被盜。接下來，我們就來討論網路攻擊是如何運作的，以及該如何擊退。

聯邦調查局探員羅伯特・卡麥隆（Robert Cameron）是位電腦專家，二〇一〇年某日，他到民間單位舉辦的電腦訓練課程擔任講師，上課之前卡麥隆使用主辦單位提供的講師電腦上網，查看當地的新聞，可是過沒多久，電腦的速度開始變得緩慢，功能也開始出現異常，螢幕畫面跑出許多個視窗，要求支付「防毒」軟體的費用。隔天，當地一間新聞媒體公開向讀者致歉，表示原以為某支廣告是正當無礙的，但它卻會偷偷在造訪該網站的讀者電腦裡安裝病毒程式。卡麥隆指出：「不需要點擊該新聞網站上的連結或其他東西，也會直接中鏢！讀者根本就無從預防，也無計可施！彈跳視窗會一直跑出來，導致你完全無法操控電腦，你只能乖乖點下連結，付錢購買軟體。」卡麥隆和同事一起調查了這樁駭客犯罪，後來發現是一位拉脫維亞駭客精心策畫的攻擊事件。

彼得爾斯・薩弗羅斯（Peteris Sahurovs）和同夥是在攻擊事件發生的同一年，創立了一間假的廣告公司，取名為顛覆科技行銷（RevolTech Marketing），並聯繫受害的新聞網站，表示要幫一間美國連鎖旅館的「客戶」購買廣告，但該間連鎖旅館對此卻毫不知情。顛覆科技一開始製作的旅館廣告會把使用者導到正當合法的網站，但等到新聞網站測試過該支廣告，確認無礙後，就把廣告抽換成會把使用者帶到會感染惡意程式的網站。就算讀者沒有點擊廣告，惡意程式還是會被安裝到讀者的電腦裡，一旦被安裝成功了，唯一一個解除惡意程式的方式就是花費約五十美元購買假的防毒軟體。聯邦調查局和拉脫維亞警政署一起合作，總算追蹤到薩弗羅斯的下落並拘捕到案，但卻在引渡聽審之前讓他給溜了。五年之後，二〇一八年二月，薩弗羅斯才落網認罪，承認策畫了電訊詐欺，並被判入獄服刑兩年又九個月。

讀者讀到這段文字的時候，我們為網路犯罪付出的代價，可能已經突破原本預測二〇二一年才會達到的六兆多美元。現今的駭客行為都是為了偷取錢財，可是隨著時間進展，不肖的科技使用只會越來越嚴重、危險。我個人預測，恐怖分子會使用科技技術來傷害民眾的生命安全，因為現今我們已經可以在相隔約十公尺的距離，關閉某人的心律調整器，或是遙控一臺汽車，且在不遠的未來，我們就可以在約八百公里或八千公里之遙的地方，操控這些事情。總有一天，會有越來越多人發現社群媒體其實不是什麼好東西，因為當你能透過心理戰控制二十億人的時候，會釀成實質傷害的風險其實是隱而未見的，這終究是因為我們在社群媒體上透露的資訊實在太多了。這確實很恐怖，但我們一定要認清，才能認真採取防禦措施。

追根究柢，資料外洩不是單靠駭客就能夠自行完成的計謀，盜賊也是需要等到門開，才能進去偷取有利的東西。多數駭客案件的起因，皆為公司行號或個人自己敞開了數位之門，又或是忘了關門所致。不過，我們仍都可以使用科技來打擊惡意的科技使用行為，我相信我們每個人都可以做得更好，而且是現在就可以立刻縮減安全漏洞，以達到滴水不漏的程度。無論是用智慧型手機、平板電腦、桌機或是手提電腦，你都可以運用我稱為防禦式電腦操作的方法，另外也要事先做好萬一遇到駭客時的應變處理計劃。

惡意程式：進階持續性滲透攻擊

如果你覺得「進階持續性滲透攻擊」一詞聽起來很像是冒險動作片裡會有的台詞，那麼你還真沒那麼狀況外。我講的是各式各樣被設計成具有邪惡目的的軟體程式，這些軟體程式也被稱為惡意程式。你在閱讀這段文字的此刻，惡意程式正在全球數千萬電腦裡肆虐。約四十多年前，惡意程式首次出現，至今仍每天持續在變化發展，且變得越來越強大。聯邦調查局探員卡麥隆和同事遇到的網站廣告駭客案件，正是惡意程式所為。電腦科學家辛姆森・伽芬凱（Simson Garfinkel）是數位鑑識方面的專家，伽芬凱表示採用所謂強效密碼的防禦方式，對前面描述的駭客程式而言毫無作用（下一章會詳盡討論）。駭客技術還在持續發展，且會變得越來越繁瑣難解，伽芬凱預測道：「接下來我們會看到有人工智慧輔助的駭客軟體，人工智慧會假扮成人類，說服人群相信不合理的事情。」

對付惡意程式的防禦措施中，最常見的就是在電子裝置上安裝防毒軟體，不過伽芬凱指出：「防毒軟體只有辦法對付已經熟知的威脅性程式，然而今日的惡意程式設計越來越新穎，威脅力也是前所未聞。」伽芬凱也表示，電腦使用者為了使用被防毒軟體阻擋的程式，還會手動解除阻擋功能，迫使防毒軟體喪失首要的功能作用。另外，駭客還會在惡意程式中，編寫繁瑣的程式語言，讓惡意程式有數天、數週，甚至數個月的時間，都不會被偵測到。由於防毒軟體的功能，往往難以趕上惡意程式的功力，所以終究無法有效阻擋此類程式。因此，你得採取其他比較傳統的手動防禦措施，像是不要點擊陌生的連結網址，還有除非確定電子郵件和附加檔案都是無害的，否則絕不點擊開啟附加檔案等。

至於手機，情況就比較不一定了，得看你是使用哪個廠牌的手機而定。若你用的是安卓（Android）手機，伽芬凱會建議你只在Google Play下載軟體，千萬不要在其他網站下載程式。另外，也不要在裝置上開啟附加檔案，比較安全的做法是把檔案放到Google雲端硬碟上，然後使用Google文件開啟檔案，這樣就可以在Google的平台上查看文件了。另一方面，雖然相當少見，但還是有惡意程式會攻擊iPhone手機。伽芬凱發現，比起微軟Windows XP作業系統裝置，蘋果電腦的裝置比較不會遭到惡意程式攻擊，他並指出：「對大多數人而言，選擇使用比較安全的電腦作業環境最容易的方式，就是只選用蘋果電腦的iPad或是Google Chromebook平板電腦。這兩項產品分別由蘋果電腦和Google在維護管理，會比你自己維護來得安全。」

駭客使用惡意程式在你的電腦上大肆做亂的作法分有幾種；有些軟體，例如間諜程式，一般來說是無害的（例如透過網路查看孩子的安全），但要是落入意圖不善的壞人手中，那就可能會被用來行騙，釀成損失。許多惡意程式都可以用手動方式移除，只要開啟瀏覽器的設定選單，點選恢復預設值的功能即可。有的時候，你可能得使用防毒軟體，才能找出隱藏在電腦裡的惡意程式，並使用該防毒軟體來移除惡意程式。下面將列出幾個你必須要認識的惡意程式名稱與相關詞彙。

◇十二大惡意程式

1. 惡意的瀏覽器工具項目（BHOs）：會經由下載進入到電腦，也可能是你自己不知不覺下載到的程式，其運作方式是：當你開啟瀏覽器時，這支惡意程式會躲在電腦後台持續運作。無論你去了哪個網站、做了什麼，相關資料都會被記錄起來，也會誘使你點擊不想要的商品或服務的廣告連結。這支程式或許不會主動攻擊，但卻可能會讓你暴露在許多垃圾郵件、不需要的工具列附加元件、擴充程式、彈跳式廣告等的環境之中。

2. 瀏覽器劫持者：這支惡意程式會修改瀏覽器的設定，常會在未經你同意的情況之下，偷偷從假的資安網站下載軟體，還會把你導到你根本沒有想去的網站。還記得那些彈跳出來的警告視窗，指出你的裝置「有危險」嗎？真正的危險其實是彈跳視窗裡的連結網址，如果你點擊了，裝置就會被劫持。瀏覽器劫持者也會變更瀏覽器的預設搜尋引擎與預設首頁，舉例來說，原本預設的搜尋引擎是Google或Bing，可能就會被改設為惡意的搜尋引擎，不僅會拖慢上網速度，也可能會害電腦跑出大量的彈跳視窗。至於瀏覽器劫持者的主要目的，乃是為了幫罪犯騙取廣告收益。

3. 勒索軟體：會經由下載的檔案或網路漏洞，進入到受害者的電腦系統，並偷偷把電腦裡的檔案都加密，沒有金鑰就無法解開，所以受害者便無法使用檔案。當然，網路犯罪分子很樂意把解密金鑰給你，但你得付錢才行！這是敲詐勒索，當然是非法行為，而且罪犯才不會管你是個人電腦，還是公司、醫院、學校，或是執法機關的電腦。

4. 鍵盤側錄程式：也稱為鍵盤記錄程式，可以即時記錄電腦使用者的活動，包含使用者在鍵盤上敲打的資訊。鍵盤側錄軟體有其正當合法的應用目的，譬如資訊科技人員可使用該程式來解決電腦問題或商業網路遭遇的疑難雜症，家長也可使用該程式來查看孩子的電腦使用狀況。但是，網路犯罪分子也會使用鍵盤側錄軟體來竊取敏感性資料。鍵盤側錄軟體可能是使用者不知不覺從惡意網址下載下來的，也可能是從看起來合法正當的網址下載而來的，其一旦進入電腦，就能竊取密碼、截取螢幕快照、記錄你造訪過的網址、偷取即時通訊的對話內容、複製電子郵件等等，接著還會自動把這些資訊寄給位在遙遠一端的壞蛋。鍵盤側錄軟體通常都躲在隱藏資料夾或目錄裡頭，所以要找出這支惡意程式實在不容易。「防」鍵盤側錄軟體已經開發完成，可用來擊退鍵盤側錄軟體的攻擊，只要妥當使用，效果還算不錯。

5. 後門：電腦故障的時候，你可能會讓工程師從遠端連線到你的電腦來維修，這種技術是透過網路門戶來達成的，稱為後門。同樣的，駭客也可以偷偷使用網路門戶，違法潛入電腦系統；這時網路罪犯需要的是在電腦裡安裝後門程式，這樣就能從遠端自由進出電腦了。二〇一三年，《路透社》報導指出，愛德華・斯諾登（Edward Snowden）洩漏了將近二十萬筆國家安全署的文件給媒體，揭露國家安全署施壓加密軟體等業者，迫使廠商在其產品中安裝後門軟體，以利政府機關的間諜能夠「駭」入系統。

6. Rootkits程式：這是多支暗中執行的電腦惡意程式的集合，可讓未經授權的使用者和罪犯進入電腦或進到該支程式，常會跟著你信任的軟體一起被電腦安裝，且會自行隱藏到電子裝置裡。過去曾發生數起案例是電腦製造商在電腦裡安裝Rootkits程式，為的是要遠端診斷和解決電腦的疑難雜症，可是這麼做等於提供漏洞給意圖不軌的壞蛋，像駭客就可以藉此在神不知鬼不覺的情況下，操控電腦使用者的裝置。

7. 木馬程式：這個名字源自希臘神話，當時希臘人打造了一匹巨大的木馬，特洛伊城的居民以為是禮物，便把木馬推進城裡；入夜之後，躲在木馬裡的希臘士兵跑了出來，並打開城門讓更多士兵進城，最後成功占領了特洛伊城。木馬程式進入電腦系統的方式，跟Rootkits程式一樣，一旦成功安裝，駭客就能操控你的電腦了。

8. 網路蠕蟲：這支惡意程式會自行複製，並傳播到未受感染的電腦。網路尚未出現之前，蠕蟲是藉由磁碟片或隨身碟去感染其他電腦。要是你服務的公司鼓勵你使用自己的電子裝置工作，那你的電腦就很有可能會感染網路蠕蟲；也就是說，當你把自己的手提電腦或平板電腦帶到辦公室，登入公司網路之際，你就暴露在危險之中了。

9. 撥號器木馬程式：撥號器程式會自動撥號，而惡意撥號器常在你不知情的情況下，在逛到某個網站之後，就自行安裝到電腦裡，特別是遊戲、色情、檔案分享之類的網站。另外，如果非法下載音樂，也有可能會在不知情的情況下被安裝撥號器木馬程式，這對於家裡有小孩的家庭來說可能會是個隱憂，因為孩童未必知道自己的行為就是在非法下載音樂。撥號器木馬程式可能會切斷一般正常的網路連線，然後改撥打其他號碼，譬如：900高費率電話號碼、國際直撥電話號碼等，導致被收取貴得離譜的國際電話費用。

10. 廣告程式：你可能有看過廣告程式，因為實在太顯眼了！這種廣告會在視窗畫面上接二連三彈地跳出來，導致你無法操控電腦，而且怎樣也關不掉。廣告程式會追蹤你在網路上的行蹤，並企圖找出會讓你上鉤的廣告，另外，你的電腦速度也會因而被拖垮，你得花費非常久的時間才能開啟一個網頁，且電腦的其他功能也都會變得其慢無比。

11. 間諜程式：雖然不一定是壞東西，但大多時候，間諜程式仍算是惡意程式。如同先前提過的，家長會在小孩的電腦裡安裝合法正規的間諜程式，以利追蹤孩子在網路上的行蹤，另外雇主也會安裝間諜程式，為的是要確保員工工作沒有打混，也沒有在上班時間瞎逛去瀏覽不應該看的網站。但非法的間諜程式則會被用來監看電腦使用者在網路上的一舉一動，目的是要竊取個人資料。同時，就如同其他惡意程式一樣，間諜程式也會拉慢電腦速度。

12. 殭屍網路：這是一種在網路上運作的機器人，是一種惡意的機器人。網路罪犯編寫、操作惡意程式得花很多時間，殭屍網路則可幫罪犯同時管理數個被感染的電腦。畢竟就算是頂尖聰明的網路罪犯也無法手動登入操控每一臺被感染的電腦，所以就得靠殭屍網路來幫忙他們使壞。

◇如何避免成為惡意程式的受害者

- **遠離公用電腦**。避免在旅館、機場、圖書館、商務中心的公用電腦上，登入自己的電子郵件服務，原因是公用電腦裡是否有惡意程式這點無從得知，萬一有惡意程式的話，那你的郵件帳號可能就會有危險了。
- **不要使用開放式無線網路**。不需要加密金鑰就可以使用的公用無線網路熱點或許很方便，但要記得這也表示你在空中傳送的資料也沒有受到保護。伽芬凱曾在麻省理工的《科技評論》（*Technology Review*）雜誌上，發表過一篇文章，寫道：「這表示其他同樣在使用這個網路熱點的人，可以『挖到』你的帳號和密碼！保護自己的唯一方式，是確認你所使用的網站和電子郵件伺服器，除了登入頁面之外，其餘全站皆有使用SSL安全憑證（https:）。」跟你在同個開放式無線網路熱點的駭客，可以使用「中間人」攻擊手段，來挖掘你的密碼，其運作方式是先把你傳送出去的資訊上傳到一個中間網站，該網站竊走想要的資訊後，才把資訊再傳給你真正想要上傳資訊的正確網站，這也就是為何訊息溝通看起來沒有異狀的原因了。伽芬凱在文中還寫道：「中間人攻擊特別容易發生在無線網路的環境裡，但其實整個網際網路都有可能會發生中間人攻擊事件。」另外，伽芬凱也提醒大家要確認網站使用的SSL安全憑證都是正當合法的憑證（因為偽造憑證會告知你的電腦瀏覽器，連接到的網站使用了SSL安全憑證的正確網站），此外我們大多數人也都忽略了憑證是否相符合的問題。

- **換位思考**。報章雜誌、線上購物等許多網站，都會要求你申請帳號，並使用電子郵件和密碼來登入，此時切記不要使用你用來登入該電子郵件服務的同個密碼。否則的話，網站所有人或是駭進該網站的人都可以奪走你的電子郵件帳號了。
- **身分認證**。有些網站提供了加強安全認證的服務，不再使用密碼，而是改用手機或甚至是攜帶型安全權杖，功能有點類似打開旅館飯店房門的電子鑰匙，有些作法則是在裝置上產生密碼給所有人，而安全權杖也稱為USB權杖、加密權杖、硬體權杖、實體權杖、授權權杖。這類型系統所提供的安全等級會比密碼要來的強，不過壞消息是，經驗老到的駭客高手依舊有辦法攻破該種身分認證機制。
- **不單用一個帳號**。可以跟幾家有提供備份服務的電子郵件服務商申請帳號，這樣萬一被駭了，還有備份的資料。
- **返回傳統**。不要只把資料放在雲端，或只放在手提電腦或其他裝置裡。把重要資料列印出來，放到家裡的保險箱裡。同時，也可使用外接硬碟，把資料都備份起來。如此一來，不管是什麼原由導致無從取得網路服務時，重要資料仍會有備份。另外，定期備份電腦檔案，把資料儲存到非網路空間，以降低遇到勒索軟體攻擊造成資料遺失的風險。

- **軟體更新到最新版本**。可以保護軟體免受已知風險的攻擊。
- **守護資訊安全**。使用資安軟體或防毒軟體，可保護電腦免受被入侵的風險。閱讀科技發展與電腦使用的相關評論文章，了解最新的電腦系統發展，以及防毒軟體的發展近況與產品優劣特點。選擇軟體時，挑選有手動掃描惡意程式的選項，以及能評估惡意程式風險高低的功能，且還要有能力阻擋意圖不軌的網址。
- **注意外來風險**。只下載可信任的軟體，不要開啟陌生郵件的附加檔案或連結網址。

騙子堂——匿名者（Anonymous）

「匿名者」最早出現於二〇〇三年，他不是個人，而是一個分權管理的駭客組織，沒有等級階層關係，也沒有設置正式會籍身分。雖然沒有固定的既定形象，但匿名者一直以來都是最知名的「駭客」，也是最難以捉摸的組織。會員時常在公眾遊行或是其他場合上，戴著咧嘴笑的福克斯面具，作為身分識別。（一六〇五年，英國士兵蓋・福克斯〔Guy Fawkes〕參與了火藥陰謀計劃，打算在議會開始這天炸掉英國國會大廈，目的是要抗議羅馬天主教徒在英格蘭日益嚴重的迫害行為。）

匿名者曾攻擊多個全球重要目標，像是亞馬遜、PayPal線上支付、索尼（Sony）等企業，還有部分所謂的暗網區，外加上澳洲、印度、敘利亞、美國等國政府，以及唐納・川普（Donald Trump）、伊斯蘭國組織（ISIS）和其他數十個受害對象。二〇一一年，一個周日午後，匿名者攻擊了舊金山灣區捷運系統的官網www.bart.gov，原由是該單位的員警在灣區奧克蘭市的車站槍殺了一名手無寸鐵的民眾奧斯卡・格蘭（Oscar Grant），民眾前往抗議譴責，而該單位竟以切斷手機訊號的方式，企圖阻擋抗議活動。還有在二〇一二年，基於版權法規定，聯邦調查局強制關閉位於香港的網路儲存空間和檔案分享網站Megaupload後，匿名者癱瘓了美國唱片業協會和美國電影協會的官網，以作為報復。

您沒有郵件：電子郵件駭客事件

我到全美各地去演講的時候，許多聽眾會前來跟我說，駭客是如何竊取他們的電子郵件帳號，然後還冒名寄信給聯絡清單上的朋友。這種冒名信件的內容大多是講述寄件者被搶劫了，所以急需朋友電匯現金過去，有的時候會說是在「國外」發生的意外，而這位電子郵件帳號被偷的朋友還真的剛好就在國外，此時詐欺犯就很容易得逞了。也有聽眾跟我說，被偷走的電子郵件帳號後來還被用來發送垃圾信件。我想大家應該都有收過信件內容寫道：「嗨！我吃了這款維他命（或是我試了這款消毒劑，又或是其他商品），真的很棒！你也試試看！」然後附上一個短網址，這網址會把你帶到惡意網站，害你的電腦中毒，也可能把你帶到你壓根兒就沒想要去的購物網站；我自己每個月至少都會收到兩封這類型的電子郵件。

◇如何避免電子郵件信箱被駭

電子郵件信箱被駭的方式有數種，有的是因為電子郵件服務提供商的系統被駭，所以你存在系統裡的電子郵件帳號和密碼就跟著被偷走了，有的是惡意程式搞的鬼，有的是因為詐騙高手在你使用公用網路時挖走你的資料。若你的電子郵件帳號被駭了，這裡有幾招可以幫你奪回帳號。

- **診斷與偵測**。聯邦貿易委員會建議安裝商譽良好的資安軟體或防毒軟體，並定期更新版本、執行偵測掃描。如同先前我提過的，選擇使用能偵測、刪除（或隔離）已知惡意程式的防毒軟體。
- **變更密碼**。幸運的話，駭客可能只是登入你的電子郵件帳號，用你的名義發送大量郵件給聯絡清單上的朋友，但並未修改密碼，所以你仍舊可以登入電子郵件服務，那你就可以趕緊把密碼換掉；如果有其他服務帳號也是用類似密碼的話，也趕緊一併變更。若不幸已經無法登入了，那可以先試試點選「忘記密碼」的選項連結，並逐一回答安全性問題；如果還是無法順利登入服務，可以透用電話、其他電子郵件帳號、網路客服等方式聯繫網路服務商。

- **啟動雙重身分認證**。亞馬遜、蘋果電腦、臉書、Google、微軟、推特等服務皆有提供雙重身分認證功能，許多銀行和機構也有提供。啟動雙重身分認證功能後，除了要輸入密碼，系統還會藉由像是手機電話的方式，要求第二種身分認證方式；也就是在輸入密碼登入網路服務後，你的手機或電子郵件信箱會收到一組密碼，通常會是四到七位數，你得成功輸入這組密碼才能順利登入帳號。一般來說，每當使用新裝置或系統無從辨識的裝置登入網路服務的時候，系統才會要求做雙重身分認證。
- **分類管理**。若你沒有額外申請專門給網路銀行、線上購物、支付帳單使用的電子郵件帳號，可以到Google、Outlook、Yahoo免費申請。
- **備份**。為預防往後發生帳號遭駭的意外，可先列印一份電子郵件信箱的聯絡人，存放在安全的地方。

不要開啟網頁cookies

若是收到店家或哪個機構單位的通知，告知系統發生資料外洩，且可能侵害到你的資料了，一定要認真看待和處理！要是你的資料被駭了，那麼在資料外洩的隔年，你的身分被盜取的機率可達一般人的四倍之多。為此，資安專家和擁護隱私權人士對於公司行號大量蒐集個人資料的行為，感到無比憂心。國會目前正考慮立法規定「不要追蹤」，讓使用者瀏覽網頁時，可以選擇不讓網站追蹤或收集資料。但是，在立法通過之前，消費者得自行保護自己的網路隱私。開啟瀏覽器的隱私設定，不要讓網站安裝網頁cookies，因為網頁cookies會追蹤記錄你在網路上的一舉一動（詳見瀏覽器裡的「設定」選項）。

汽車駭客

查理・米勒（Charlie Miller）和克里斯・瓦拉賽克（Chris Valasek）可說是專家

等級的汽車駭客，兩人於二〇一五年，成功駭入《連線雜誌》（*Wired*）記者安迪・格林伯格（Andy Greenberg）的座車，這可是一臺知名車廠吉普所出廠的汽車，兩人也因而聲名大噪。格林伯格其實事前就知道米勒和瓦拉賽克要來駭他的車——是為了撰文報導才自願被駭——只是不知道什麼時候、也不知道會怎樣被駭。格林伯格描述了自己的親身經歷，仔細說明自己所經歷的一連串意外狀況：「我根本就沒有碰控制面板，可是我這臺Jeep Cherokee的出風口卻開始以最大風量吹出冷氣……接著，電台被轉到嘻哈音樂電台，音量被開到最大聲，大肆播送饒舌歌手Skee-lo的歌曲！我伸手把音量控制鈕向左轉，沒用，接著就乾脆按下關閉按鈕，一樣沒用。後來，雨刷也動了起來，擋風玻璃上噴滿了雨刷水。」

現階段來說，汽車駭客只是在惡作劇，還不算常見。但是，隨著汽車越來越自動化，也越來越倚賴網路，我敢預測汽車駭客會變成麻煩事；數位生活擴展到汽車之後，汽車也會被駭走的。大約二十年後，汽車內安裝的電腦就能夠控制許多功能，例如引擎、煞車、方向盤等。汽車設計越來越新穎，裝配有偵測和導航系統，以及透過無線網路與乘客連結的娛樂系統，可以同步播放音樂和影片，還有上網功能。車內的電腦和「連接上的裝置」，全部皆有可能成為駭客竊取資料的管道（使用者人去了哪裡，到了之後又去做了什麼），另外就如同米勒和瓦拉賽克所做的示範，駭客可以直接奪走車子的操控權。因此，汽車駭客不只讓你的資料暴露在危險之中，也可能會威脅到你自己和乘客的生命安全，甚至連整個周圍的社區也會有危險；舉例來說，壞蛋和恐怖分子可以駭進整列車群，執行暴力的破壞攻擊行動。

車廠持續研發新款車的自動駕駛功能，例如無人駕駛科技技術，並透過無線傳輸網路連結汽車與州政府、地方政府，因此汽車也越來越有可能會被駭客攻擊。為了遏止汽車駭客增長的趨勢，也為了至少讓民眾清楚潛在的危險，聯邦調查局、交通部、國道交通安全管理局，三個單位於二〇一六年三月聯合發表公共服務聲明，警告消費者汽車駭客的相關潛在風險。車廠和立法單位已經注意到駭客可能帶來的顧慮，因此正齊力合作，要確保汽車更加安全，降低被潛在網路攻擊的機會。同時，能見度高的公共服務宣導（PSA）也提醒消費者，務必了解保護自己車子安全的重要性，並建議消費者採取下列數個步驟，來保護自己車子的網路安全性：

- 汽車軟體更新到最新版本，若遇車廠召回汽車做軟體修正，務必要遵從。
- 不接受非官方授權的汽車軟體變更。

- 有第三方裝置要連結到汽車網路時，務必要留心注意。
- 要讓陌生人動你的汽車時，必須謹慎小心。
- 遇到可疑的汽車網路攻擊事件時，應要通報聯邦調查局。

停車場裡的危機

駭客可以透過住家附近的購物中心停車場，駭進我們的數位生活。詐欺犯會在車窗上放置假的違規停車罰單，以拍到車子違規照片為由，誘使車主前往所謂的「官方」網站。由於現今手持式數位印表機很先進，所以還真能列印出幾可亂真的罰單。此種詐騙手法是騙你到假罰單上聲稱的網站，讓你不小心下載會在你電腦裡使壞的病毒，另一種手法是受害者被騙到假網站後，看到「支付罰金」選項，接著被要求輸入信用卡資訊來支付罰金。下方列出幾個辨識假違規停車罰單的方法：

- **你沒有犯法。**確認車子是停在合法正當的停車位上，看看周圍，再次確認自己是否真的有好好停在規定的停車格裡。確認無不法行為的話，那麼罰單應該就有可能是假的了。

- **專騙觀光客。**非當地人特別容易受害，因為詐欺犯知道非當地人可能不熟當地的交通規則，所以也比較容易受騙上當。若你不是本地人，遇到車窗上被夾了張罰單，務必要小心求證，可致電郡書記辦公室查證罰單是否合法屬實。
- **.com網址。**罰單上的網址，結尾是「.gov」還是「.com」呢？地方政府、州政府、聯邦政府的官方網址結尾都是「.gov」，因此若罰單上的網址結尾是「.com」或「.net」，那麼就很有可能是遇到詐騙了。我自己的話，即便是看到「.org」網址結尾的網站，也還是會心存懷疑、小心求證。
- **不安全的網站。**政府機關的確會提供線上支付罰單的服務，但這種付費入口網站的網址開頭都應該是「https」，才能算是安全的網站。因此，若在網址列上沒看到「https」，那就趕緊關閉網站。
- **請務必再三查證。**打電話到市政府的交通部門，確認罰單是否屬實。
- **拍下來。**有些消費者遇到不是百分之百確定該處是否可以停車時，會使用智慧型手機把停好的車和附近的符號標示拍照下來，若周圍有地址標示，最好也可以一起拍到照片裡。這麼一來，如果真被開罰單了，那麼照片就是為自己抗辯的有利證據，如果罰單是假的，那就更不用擔心了。

旅遊時的駭客事件

你自己放假旅遊，可不表示駭客和詐欺犯也跟著放假，其實，詐欺犯從不放假。身在全球化的世代裡，我們可以接觸到各種文化與族群，而詐欺犯也不例外。當年我冒充假機師環遊世界，還會開芭樂票來籌資旅費，鮮少幾次真的放下詐欺犯的工作「休息」。因此，當你放鬆心情在植物園裡閒逛，或是悠哉地躺在沙灘上時，可別輕易放下警戒心，否則除了假期泡湯，還可能會有更麻煩的事在後頭等著你。不只要小心扒手和街頭騙子，駭客也在外頭到處橫行，從巴黎的香榭大道到伊斯坦堡的市集都有駭客的蹤跡。以下提供幾個我自己試過的好方法，可以保護自己出門在外免受駭客攻擊。

- **沒真的需要，就別帶出門**。度假的時候，你真的需要帶電腦出門嗎？我會建議商務人士，不要帶平時工作用的手提電腦，而是另外準備一臺度假時用的電腦。專家認為Google Chromebook是市場上最安全的作業系統，該系統會自動更新，具有開機驗證安全機制，作業系統的磁碟有加密功能，皆能保護資料、避免被攻擊；當然，世界上沒有所謂百分之百的安全，Chrome作業系統也有瑕疵，可能會讓駭客有機會竊取加密資料。另外，電子郵件和即時訊息等行動通訊部分，我不建議使用手提電腦，可改用防駭功能好很多且也比較安全的iPhone和iPad。

- **好好關機**。電子裝置使用完畢後，不要只是關閉螢幕或放著進入休眠模式，好好地把裝置關機。這樣才能妥善保護你的資料，預防詐欺犯利用飯店旅館房間的公用網路，進入裝置窺探資料。還有，如果旅館房間沒有保險箱的話，可請飯店提供，這樣你離開房間時，便可把電子裝置鎖在保險箱裡。

- **使用隱私保護功能**。出發旅行前，請先確認有開啟社群媒體的隱私保護功能；檢視臉書和推特帳號的隱私設定，確保如果帳號密碼被修改了，或是有人從未經授權的裝置登入你的帳號時，你會收到簡訊或電子郵件通知。當你人不在家或出遠門，卻收到隱私保護的警告通知，請立即變更密碼。

- **別被側錄**。留意「側錄器」出沒！竊賊通常會把側錄器放置在提款機或加油機上，用來偷偷讀取信用卡資料。保險起見，出門在外旅行時，只選用設置在銀行內的提款機，加油的時候選擇走到店內使用信用卡付款，不要直接在加油機上刷卡。另外，不要使用金融簽帳卡，因為金融簽帳卡和信用卡不同，要是信用卡被側錄了，信用卡公司不會要你負起責任，你也不必焦心等待銀行一兩個月的調查時間。

- **寧可錯殺，也不能掉以輕心**。預設立場認定家裡和辦公室以外的無線網路上，全都有等著竊取資料的壞蛋，包含機場、飯店旅館、餐廳、購物中心、商店、公共圖書館等地方皆是。公用網路只可用來瀏覽網頁，不要用來登入帳號或是提供敏感性資料，尤其當人在海外時，更要格外嚴格地執行。

- **隨時更新消息**。我出國前，常會上美國政府公部門的「國際旅遊」專頁，了解我要前往的國家目前有哪些詐騙案件在橫行，並記下注意事項，以及保護自己的方法，因此我建議你也要這樣做。另外，也可以聯繫美國領事館，以便確認當地最新的情況，獲取最新的注意事項。

- **只用自己的充電器**。裝置充電時，使用自己的充電器連接插座充電，因為網路騙子可能會在飯店旅館或其他公共充電基座上，安裝惡意程式，侵入你的電腦裝置。除了自己的USB隨身碟和可攜式媒體裝置，絕不讓他人的可攜式裝置插入你的電腦。

- **避免使用公用電腦**。詐騙犯會在圖書館、飯店旅館和其他商業場所的公用電腦安裝惡意程式，若你一定要使用公用電腦，千萬不要用來登入任何網路服務的帳號，也不要用來處理涉及個人財務資訊的事宜；換句話說，僅使用基本的搜尋功能就好。

● **把新密碼和護照一起打包。**出發旅行之前，變更行動裝置裡頭各個軟體的身分認證與密碼；可以的話，最好選擇使用雙重身分認證。

被駭風險最高的地方

去到哪座城市最有可能被駭呢？答案可能會讓你跌破眼鏡。美國就是個危險的地方：根據Keeper Security密碼管理公司的統計，美國每年約發生五百萬起手持裝置檔案資料被駭的事件；而推出諾頓（Norton）防毒軟體的賽門鐵克公司（Symantec）調查發現，美國最危險的城市包含西雅圖、波士頓、華盛頓特區、舊金山和北卡羅萊納州的羅里市。美國人口眾多，縱使行動裝置使用普及，隨處可見公用無線網路，也約只有百分之一點五的人被駭客攻擊過，不過這仍使美國被歸類為容易在旅遊途中被駭客攻擊的國家。

若以人均所得來看駭客攻擊的話，英國是最危險的國家，其次是西班牙、法國、波蘭、加拿大、義大利、葡萄牙、荷蘭、希臘。手機攻擊威脅在中國、印度、巴西、俄羅斯比較少，原因是這幾個國家都不如美國和英國富裕。另外，由於語言的障礙，所以日本、德國等其他國家比較不容易成為被下手的對象。不過，隨著時間發展，這些統計數據可能會有所改變。

駭進未來

在不久的未來，我們將會聽到一些好消息，因為有一群正直堅定的人，持續不斷在研究找出遏止網路攻擊的方法，而我們也務必要隨時保有警覺心。下一章我會著重討論我認為非常重要的議題：密碼，因為我知道短期之內我們都無可避免，還是得繼續使用密碼這項機制，同時密碼本身也會持續演變發展，而我能做的就是告訴大家如何在網路世界裡注意安全，至於要多積極保護自身安全，則操之在你，所以繼續讀下去吧！

為什麼我們該捨棄密碼機制？

一星期之中，或是一天之中，我們為了使用某個網站或登入網路帳號，得輸入多少次混雜了數字、字母、符號的密碼？我自己是數不清。我們都會認為密碼可以保護我們的安全，但太天真了，密碼根本就無法保護我們不被駭客攻擊，也無法確保我們在網路上的資料不會被看到，所以我認為應該要廢除密碼機制。密碼機制早就過時了，毫無功用，只是徒增消費者的困擾，而不是保護消費者。

看看我們手邊的科技產品與服務，有iPhone、網路銀行、線上購物、Google、智慧電視等等，全都不是在一九六〇年代發明的產物。可是，目前最廣為採用的安全機制——帳號與密碼——卻是在一九六三年設計出來的，這可是超過半個世紀之前的發明。密碼的發明和設計本來就不是用來追求高度安全性，起初的目的是為了保障每位使用者在同一臺電腦上的使用時間長短，也就是所謂的電腦共享，而密碼機制可以讓每個人讀取到屬於自己的文件、網頁搜尋和對話記錄，讓共享電腦成為「個人」電腦。

進入網路時代後，消費者對於密碼的使用也習以為常了。大家現在為了獲取個人資料和登入個人的網路服務，而廣為使用的帳號密碼機制，起初就不是設計來保護我們的，所以到了現在也仍舊無法保護我們。時至今日，隨處可見的密碼機制也迅速演變成致命的弱點。密碼機制的發明人是南多・柯巴托（Fernando Corbato），現年九十二歲（已於二〇一九年七月離世），就曾指出密碼已經「變成網路世界大戰的噩夢了」。麥可・謝爾托夫（Michael Chertoff）於二〇〇五至二〇〇九年間，出任國土安全部部長一職，也於二〇一六年在CNBC消費者新聞與商業頻道節目中，表示贊同此一觀點，他說道：「細究重大資料外洩事件，不難發現有一個共同點：每一起『重大頭條』資料外洩事件，攻擊的媒介正是常見的密碼機制，原因很簡單：密碼機制是資訊安全中最弱的一個環節。」我同意這樣的說法，也同意謝爾托夫指出下一步就是要擺脫密碼機制，「取代密碼機制這件事情應該列為國家的當務之急，政府當局可以召集相關產業和機關團體，一起採用安全性較強的解決方案，這樣才能擺脫密碼機制下的資料外洩事件。」

為什麼密碼機制行不通

為什麼密碼機制無法防治資料外洩？又是基於什麼原因，所以無法遏止網路犯罪？其中一個原因是靜態密碼：長期在不同的平台和帳號使用同一組、未曾變更過的密碼。每當有大型資料庫被駭客攻擊，常會見到其他公司行號或網路平台也會跟著發生資料外洩事件，而串起這些意外的關鍵就是：一組密碼。

假設你要從銀行帳戶把錢轉出去，你當然希望銀行只在你本人提出需求的時候，才進行轉帳，如果是詐欺犯提出的要求，自然不要照辦。那麼，如果你只是用靜態的認證機制來證明身分的話，例如密碼，銀行要如何分辨真的是你本人，還是其實是在網路假扮成你的「假面惡魔」呢？如果駭客利用網路釣魚、惡意程式、資料外洩等手法，取得你的密碼，那就等於拿到通往你財務大門的萬用鑰匙了。同樣的，你的私人醫療資料也是如此，如果你想要看到專屬於自己的個人紀錄，你得先向醫療院所證明身分，但若僅是使用一組靜態密碼來證明的話，對方很難百分之百確定真的是你本人。

如果你認為——就像大家一直在講的——設個長一點、複雜一點的密碼，並時常變更，就會很安全，那可就大錯特錯了，因為就算這麼做，也還是沒辦法改善密碼機制的問題。數位鑑識專家辛姆森・伽芬凱曾表示：「密碼的長度與複雜性都無法提升其安全性，那只是組織單位用來展現他們很在意資安問題的說詞而已！」二〇〇八年起，有項學術研究發現，長一點的密碼並無法有效提升安全性。一般來說，變更密碼只是把幾個常用的密碼組合交換使用罷了。

網路罪犯一般都不是靠自己去猜出密碼，而是用偷的，可能是從大型組織單位竊取大批資料，可能是監看公用無線網路盜取資訊，也可能是利用電子郵件或惡意程式的釣魚攻擊手段（詳見第208頁），另有可能是利用程式來破解密碼。我們通常都會被告知不要使用搜尋得到的資訊來設定密碼，譬如：母親娘家的姓氏、寵物的名字、小時候住的街道名稱等等。不過，就算是隨機組合而成的字母、數字、符號，也不見得就會比較安全，因為罪犯採取的是上述提到的資料偷竊手法，而偷取長又複雜的密碼或短又簡單的密碼，其實難易度是一樣的。況且，要背起來又長又複雜的密碼其實很難，但寫下來又有安全上的疑慮，使用密碼數位「管理」軟體又很麻煩。

困在不同的密碼層級裡

在此把密碼機制分為五層，而我們一般人都還困在第一層。

- **第一層**：靜態或「通用」的帳號和密碼（每個網站都使用同一套帳密，鮮少變更），我們大多數人都還卡在這一層。
- **第二層**：靜態的帳號和密碼，外加雙重或多重身分認證，所以不只單一密碼，而是要求提供兩組資訊：一個是一次性密碼，欲登入網站或裝置的變動性密碼；另一個是「以使用者個人資訊為基礎的認證」，做為提供給網站的第二項個人保密資訊，我們當中有些人已經進階到這一層了。
- **第三層**：持續不斷變動的完全動態密碼，也就是每次要登入網站時，密碼都會變更，又或會時常被要求變更密碼。
- **第四層**：遠端掃瞄政府製發的身分證明文件來證明身分，此種身分證明文件不會儲存個人身分認證資訊，但透過機器掃瞄能立即傳送資料到有關當局，以利驗證使用者的身分，另一種方式是藉由核對自拍照和身分證明文件上的個人照來證明身分。
- **第五層**：透過政府製發的身分證明文件，由本人親自確認證明身分。此驗證過程中，個人要證明自己的身分時，須出示（附有照片和簽名的）原版身分證明文件和地址證明文件，可透過像是Skype等科技技術來協助完成驗證。

資料外洩與密碼竊賊

是到了該改變密碼使用習慣、脫離第一層密碼層級的時候了！可是，歷史資料顯示組織單位、政府機關、公司行號，遇到電子數位保護機制需要升級更新的時候，步調往往都很緩慢，這真的讓人感到很沮喪。而且，從數位資料外洩歷史事件紀錄來看，我們面對的問題日益加劇，但我們的反應和處理速度卻遲緩無比。

二〇〇五年以前，確實也發生過資料外洩意外，共計有一百三十六起通報案件，但大宗資料外洩案件大多是在二〇〇五年以後才發生的。罪犯可盜取的資料量變多了，資料外洩案件量自然也隨之增加。依據二〇一七年《年度資料外洩事件回顧》（*Annual Data Breach Year-End Review*）的資料，美國資料外洩案件於二〇一七年創下新高，計有一千五百七十九起，受波及的人數高達數十億人，不僅刷新了二〇一六年才創下的新數字，成長幅度更高達百分之四十四點七。現在，就算聽到網路犯罪分子攻破某間大企業的保護網，竊走公司和客戶的錢財和私人資料，大家也不會過於驚訝。資料外洩案件的調查工作發現，每個案件都有個共同點：靜態認證機制與密碼失竊。

二〇一七年底，專門從事調查有多少身分資料被暴露在暗網裡的公司4iQ，找到一支內含十四億筆未加密的身分驗證文字資料的檔案，是至今找到規模最大的資料庫，其資料來源非常廣泛，包含Netflix、LinkedIn、Last.fm網路電台等等。這個文字檔案有41GB這麼大，就這樣被好好地「供」在那裡，連功力不高的駭客也能輕鬆拿來為非作歹。裡頭的資料依據字母排列，可觀察到使用者鮮少變更密碼，且不同的帳號大部分也都使用一樣的密碼，更慘的是，很多密碼到現在都還在繼續使用。

以規模程度來看的話，與上一起大宗身分認證資料外洩案件相比，此筆資料外洩的規模幾乎有兩倍之大。對自己的個人資料安全問題向來漠不關心的人，在得知深藏在暗網裡的不知名駭客可以自由取得靜態身分認證的資料後，也肯定都會驚醒！姑且不論到底是誰該為此類型的資料外洩事件負責，但現在真的是時候來徹底廢除靜態身分認證機制這個罪魁禍首了！

騙子堂——古奇費爾（Guccifer）

全球最為惡名昭彰的駭客是來自羅馬尼亞的計程車司機馬賽爾・萊厄爾・拉扎爾（Marcel Lehel Lazar），也是全球的密碼竊取大盜。他本人承認，使用古馳（Gucci）和魔鬼（Lucifer）結合而成的名字古奇費爾（Guccifer，意思是「風格華麗的魔鬼」），即是潛入網路接管一堆社群媒體和電子郵件的帳號。據悉，拉扎爾在二〇一二到二〇一四年間，竊取了羅馬尼亞政府官員、知名影星和美國政府官員的密碼，成功駭入Gmail、臉書、美國線上（AOL）等社群媒體和電子郵件服務平台的帳號，受害人包含美國前國務卿科林・鮑威爾（Colin Powell）和前總統小布希（George W. Bush）。在未經同意之下，潛入電子郵件和社群媒體帳號後，拉扎爾還公開受害者的私人信件、財務與醫療資訊、私密照片，甚至假冒受害人。拉扎爾先是揭露了希拉蕊・柯林頓（Hillary Clinton）在擔任美國國務卿期間，使用私人電子郵件，後來還公開小布希總統的私人畫作。最後，拉扎爾因非法入侵有密碼保護的電腦和加重身分竊盜罪，被聯邦地方法官詹姆士・卡切里斯（James C. Cacheris）判四年又四個月的牢刑和三年監管。

◇有可以取代靜態密碼的好機制嗎？

一開始，業界為了補強靜態密碼的重大缺失，也為了能同時保護員工和消費者，所以增添另一道身分認證程序，就像前一章提到的雙重身分認證，會同時要求輸入密碼和個人身分識別碼。現今規模較大的網路服務幾乎都已採用雙重身分認證，可簡稱為「2FA」。提款機取款流程正好可用來清楚說明雙重身分認證科技的運用，金融簽帳卡和四位數密碼就是取款時必要的兩道驗證程序。另外，許多公司現在除了要求輸入密碼，還會以簡訊或電子郵件發送四到六位數的交易密碼。

雙重身分認證擴大發展的話，即為多重身分認證，也就是除了雙重身分認證，可另外再輔以權杖或生物辨識機制。不過，多數的作法仍舊脫離不了密碼的框架，因此還是無法根除靜態密碼的問題。

◇為什麼不能用一次性簡訊密碼？

一次性簡訊密碼是有多一層安全保護，但帳號還是會被侵害。舉個例子，德瑞・麥克森（DeRay Mckesson）積極參與「黑人的命也是命」運動（Black Lives Matter），二〇一六年時，麥克森的推特帳號被駭了，還被用來發送支持唐納・川普的言論，但麥克森其實非常反對川普！駭客是如何做到的？

首先，駭客假冒麥克森本人，打電話給威訊電信公司；客服核對過社會安全碼後四碼等靜態安全性提問之後，駭客假冒的身分就算是通過「驗證」了，而駭客其實是利用上網搜尋和社交工程（也就是誘拐他人透露個人資訊）的手段，慢慢收集到這些資訊。身分核對確認通過後，駭客便成功取得新的SIM卡，取代麥克森原本的SIM卡，如此一來簡訊就都會寄發到駭客的手機，順利攔劫以簡訊寄發的密碼，也成功駭進麥克森的多個私人帳號，而這次是推特。

此類型的網路犯罪稱為「SIM卡掉包」，為了堵絕該種詐騙手法，國家標準技術局不建議使用一次性簡訊密碼。因此，雖然一次性簡訊密碼的作法比靜態密碼安全許多，但還是無法提供充足的保護效果。

◇為什麼不能繼續使用帳密管理服務?

帳密管理服務(又稱為帳密金庫服務)的設計概念是:集中一處管理全部的密碼,並設置負責保護敏感性資料的數位「看守員」,如此一來,你只需要一組密碼就可以登入各個網站服務和網路程式。這種集中管理所有帳密的服務,聽起來非常便利又吸引人,但卻留下一處弱點。事實上,有些帳密金庫服務已發生過被攻擊入侵的案例,譬如帳密管理服務OneLogin就曾在二〇一七年被駭客攻擊,且是該服務在兩年內發生的第二起資料外洩事件,其他主要的帳密管理服務商,例如LastPass,也都曾發生類似的資料外洩意外。試想一下,使用帳密金庫服務保護所有帳密資料,避免被駭客盜取的是什麼工具呢?答案是:另一組密碼。正如同十八世紀哲學家托馬斯・里德(Thomas Reid)曾說過的:「鍊子最脆弱的連結點……可能正好說明了鍊子其餘部分的強度。」

◇為什麼我們不能使用生物辨識科技就好？

要是每次有人提出這個問題，都給我一塊錢的話，那我現在應該已經是富翁了！以現今的科技發展現況而言，使用者經驗主宰一切，而生物辨識安全機制迅速發展，已成為隨處可見的應用科技。開啟手機、取得財務資訊、追蹤身體健康狀況等，全都靠指頭輕觸或聲音指令。

就技術核心來說，生物辨識技術其實就是把個人獨特的生理特徵，例如指紋、聲音、虹膜圖案等等，轉換成數位訊號（所以也稱為「類比數位轉換器」）。舉例來說，你對著手機大聲說話，錄製了一段提醒事項，這是類比語音。手機內有類比數位轉換器，可以把你的聲音音波轉換成電腦位元和位元組。如此一來，當你播放錄製的內容時，你聽到的是數位版本的類比語音。

指紋讀取器和臉部辨識器都是依據同樣的運作原理：生理的類比訊號轉換成等同的數位訊號。假設你掃瞄指紋之後，生理特徵被轉換成「數位簽章」：ABC123，該筆數位資訊會用來比對你的生物辨識結果，如果比對正確了，那麼你的身分即獲得驗證。你看到其中的問題點了嗎？設定一組「ABC123」的靜態密碼，和使用

「ABC123」的指紋數位簽章，兩者有何不同呢？答案是沒有差別！生物辨識資訊終究是詮釋你這個人的靜態資訊，而惡意程式則可以攔截、利用這些資訊。換句話說，要是有惡意程式在「竊聽」你的生物辨識資訊，那麼日後就算沒有你的指頭，惡意程式還是可以重新播放這些資訊，並通過身分驗證；沒有好好保護而被重新複製風險這點，生物辨識資訊其實就跟一般密碼一樣，只是多了一道無法一眼看透的安全假面罷了。

生物辨識技術的確很方便，使用者也不用花太多力氣，且指紋終究無法透過電話提供給歹徒，所以也或許會比較安全，不過生物辨識的資安爭議核心其實是落在運作的方式：生物辨識資料已經儲存在裝置裡了。因此，我們一定要保護好資料，避免被重製、利用。生物辨識身分認證吸引人的地方，在於侷限特定某位人士所具備的特徵，但也因為這個原因，生物辨識的潛在風險釀成的傷害會非常巨大，一旦發生問題，可就不是重設密碼就可以解決的了，更沒有其他快速的處理程序。

生物辨識技術帶來的威脅是全球性的問題！印度專屬識別管理局展開一項全國性計畫，為每位公民設置專屬識別碼，這套阿塔系統（Aadhaar）已成為全球最大的生物辨識認證系統。可是，正如同其他伺服器一樣，阿塔系統也容易遭到駭客攻擊；自系統架設完成以來，阿塔系統就不斷有資料外洩疑慮的問題。根據報導，該系統有十多億筆個人資料被外洩出去，還被放上網路賤賣！這數字十分駭人，也顯現有必要加強擴大預防措施。總結來說，生物辨識機制的核心問題仍未有解決之道：一旦我們的資料被偷了，我們其實很難變更我們的「憑證」來預防往後再次被攻擊。

◇為什麼我們沒有政府層級的身分資料庫？

美國沒有可以辨識、驗證每一位公民身分的聯邦層級系統。護照系統算是最接近的機制，但全美僅有一億三千七百萬人持有護照，只約占總人口數的百分之四十二。另外，每州都各自有管理系統，而確認居民身分的方式主要是採用機動車管理機構發出的駕照，或是州民身分證；當你因違反交通規則，被警察攔下來的時候，警察會要求查看你的駕照，而非要你輸入帳號密碼。不過，並不是每一州都具有對等的安全標準，所以美國其實並沒有一致的安全管理準則。美國公民自由聯盟等數個組織，還有許多人都認為國民身分證會侵犯隱私，因此就國民身分證的使用範圍一事，仍無從達成共識。

有些國家的銀行會印製智慧卡，使用者可在銀行裡或其他地點，透過電腦讀卡機來操作使用。智慧卡和讀卡機的設計，乃是為了把智慧卡裡的安全資訊傳送到銀行，以驗證使用者的身分。但是，這樣的作法成本比較高，消費者還得隨身帶上卡片和讀卡機，且也無法杜絕電腦裡的惡意程式問題。要是系統設計哪裡出錯了，惡意程式就能「竊聽」智慧卡傳送出去的資訊，然後重新複製。要解決這個問題實在不容易，也因此讓網路騙子有機可趁，輕輕鬆鬆就能順利盜用身分，成功假冒受害人。

為何我要擔任新創公司Trusona的顧問？

幾年前，我有機會到某間致力於取消密碼機制的公司擔任顧問，你可以想見我有多麼渴求這樣一個可以提供一己之力的機會。Trusona的公司名稱結合了「真實」（true）與「性格」（persona）兩個字，致力於揭開網路上匿名潛水人的面罩，好讓帳號真正的擁有人可以確實證明自己的身分。我也相信，這麼做可以為密碼的問題帶來解套。

Trusona協助企業讓消費者可以戒斷密碼的使用習慣，這是好事！該公司的技術可讓企業透過手機軟體來驗證使用者的身分，而使用者也可以開始免去背誦、更新靜態密碼的麻煩，其作法是連結使用者的手機裝置（非電話號碼）和帳號，這麼一來就只有真正的帳號擁有人才能通過身分驗證。要登入手機軟體需要有實體「權杖」和六位數密碼，還要掃描駕照之類的證件，且該軟體具備真偽辨識功能，假證件或副本證件都會被拒絕。此外，這個作法也比密碼機制更加方便簡易，只要會拍照，就會使用這項新技術，就是這麼簡單！

Trusona率先發起了「#密碼斷捨離」（#NoPasswords）運動，我也常在我的簡報演說中提到該公司的願景，期待能看到更多大大小小的公司行號，一起加入密碼斷捨離運動，這樣才能形成足夠的力道，終結密碼這個壞東西的發展。每個人都可以下載、申請加入Trusona手機軟體，試用看看這個簡單易操作的新科技。另外，如果你常光顧的網站有提供雙重身分認證機制，你也可以選擇使用（像臉書就有提供雙重身分認證）。你也可以按著下列的小技巧，優化你的密碼安全度。

與此同時……

隸屬美國商務部底下的國家標準技術局為不具監管功能的聯邦機關，致力於推廣創新發展。二〇一七年五月，國家標準技術局修正了密碼推行使用辦法與準則。縱使國家標準技術局制定的辦法與準則，乃是針對聯邦機關，但是私人企業與一般市民也應該要留意該辦法對密碼使用提出的建議。在我們一起逐步邁向擺脫密碼機制的同時，也要顧及密碼的保護，在此整理出最能有效保護密碼的專家建議作法。

- **不要老想變更密碼**。就良好的密碼安全性而言，經常性變更密碼反而會適得其反，因為大家傾向於幾個密碼輪流使用，這是人的天性，很難改變。同時，變更新密碼會很容易忘記，況且不管密碼是時常變更或是鮮少更換，其實都一樣會遭竊。不過，要是電子裝置被偷了，一定要立即變更密碼！
- **密碼簡單就好**。許多研究頻頻指出，強迫使用含有符號、混合英文大小寫字母等規定的複雜密碼，其實只會讓密碼更加不安全罷了。
- **篩選密碼**。國家標準技術局表示，可以拿新密碼跟常見密碼清單、受侵害密碼清單進行比對與篩選，這道工絕對值得！舉例來說，你可以到Enzoic.com和Passwordrandom.com這兩個網站來篩選密碼。

- **密碼不重複使用。**不同的網站，一定要用不一樣的密碼，電子郵件、網路銀行、社群媒體等帳號使用同個密碼是很危險的行為！就算是已經很多年沒有使用的舊密碼，也不要撿回來再用，因為失竊的密碼可能會被用來登入不同的網站服務。
- **不要使用與個人有親密連結的資訊。**不要使用下列資訊做為密碼或是安全性提問的答案：喜愛對象的名字（含寵物）、娘家姓氏、故鄉地名、生日、結婚日期，以及所有可以從網路上收集找到的資訊。
- **不要讓電腦儲存帳密。**千萬不要在公用電腦裡儲存密碼，也不要點選「記得我」選項，不然下一位使用者就能簡簡單單登入你的帳號了。
- **使用不常見的密碼。**絕對不要使用常見、易被駭的密碼組合，如：「123456」、「qwerty」（鍵盤字母鍵上方第一排由左而右的排序）、「password」。雖然密碼駭客案件多為犯罪組織縝密計畫所為，因此密碼不會是用猜的，而是直接偷竊到手，但是單獨行動的駭客為了竊取你的資料，還是得猜出你的密碼，不要要讓他輕易得逞！基於同個理由，何不試試複雜的密碼，例如「70YrS@n%styll&LUVN^Lfe!?」，只要用個只有自己知道的一句話，就可以記得這個密碼了，例如：「七十年了還是熱愛生活！」（70 years and still loving life!）。

- **當聰明人，保護手機。**平均每三人只有一位的手機設有密碼保護，大家務必都要設定密碼保護手機！但是，不要選用像是自己的出生年份或日期這種很好猜的密碼，也要避免使用一些常見的密碼，如：1234、0000、2580（手機鍵盤由上而下的排序）、5683（拼出來等於是英文的愛〔love〕一字）。
- **替密碼做小抄。**把密碼記錄下來是可以的，但不要儲存在手機或電腦裡，否則一旦手機被植入惡意程式，那就完蛋了。比較恰當的作法是用紙筆記下密碼，放在安全的地方，且最好只記下密碼的提示說明，不要真的如實寫下完整的密碼組合。

不行動的代價

寫這本書的時候，我也正好開心迎來七十歲，我從過往的歲月中學習到一件事情：就算是好的改變，也需要時間，更需要意志力的幫忙。我既擔心又憂愁，想著若整個業界沒有聽到我們的呼籲，沒有捨棄密碼機制的話，那以後會變成什麼樣子？我們得採取行動，不行動的代價實在太大了！網路犯罪之所以要竊入資料庫，偷取帳號和密碼，其目的是為了使用者的身分，因為有了身分、有了帳號認證，在暗網就成為「可買賣的贓物」，身分可以變賣成現金或電子貨幣，例如比特幣。身分一旦被賣掉了，犯罪分子到手的錢多會再投入其他非法行為，犯下更多違法情事，這一切的後果比單純被偷錢還要糟糕上百倍！

不行動——維持現狀——等於我們對「壞蛋」認輸，如同地位崇高的英國議員艾德蒙・柏克（Edmund Burke）曾說過的一句名言：「壞蛋勝出的唯一要件，正是良善的人不採取任何行動。」

第四條準則：

看好自己的溫馨小窩

不斷打來的電話：自動語音電話與騷擾電話

我每天都會聽到有消費者因強力電話推銷而受騙上當；可能是手機，也可能是家用電話，你或許也曾接過，甚至可能每天都會接到，有好幾百萬人都曾接過這種強力推銷電話。近幾年來，電話行銷的騷擾行為、對方付費電話來電、非法的自動語音電話等案件量急速成長。第一獵戶座電話管理公司（First Orion）的報告指出，現今有一半的手機來電都是詐騙電話。聯邦貿易委員會的官方紀錄顯示，二〇一七年總計收到四百五十萬件自動語音電話的申訴案件，是二〇一三年二百一十八萬件的兩倍以上，而打電話的一方——很多都是詐騙分子——每年約投入四億三千八百萬美元來撥打自動語音電話。二〇一九年五月，聯邦貿易委員會與四間公司達成協議，因為這四間公司總計撥打了價值數十億美元的非法自動語音電話，但打擊非法自動語音電話行動仍在持續進行；依據協議內容，這四間公司不可再撥打非法自動語音電話，否則就會被罰款，但是撥打非法自動語音電話所創造的營收可是一般電話的二十多倍，每年可帶來近一百億美元的營收，其獲利之豐碩可見一斑，也難怪撥打通數會飛快成長。

二〇一八年四月，紐約州檢察總長艾瑞克・施奈德曼（Eric Schneiderman）呼籲消費者，警告有件鎖定擁有中文姓氏對象的詐騙案；詐欺犯會打電話來聲稱是中國領事館員工，要求受害者付錢，否則下次回中國的時候會被拘捕，又或是威脅會有不好的下場；紐約市警察局表示，計有二十一位中國移民人士受騙，共被騙取了二百五十萬美元。此件詐騙案只是每日多起詐騙案中的其中一件罷了，雖然詐騙內容和目標對象可能會有所不同，但可從同樣有虛假說辭與雷同的要求內容，學習辨認詐騙電話，知道得立即掛掉。電話詐騙客會佯裝成國稅局、微軟、轄區內的警察局或消防局、慈善單位、中國領事館或其他國家領事館，以及任何一間聽起來頗為正式的單位，目的是為了博取你的注意與信任。

即便詐騙內容和目標對象會有所不同，但為了獲取你的注意和錢財，詐欺犯吐出來的說辭和內容都是虛假的。那該如何辨認詐騙電話呢？

識破詐欺犯

‧國稅局絕不會在沒有預先多次透過郵寄信件聯繫你的情況下，就打電話來告知你有積欠稅款。（詳見「國稅局與稅金詐騙」一章）

‧若你接到微軟或蘋果電腦主動打電話來，告知你的電腦中毒了，那這通來電極有可能是詐騙電話。

‧聲稱是警察局或消防局的募款電話，多為騙子所為。若你想捐款給轄區內的警察和消防人員，那你可以直接打電話過去，詢問該如何捐款。

‧他國領事館不會打電話或發電子郵件給你，要求你支付費用或罰金。

‧健康保險交易市場（政府依據《平價醫療法》〔Affordable Care Act〕設立之平台）並不會使用自動語音電話來推銷保險方案，所以聲稱是來自健康保險交易市場的自動語音電話都是釣魚詐騙，目的是了要收集個人資訊。聯邦貿易委員會指出：「若你接到語音錄製的業務推銷電話，但你未曾書面授權對方可撥打電話給你，那麼這通電話就是違法的了！不要按下數字鍵1，要求與對方工作人員通話，也不要想在電話裡要求對方把你從電話名單上移除，更不要提供你的個人資料！若是回應了，那你可能會接到更多通這類電話。欲了解州內健康保險的資訊，可上官網www.healthcare.gov查詢。此外，若接到這種電話，請立即通報聯邦貿易委員會。」

來電目的若是為了取得個人資訊或財務資料，即揭露了這通來電是詐騙電話，有時甚至還會遇到語帶威脅、命令口吻的來電，最好的作法就是：連接都不要接！只要是你不認識的電話號碼，通通不要接！不過，有些詐欺犯有辦法假冒電話號碼，所以務必確認來電顯示的號碼真真確確是你熟識對象的號碼，而不只是有點像而已。總歸來說，如果你沒接電話，而對方真有要事，肯定會留言給你的。

如果你接起電話後，發現是騷擾電話，那就趕緊掛掉！就算語音告訴你可以按8或其他號碼，好把自己的號碼從電話名單上移除，也不要按任何按鍵，因為對方壓根兒就沒有打算把你從名單上移除。你接起電話之後，系統就會播放自動語音電話，或轉接到電話中心，而電話中心裡有一大群絞盡腦汁要收集財務資訊和個資的接線生在等著你。如果電話接起來是主動來接洽的「真人」電話行銷，也趕緊掛上電話；如果是你不認識的聲音打來的，那也速速掛上電話。絕對不要提供自己的資料給對方！

若是你曾光顧過的合法公司行號，而你也曾要求對方不要打電話來推銷，可是對方仍繼續打來的話，那也是違法行為；遇到這種公司，務必要讓對方知道你不堪其擾，請對方不要再打來了。依據法律規定，對方應要停止撥打電話給你，否則就觸法了。

案例故事

有些詐欺犯會假冒成合法正派經營的公司行號，企圖遊說你提供資料，以利竊取你的身分。尚娜・迪克思（Shanna Dix）和朋友向威訊公司提出手機更換申請，就正好遇到這種詐騙。此詐欺手法會先撥打一通禮貌性詢問電話，主動表示要協助設定新手機。

尚娜在臉書上寫道：「我手機接到一通來自Verizon Wireless〔800-922-0204〕的自動語音訊息，要我按1表示需要協助設定手機，或是按2取消來電詢問。我按了2，因為我的手機已經設定好，能使用了。」到了週一，尚娜說有連續三通來電，皆是同個800免付費電話號碼，她接起第三通，打算跟對方說她不需要手機設定的協助。尚娜寫道：「不像上一次自動語音電話，這次是真人來電。所以，我開始解釋我不需要他們的服務，但對方卻說來電目的不是為了手機設定。」

對方告訴尚娜，公司正在進行4G LTE網路升級，還解釋需要傳送一組代號到她新更換的手機，這樣才算完成設定。尚娜聽完這串說明倒是愣了一下，因為她的手機已經設定好，也已經能用了。不過，尚娜手機收到的代號看起來的確像是威訊公司寄過來的，且電話號碼就跟上次威訊主動寄來的簡訊是同個號碼。她於是把收到的簡訊代號慢慢地唸給對方聽，好讓對方能夠聽懂，因為「他的英文好像沒有很好」。對方繼續跟尚娜解釋，雖然是升級了，但帳單費用維持不變，並告知升級過程中，可能偶爾會發生沒有訊號的情況，所以為表示歉意，公司會在下一期帳單中，提供七五折的優惠。掛上電話之前，對方還跟尚娜說：「願主保佑你！」尚娜解釋道：「雖然有一瞬間我感到很窩心，也很開心，但也是在那一瞬間點醒了我，這事有蹊蹺！」

尚娜立即拿起電話撥給威訊，說明事情的來龍去脈。真正的威訊客服問尚娜，剛剛是否有購買三支新手機，尚娜表示沒有，她並沒有下單購買新手機。接著，客服把尚娜轉接到反詐騙部門，協助提出詐騙申訴。「我實在很幸運，因為這筆訂單還沒來得及處理和發貨。」尚娜寫道：「要是我沒有打電話給威訊的話，我……恐怕還得花時間週旋處理這筆麻煩的高額帳單。」讓我們來看看這整起詐騙案背後的過程，到底是如何運作的？

詐欺犯有能力假冒威訊客服的電話號碼（也就是在來電顯示號碼上動手腳，掩蓋掉原本的號碼，而此案例中，手機顯示出來的是威訊公司的號碼），也取得了尚娜的手機號碼，以及尚娜最近有提出手機更換申請這件事情。至於尚娜手機收到的代號簡訊，則真的是威訊公司官方發送出來的，只不過這封簡訊是詐欺犯向威訊申請發送到尚娜手機的。此時，詐欺犯已成功盜取尚娜的身分，更換掉尚娜原本的帳號密碼後，也順利登入購買了三支全新的昂貴手機。

後來，尚娜詢問威訊日後該如何避免再次遇到身分竊盜，公司的回覆是，威訊絕不會使用客服電話打給顧客，此外，要是公司真有需要打給顧客，來電顯示也不會出現「威訊」，而會是「未知號碼來電」。若你認為自己真的接到威訊公司的來電，那麼比較好的作法是掛上電話，然後撥打公司官網或帳單上的公司電話號碼，確認剛剛接到的來電是否屬實。

詐騙獲取的快錢

遇到看起來是合法經營且認識的機構單位電話號碼，我們很容易就直接採信對方說的話，且這種違法的詐騙行為潛伏很深，因此執法單位很難事先預防。打電話來的騙子會「謊騙」來電顯示，讓號碼看起來是合法無害的單位，可能看起來像是當地的電話號碼，也可能像是某個認識的機關組織名稱。不只電話號碼看起來沒有問題，電話裡的詐欺犯也非常會說服人，他們聽起來好像很了解你，連你的帳號資訊、住家地址、工作地點都瞭若指掌。此外，要是你接起電話，聽到的是預先錄製好的電話行銷語音，你得知道無論你有無加入謝絕來電登錄計劃，除非你有書面同意接聽該單位的電話推銷，不然這通電話就是違法行為。

謊騙來電顯示也有合法的時候

尚娜接到的那通電話肯定是違法的，不過謊騙來電顯示有時倒是合法行為，且未必是件壞事。什麼樣的情況下，謊騙來電顯示會是合法的？這部分得視動機而定。依據《真實來電顯示法案》（Truth in Caller ID Act），聯邦傳播委員會裁定禁止「為謀騙、傷害他人，或是不法取得任何有價物品之目的」，發送具誤導性或錯誤的來電資訊，而法律允許的謊騙來電顯示，其目的則是為了協助或依法保護致電者與接聽對象。

舉例來說，新聞記者撥打電話給線人或告密對象，為顧全機密性，可能就會謊騙來電顯示；家暴受害人打電話時，為了隱藏自己的身分和位置，也可能會謊騙來電顯示。我之前有位朋友被前夫跟蹤，她每次要撥打電話給前夫也認識的友人時，都會使用軟體隱藏自己的電話號碼。

還有，營業單位或其他組織單位打電話給你時，來電顯示出現的是公司代表號或800免付費電話號碼，而非致電專員的桌機電話號碼，這麼做也是合法的。舉例來說，當你接到AARP樂齡會總部打來的電話時，來電顯示會是樂齡會的電話代表號，而不是負責拿起電話打給你的那位員工的個人桌機號碼。

此外，你的號碼也會被拿來謊騙成來電號碼；若你接到電話，對方跟你說來電顯示出現的是你的號碼，但你確實未曾撥電話給對方的話，那就表示你的電話號碼很有可能被拿去謊騙了。此時，你可以跟對方解釋你未曾撥打電話過去，自己的號碼可能是被冒用了，另可考慮在語音信箱留言，讓打給你的人都知道你的號碼被謊騙了。不過，詐欺犯更換謊騙來電號碼的速度非常快，所以也有可能在幾個小時過後，就不再冒用你的號碼。

封鎖來電

該如何封鎖自動語音電話和騷擾電話，好讓這種電話壓根兒就打不進來呢？非法自動語音電話大多都是（預先設定好的程式）照著電話號碼序號逐一撥打出來的，所以事前根本就不知道誰會在電話另一頭等著接聽，目的只是為了確認是否有人會接聽電話，這樣詐欺犯才知道此號碼是否為「活的號碼」，也就是電話另一頭是否真有可以行騙的潛在目標對象。活的電話號碼會被當作潛在行騙對象，賣給其他自動語音電話的詐欺犯，造成電話號碼主人接到更多通自動語音電話。接下來就告訴你，該如何杜絕騷擾電話。

首先，你得先加入謝絕來電登錄計劃，以阻擋掉業務銷售電話。只要上www.donotcall.gov網站，就可以免費登錄電話號碼，或是直接拿起想要登錄的電話，撥打888-382-1222（聽障服務專線〔TTY〕：866-290-4236）即可，你最多可以登錄三組電話號碼。完成登錄後，慈善機構、政治團體、債務催收機構、民意調查單位等組織，以及最近和你有業務交易往來，或有取得書面同意可接洽你的公司行號，還是可以撥打電話給你。不過事實上，該計劃只能阻絕掉單純想來銷售商品的正派公司，卻擋不掉詐騙分子的來電。要避掉詐騙電話，降低接到詐騙電話的機率，最好的作法是不要接不認識的電話來電，就讓電話直接進入語音信箱，你會發現很多來電根本就都不留言，這表示這通電話可能只是要確認你的號碼是不是活的。

若你想要在iPhone上封鎖某個電話號碼，可在聯絡人裡點選電話號碼旁邊的資訊符號（字母i加上一個圈圈），接著畫面就會跳出清單選項，點選「封鎖此號碼」或「封鎖此來電者」的選項，即可成功封鎖該號碼。安卓手機的部分，須先點選電話號碼，接著選擇「進一步資訊」，再點選「封鎖此號碼」。不過，這個作法只能封鎖曾經打過電話來的號碼，且你得自己重複這個枯燥的流程，才能逐一封鎖每一個電話號碼。

有些手機系統軟體可以自動封鎖匿名來電，視各類型的手機功能而定。許多安卓手機已能封鎖掉所有的不明來電：進入「設定」選項，點選手機符號，找到封鎖電話選項，接著就可以封鎖掉全數沒有顯示電話號碼的不明來電。許多iPhone手機的設定功能裡，可以選擇開啟「勿擾模式」，限制只有「常用聯絡人」和「所有聯絡人」可以打電話進來，因此只要不是你聯絡清單上的人，電話都撥不進來。你也可以到App Store下載靜音的手機鈴聲，並設定為預設鈴響，接著到聯絡人清單，幫每一位聯絡人設定不同的鈴聲，這麼一來，手機只有在聯絡人打電話來時才會響，不過往後只要是你想要接聽的來電，都得逐一新增聯絡資訊才行。iPhone和安卓手機上，還有些免費和付費的封鎖匿名來電軟體。有些折疊型手機也可以設定封鎖來電，只不過封鎖技術不如智慧型手機先進，可封鎖的電話筆數也可能有限制，且所有操作都得靠手動逐一完成。

可是，這麼做會有個問題：全面封鎖不明和匿名來電有可能會擋掉合法無害的電話。舉例來說，如果家人在外使用朋友、鄰居、醫院的電話打給你，但這些人並不在你的聯絡人清單上，那怎麼辦呢？此外，有些專業職業人士，像是醫生，撥打電話出去時，也可能會把電話號碼隱藏起來。如果你正在等這麼一通重要的電話，而你手機設定的封鎖功能可能會阻擋掉來電，那你可以先暫時解除封鎖功能。簡而言之，只接聽認識的電話號碼，並封鎖掉其他電話號碼之前，請務必好好衡量其中的利弊得失。

電信業者和第三方提供的服務

由於騷擾電話真的就是……非常擾人，所以不論是手機、網路、傳統電話的業者，皆有設置系統，提供封鎖不想接聽來電的服務，當然手機軟體也有提供同樣的服務。所以，上網做點功課，了解相關費用（有些是免費服務），也可以參考專家和使用者的評價，我在此也提供一些建議供讀者參考。

現今的電話服務已能主動告知來電可能是騷擾電話或自動語音電話，其來電顯示會出現「Spam?PotomacMd」或「可能是詐騙電話」的訊息。以下整理出主要電信公司提供的附加服務，請與相關業者聯繫，以了解細節資訊與費用。

- AT&T推出「來電防護軟體」，其設計用意是要警告使用者來電可能是垃圾電話，預防使用者接到詐騙電話。

- Sprint推出「進階來電顯示服務」，可辨認出不在手機聯絡人清單上的來電，並會標示出來電者的性質類別，以及低、中、高三種詐騙風險等級。這麼一來，使用者就可以決定是否要接聽電話，或是直接封鎖電話號碼，避免對方再次來電，又或是通報該支電話號碼，協助電信公司辨認垃圾電話。
- T-Mobile推出「來電身分識別軟體」、「詐騙來電軟體」、「封鎖詐騙來電軟體」；其中詐騙來電軟體會通知使用者這支電話是否可能是詐騙，而封鎖詐騙來電軟體可阻擋掉所有可疑的詐騙電話，避免詐欺犯找上使用者。
- 威訊推出「來電過濾軟體」；具有偵測垃圾電話的功能，如果來電可能是垃圾電話，軟體就會發出警告，另有垃圾電話通報的功能，可讓使用者協助通報垃圾電話號碼，增強電信公司的垃圾電話偵測功能，另外還有封鎖垃圾電話的功能，方便使用者自行設定要過濾的來電和建立專屬封鎖清單，直接自動把電話轉到語音信箱。

你也可以使用第三方的軟體來過濾來電，其作法大多都是統整詐欺犯電話黑名單，然後加以封鎖，避免使用者接到電話。在此列出幾種軟體，供讀者參考：Hiya、

Mr. Number、Nomorobo、RoboKiller、Truecaller、YouMail。

最後，還有一種作法是在傳統電話上，加裝封鎖來電的硬體裝置，相關產品的品牌有CPR、Digitone、Tel-Lynx、景道（Sentry）。為了預防使用者接到騷擾電話，這種裝置可用來封鎖上千個預先設定好的已知騷擾電話號碼，另外使用者也可再新增號碼，該種裝置的價格一般都落在一百美元以下。

當然了，科技技術持續不斷發展，所以當你購買新手機或更換新的電信服務業者時，務必記得詢問最新的封鎖來電技術與服務。

「是的」詐騙案

有些詐欺犯會錄下你説的話，當你否認自己曾訂購某本雜誌或某項服務時，他們就會拿出錄音檔當作你有訂購的證明，其運作方式為對方打電話來，聲稱手上已有你的帳單資訊，只是要和你做個確認，對方唸出資訊後，詢問你內容是否正確，一旦你回答：「是的」，那麼對方就錄到你表示同意的錄音了。還有的情況是對方只是打電話來，問了一聲：「你聽得到我講話嗎？」就可以錄到你開口回答：「是的。」然後就可以用來跟你詐取透過電話授權交易的消費款項。此種詐騙手段到底有多常見尚不清楚，也不確定是否真有人受害被騙了錢，不過聯邦傳播委員會相當正視這個問題，並於二〇一七年三月發出「是的」詐騙案的警告通知。

此外，詐欺犯或自動語音電話提供的免費服務、禮物、旅行，根本就都不是免費的，你得負責支付把禮物送到你家的郵資費用和處理費，又或是得支付登錄費用或服務費。此外，要取得這所謂的「免費」禮物，你還得提供信用卡資料和地址。（切記：「免費」應該就真的是完全免費；如果標榜「免費」卻要你拿出一毛錢，那就不是免費了。）

擊退騙子！如何阻絕怪人來電？

執法單位竭力制裁非法自動語音電話，但電話中心遠在地球的另一邊，所以實在不是件容易的任務。與此同時，我們可以了解自己可以採取哪些行動，以利減少接到詐騙電話的數量。

●**選用封鎖自動語音電話的服務**。聯繫電信公司，詢問相關服務和封鎖電話硬體裝置，或是查看相關的第三方應用軟體。

●**直接忽略**。遇到不認識的電話號碼就乾脆不要接，這樣你的號碼或許就會從清單上被移除，又或是被移到清單最後面的排序。不過，有的時候，壞蛋還是會不停打電話進來。

●**口風收緊**。若接到不知名的電話號碼來電，先別出聲，因為一旦出聲就會啟動自動語音，或是被轉接到電話中心，接著就會出現企圖想挖你個資和財務資訊的接線生。不出聲的話，通常在幾秒內，自動語音系統就會掛斷電話，且一般來說，這支電話也不會再撥打電話給你。如果電話是「真人」接線生打來的，那就讓對方先打破沉默吧！反正聽到不認識的聲音，大可直接掛上電話。另外，當然也不要給來電者你的帳戶資訊、社會安全碼、個人身分識別碼、地址、戶頭號碼等資料，也不要提供你往來銀行的名字和匯款路徑號。

●**再次確認**。若你覺得剛才打來的電話應該是合法無問題的，那麼你可以按照該公司印在帳單、信用卡背面、官網上的電話號碼，或是該公司於電話本登錄的號碼，又或是你曾和該公司聯繫過的電話號碼，打過去詢問你剛剛接到的電話號碼。你可能會發現自己的直覺是對的，因為剛剛那通電話果真是要來對你下手行騙。

- **學會知道要避開哪種電話。**最常見的電話詐騙是保證型推銷，承諾可以幫你減輕債務、降低信用卡利率，幫你申請預先批准型貸款等等，提供免費或實惠的假期、分時度假房屋、居家保全系統、醫療器材，幫你取得更好、更便宜的健康醫療保險，或是直接假扮成政府單位、公共事業處的工作人員等也算是很常見。其實大可直接掛掉這種來電，但如果你覺得電話可能是合法無害的，那你可以自己找到該事業單位的電話，然後打過去問個明白。
- **問自己：今天正好是「那幾天」嗎？**研究顯示，自動語音電話案件比較常發生在週五和週二，所以這兩天尤其要提高警覺。
- **可以考慮是不是要換個電話號碼。**詐騙電話最常攻擊的區碼是亞特蘭大市、達拉斯市、紐約市、洛杉磯市、休士頓市、芝加哥市、馬里蘭州的巴爾的摩市、鳳凰城、紐澤西州的紐瓦克市、舊金山灣區。如果你的電話號碼區碼剛好是以上這幾個地方，只是變更電話號碼，但區碼不更動的話，恐怕無法降低接到騷擾電話的可能性。

因此，可以考慮打給你的電信公司，要求把你的電話號碼變更成其他比較少被自動語音電話攻擊的區碼（區碼後面七位電話號碼搞不好有機會維持不變）。

- **通報詐騙電話**；向聯邦貿易委員會和謝絕來電登錄計劃，通報接到的詐騙電話。這麼做或許對於自己接到的這通詐騙電話無所助益，但把電話號碼加入黑名單之後，對未來的防治工作會大有幫助。
- **提出訴訟**；依據《美國一九九一年電話消費者保護法》（Telephone Consumer Protection Act of 1991）的條款規定，消費者擁有權利，可以把違法撥打自動語音電話者帶上法庭，但前提是你要能指認出對方是誰。我個人不確定提告對大多數人來說是否夠務實，但若覺得自己不堪自動語音電話的騷擾，也找不到其他方法解決的時候，或許提告也是個選項。

賓州哈馬維里鎮的保羅・德穆斯（Paul DeMuth）就決定訴諸法院，控告撥打自動語音電話的業者。德穆斯因故遲繳學生貸款，而其貸款公司納比亞公司（Navient）開始不斷地撥打自動語音電話，就算德穆斯已經告訴納比亞公司別再打電話來了，但電話還是持續不斷進來，而該公司的錄音檔案證實了德穆斯的控訴。有一回，一樣是接到自動語音電話，德穆斯轉接上真人客服，要求納比亞公司不要再打電話過來，可是六個小時過後，德穆斯又接到一通納比亞公司的來電，德穆斯只好再次告知不要再打來，因為這行為已經快構成騷擾了，可是電話還是一直進來。獨立仲裁人調查發現，納比亞公司在兩年之內，總共撥打了兩百通未經授權的自動語音電話給德穆斯，最後該公司被判支付德穆斯約三十萬美元，並可扣除德穆斯尚欠的學生貸款一萬五千七百美元。

小心響一聲就掛斷的電話

只響一聲就掛掉的電話來電，通常是為了要引誘你為了想知道是誰打來的而回撥。尤其要留意268、284、809、876這幾個區碼，因為它們其實是從加勒比海國家撥打的電話，每分鐘通話費率特別昂貴。要是接到響一聲就掛斷的電話，千萬別回撥！

只要有這種掠奪性銷售手法存在的一天，或是有詐欺犯活在地球上的一天，自動語音電話就不會消失。科技技術持續發展，力圖保護我們遠離以電話做為武器的犯罪分子。但在電話系統發展到能讓我們只接聽到願意接聽的來電之前，我們或多或少還是會接到不想接聽的麻煩來電。

影響甚鉅的房地產詭計

住家被勒索絕對會是很嚴重的創傷，因為住家是很貼近一個人的地方，而且對許多人來說，住家可是最重要、最大筆的資產。行騙高手看上的不只是我們自己買的房子，也會盯上我們租來的房子、短期度假房屋，和住家修繕工程。本章我們要來探討房地產詐騙是如何發生的？以及了解該如何進行預防，提前發現詐騙跡象。

住宅詐騙的目的是為了騙錢或騙取房子，而相關案件持續不斷出現，未曾消失過，但其操作方式會隨著房市趨勢轉變而有所改變。就跟房價變化一樣，房地產詐騙也會隨著房市的供給與需求狀況，挑選詐騙對象。正如二〇〇五年房市泡沫來到最高峰，常可見到的詐騙手法就是不肖仲介的掠奪性貸款，也就是誘使貸款人支付鉅額費用和高利率的不誠實、不道德行為。

當房市泡沫破裂了，騙子就會改變手法。由於此時自宅所有人可能會面臨難以支應稅金和房貸的問題，所以詐欺犯會假借調整貸款方案和重新貸款之名，迫使受害人的房貸「溺水」（即房屋貸款的金額超過住宅的市場價值）。掠奪型詐騙會找上付不出房貸的屋主，試圖誘拐騙走房屋所有權狀。行騙高手也會剝削被迫搬家的房客，誘使支付鉅額押金，或是租下其實根本就不存在的房子。同時，還有假期詐騙和分時度假房屋詐騙，以及房屋修繕詐欺，全都持續不斷在折磨消費者。詐騙案本身也會反應出經濟的發展狀況；景氣好的時候，比較多人會出門度假、購買分時度假房屋，所以度假詐騙案也會比較多；而景氣蓬勃之際，或是剛發生過天災的時候，比較多人需要整修房子，此時不老實的承包商也會莫名冒出來。

州政府和聯邦政府施行越來越多打擊詐騙的措施，但現在隨著市場逐漸復甦，各種類型的房地產和假期詐騙依舊存在，導致我們很難知道到底誰才值得信任。本章將會協助讀者釐清人選，找出可信任的對象。

騙子堂——羅森兄弟與海灣美國地產公司（Gulf American Land Corporation）

「如果你連這都信，那我在佛羅里達州的沼澤地也可以賣你。」※古諺說的道理往往都是真理，這句源自一九二〇年代沼澤地詐騙案的古諺也不例外。時間快轉到一九五八年，李奧・羅森（Leonard Rosen）和傑克・羅森（Jack Rosen）兩兄弟成立了海灣美國地產公司，專門從事佛羅里達州的土地買賣，買家有來自紐約市、芝加哥市、底特律市、馬里蘭州的巴爾的摩市，甚至還有海外買家。

羅森兄弟買賣的土地，從一九二〇年代開始，一直都是無法施工蓋建築物的沼澤地（現在稱為濕地，多為受保護的區域），直到現在也還是不能。兩兄弟常會以郵件往返的方式來銷售土地，而銷售對象都是未曾親眼見過這塊

※源自美國知名詐騙犯喬治・C・帕克的事蹟，他曾騙過他人，以為可以透過他買下布魯克林橋、自由女神像等美國知名地標。常用諺語為「If you believe that — have a bridge to sell you.」（如果你連這都信，那我有座橋可以賣你），後引申為某人容易受騙上當。

土地的買家。兩人藉著廣告技倆，讓買家想像在佛州沙灘旁，或甚至是在沙灘上，擁有一棟熱帶風情的住宅。有些買家曾搭乘兩兄弟承租的小型飛機巡視這塊土地，但完全沒有機會可以就近觀看，自然察覺不到這塊地的爛泥根本就無法蓋地基，更別說是看到任何一棟完整的房子聳立。

一九六七年，佛州土地買賣委員會起訴海灣美國地產公司和羅森兩兄弟，控告他們操用誘騙、誤導的業務行銷手法。兩兄弟前後騙了一千三百位買家買下局部排乾的溼地，且聲稱這些地有天會開發成社區和鄉村莊園，但實際上這些土地根本就無法建造任何建築。該公司被勒令停業，而這些土地至今仍多為空地。這讓此起詐騙案榮登我們的房地產詐騙騙子堂！

分類廣告詐騙案

網路廣告詐騙剝削了消費者數百萬美元！前陣子，我到一間餐廳用餐，在裡面工作的一位年輕人，問我是否可以單獨和他講個話，我回說：「當然可以。」心想應該是需要什麼建議，或是要簽名之類的（真的有人會跟我要簽名喔！），不過這位年輕人卻拿了張支票給我看，問我認為這張支票是否是真的。

我先反問他是如何拿到這張支票的，他跟我說：「其實我之前有在克雷格列表（Craigslist）※上，刊登了以十萬美元賣車的訊息。後來，有個加拿大人回說想要買我的車，他寄給我一張一萬三千美元的支票，說其中三千美元是要用來寄送車子的運費。他要我把支票存入銀行後，再寄還給他這三千美元運費。」表面上看來，這多出來的金額解釋似乎很合理，且支票看起來也很像是真的，不過這可是真真確確的詐騙行為。要是這位年輕人去銀行存入這張一萬三千美元的支票，不用多久，銀行就會發現這張支票是假的；且若真按著對方的要求，除了把車子寄送過去之外，還寄回三千美元，那麼這位年輕人等於是賠了三千美元，外加一臺價值十萬美元的車子！

大多數的情況下，在克雷格列表、臉書市集等網站販售自己不再需要的良好物品，可以幫助減少垃圾量，可是現今的詐欺犯會瀏覽分類廣告，尋找可以用假支票行騙的下手對象，且成功的機率還相當高。目前尚無數據說明到底有多少人受騙，但每年可能都有數十萬人受騙上當，其運作方式大致上就跟我這位年輕朋友遇到的狀況一

※美國知名的免費分類廣告網站，儘管網站簡陋不堪但卻屹立二十多年不倒，仍相當受歡迎。

樣：詐欺犯會聯繫賣家，詢問商品是否還沒賣出去，接著假買家會寄一張支票給賣家，金額通常都會超出商品原本的售價，再要求賣家把多餘的錢歸還。這種支票幾可亂真，連銀行員都可能會受騙，如果又是遇到常會拿支票來存款的存戶，銀行員就更容易上當。只有在進一步要兌現支票時，才會發現是張假支票，此時存戶若已經花掉存入的支票存款的話，那存戶就得自行負責了。

租屋被敲竹槓

來自紐澤西州的希拉蕊打算要搬往佛羅里達州基西米市居住，她說：「我以前從來不會上克雷格列表找租屋處，但這次朋友寄給我看一個物件，我覺得非常完美，很想租下來。」這公寓大小剛好，地點也很棒，價格更是漂亮。希拉蕊留言給這則租屋廣告貼文，對方很快就回應了，希拉蕊說：「這個人感覺很專業……我們通了好幾封電子郵件。」不過，在交涉過程中，希拉蕊都還沒點頭承租，也還沒看過房子，對方便要求支付一個月租金做為押金，此時希拉蕊就開始起疑心了。「我很有禮貌地請他證明他的屋主身分，但他只簡單回說：『妳可以相信我，我是基督徒，我很守信用的。』」當希拉蕊要求對方出示所有權狀和帳單時，對方就沒有再回應了。希拉蕊說：「這個時候我就知道肯定是遇到詐騙了！」後來，希拉蕊趕緊向克雷格列表通報這則詐騙貼文，同時也通報該公寓的管理中心。

房地產仲介托尼・帕蒂羅（Toni Patillo）分享了許多各種不同類型的租屋詐騙，其中有個案例是詐欺犯闖入空屋後換門鎖，接著在克雷格列表和《洛杉磯時報》刊登租屋廣告。這群詐欺犯有能力撰寫租屋合約，並成功跟沒有起疑心的房客收取租金。不過，後來正在進行第三方託管的真買家開車經過這棟房屋，發現有人在裡面，便立即揭穿了詐騙行徑。另一個案例是托尼的員工發現有間房子要出租，並與現任房客會面，房客表示房東是他的親戚，讓他代為收取押金和租賃申請。托尼的員工給了對方押金支票和申請單，但又感覺有點可疑。回到辦公室後，這名員工進一步調查這間房子，發現這房子是打算要出售的，而他剛剛見到的那位房客，而且是那位他給了對方一張支票的房客，居然還是因為沒有支付房租而被趕出來的。負責銷售這間房子的仲介商也證實，這出租行為是詐欺，並建議該名員工回去討回支票。趕回現場後，該名員工與房客對質，最後總算是成功取回押金支票。

上述這幾個案例中的租屋廣告，感覺起來可信度都很高，因為詐欺犯使用的語言和說法都跟真的房東一樣。造假的租屋廣告時常使用根本就沒有打算出售或出租的房屋照片，或直接盜用其他房地產廣告的照片，此種詐騙手法很常見，所以看到感興趣的出租廣告，務必得謹慎確認才好。一份大學聯合研究，在二十座城市追蹤克雷格列表的租屋廣告共計超過一百四十一天，結果發現兩萬九千件出租廣告詐騙案中，有三分之二都是出自奈及利亞。以下是我認為預防租屋時被敲竹槓最好的防禦方法：

做好調查工作。看到陌生的房屋物件，可上網搜尋地址，也可搜尋房東或仲介的名字、電子郵件網址、電話號碼等。如果調查結果顯示該物件是要出售，而不是要出租，那就得小心了！同樣的，若調查後發現地址根本就不存在，或是該處的建築並非住宅用途而是商業用途，這也是遇到詐騙的跡象。上網做調查時，或許也可以在社群平台上，找到曾經上過當的受害者分享的內容。

確認廣告內容屬實。如果可以的話，親自去查看房子，要確認周圍環境符合廣告內容的描述，屋況或是公寓建築的維護狀況良好等細節。有時，即便公寓真的有要出租，居心不良的房東或屋主也可能會避重就輕，沒有如實交代房子的狀況和周圍環境的安全性。因此，不能只看漂亮的照片，也不能單靠對方掛的保證，還是要自己去親眼看看才好。

批判式閱讀。複製房屋物件的描述內容，貼到搜尋引擎去找找看是否有其他物件也使用了一模一樣的文字描述。其實，房屋仲介常會重複使用同樣的文字措詞，但若發現有整段一字不差的物件描述內容時，那可就是遇到詐騙的跡象了。此外，檢查看看有無「詐欺犯語法」，也就是英文文法欠佳、常拼錯字，特別是廣告內容用字很優美，但後續往來接洽時，卻常出現文法錯誤的情況。

面對面。如果對方表示無法跟你碰面，或表示人在外地且租約起始日之後才會回來，那就有可能是詐騙。改選擇人在當地，且能出來會面的房屋物件；克雷格列表表示，只要遵循此原則，即可避開百分之九十九的詐騙案。有些誠實行事的屋主本人住在甲地，但在乙地擁有房子，此時的先決條件就是屋主在乙地有安排一位代表人可以帶你看屋，這樣才算是合法正常的出租行為，另外屋主也要安排和你透過Skype或FaceTime通話，這一點也正好可以帶出下一道防禦方法。

電話溝通。詐欺犯最喜歡用電子郵件（希拉蕊歷經驚險才學到這點：這位自稱是房東的人始終都不肯通電話），因此記得跟對方要電話號碼，並上網搜尋此號碼，看看這號碼是否曾有不好的紀錄。另外，也可以跟對方要求用Skype或FaceTime通話，這樣就能見到對方的廬山真面目了。

要求提供證明。若對方是屋主，那就請他提供所有人相關證明，例如所有權狀或水電瓦斯帳單的影本，或駕照等個人身分證明。切記：希拉蕊當初就是在跟對方要這些資料的時候，詐欺犯直接人間蒸發了！你也可以到物業估價師辦事處或是房屋所屬地區的所有權狀登記機構，交叉確認房屋的所有權人。若接洽對象是管理人或仲介，那麼可以請對方提供文件證明可代表屋主簽訂租約，並須與屋主再次查證授權一事才好。確實，我有提過所有權狀可以偽造，所以查看所有權狀並非一定就能百分之百證明絕非詐騙，但卻不失為查證步驟的一環。

未簽約之前，不支付任何費用。若遇到租屋公司表示必須先支付前置費用或月費，之後才能查閱低價租屋清單、法拍屋清單、先租後買房屋清單，那就趕緊遠離這間公司吧，因為這種行為大多為詐騙。此外，若房東或仲介要求你先支付費用，然後才帶你去看屋，這就算是詐騙了。再者，若是被要求支付的押金金額超過州政府設定的上限，那也是詐騙；有些州有規定房東能收取的押金金額上限，大部分都是一至兩個月的租金，可與檢察官辦公室或是消費者保護機構接洽，詢問租屋押金的相關法律規定。

不要點選信用紀錄報告連結。有一招針對房客下手的常見詐術：指示房客點選連結購買和轉寄信用紀錄報告給出租代理人。可是，連接點下去並不會讓你成功租到房子，倒是讓詐欺犯賺取信用紀錄報告的轉介佣金，且或許也會偷取你的個資，日後用來盜用你的身分。

若對方對你的背景感到興致缺缺，那就得小心了。除了不要點選購買信用紀錄報告的房地產廣告連結之外，當房東似乎對你的信用紀錄與來歷背景一點都不感興趣時，你也得格外留心。試想一下：如果你要出租房子，你會租給一位完全不知道來歷的人嗎？你不會，我也不會。房東會想要了解房客的信用分數，合情合理，可能也會想要調查房客是否曾有犯罪紀錄，另外也會希望能查證工作狀況。因此，如果房東急著想簽約和拿支票，卻對你的背景漠不關心，那你就得小心了！

不簽約就不承租。不管你是要租一年，或是幾個月而已，有了租屋合約，房客和房東都有保障。雖然法律沒有規定一定要有租約才能租屋，但若房東告訴你不需要簽約，只要按時繳房租的話，那或許是因為這位房東其實根本就不是屋主。

再仔細確認。使用Google的以圖搜圖服務，或是到https://tineye.com用照片搜尋，確認房屋照片不是從其他地方偷來的。

要是租屋被騙了，該怎麼辦？

如果你認為自己被騙了，你得做以下幾件事情：

- **通報詐騙發生地點所屬的地方執法機關**：你所提供的資訊可提供執法機關線索，以利早日抓到詐欺犯，協助討回你的損失，而且你或許不是唯一一位被騙的受害者，因此通報警方絕對大有幫助。
- **逕行舉發**：發布訊息的網站或單位畢竟會想確認客戶都是誠實合法的對象，所以可以聯繫詐騙廣告刊登平台的客服單位。就我個人的經驗來說，平面和網路業者都非常慎重處理詐騙行為，例如：若有使用者認為自己在克雷格列表網站上受騙了，就可以填寫表格舉發。
- **提出申訴**：可撥打877-FTC-HELP（877-382-4357），也可上聯邦貿易委員會的線上申訴中心。
- **分享你的經驗**：可以和周遭朋友家人講述受騙過程，因為透過分享可以預防他人日後被類似手法行騙，也可幫助你熬過受騙的沮喪心情和苦難。

度假受騙

誰不會想每年來趟放鬆的度假呢？我們心中想的是可以躺在陽光下發懶、爬山望遠、造訪新地方、找家人朋友敘舊，不過，度假旺季卻也正好是詐騙旺季！如同先前提過的長期租約，詐欺犯會從其他地方盜取照片和文字描述，刊登假的住宿資訊，一旦你同意承租，對方也拿到押金後，就會人間蒸發。考慮承租某個度假住宿時，可參照上述之預防租屋時被敲竹槓的方法，另外，下方也整理出與預防度假住宿詐騙相關的技巧。

- **不要點選網路特價連結**。想要訂到超級實惠的旅館住宿，那就不要相信網路廣告或社群媒體的連結，因為這種連結可能會帶你到複製網站或高壓推銷的電話中心。我會建議直接到旅館官網，或從搜尋引擎直接找尋最划算的房價。就我的經驗來說，直接跟旅館訂房的房價最優惠，如果你有會員折扣（例如：AARP樂齡會、美國汽車協會等等）的話，那就更划算了。旅遊綜合業務平台，例如酷朋（Groupon）、貓途鷹（TripAdvisor）、Kayak、Travelzoo，皆為值得信賴的合法旅遊商品搜尋管道。

如果你想使用Airbnb或是HomeAway網站，請務必以自行輸入網址的方式前往官網，不要以點選網路連結的方式前往，因為後者恐怕會把你帶到假的複製網站。

- **查閱評論**。一定要閱讀其他人對住宿點的看法與意見，是否「跟廣告內容說的」一樣？周圍環境是否符合刊登內容說的那樣？住過的人是否認為住宿負責人會回應客人的需求和疑問？若有人留下抱怨的負評，負責人是否有所回應？回應是否有禮貌？是否有歉意？還是只是在辯解？辯解行為有可能是個警訊，因為負責人或許一點都不在意客人會不會再回來住，也或許根本就不懂得如何管理旅遊住宿。

- **詢問彈性度**。旺季時，如果訂房期間的規定很有彈性，那也得多加留心。這是因為旺季期間，許多度假住宿都會要求要從週日或週六開始連住一週，所以若對方同意讓你短住少於一週，又或是讓你從週二住到週三，這時就得小心一點了。不過，淡季的時候，這種情況就不成問題，因為淡季只要有人來住房都是好事。

- **短暫住宿時，絕不要先電匯費用**。支付度假住宿費用時，絕不使用電匯或預付型金融簽帳卡，這都是詐欺犯偏愛的付款方式。舉例來說，若是使用Airbnb或HomeAway訂房，一定要在官網使用信用卡支付費用。切記：信用卡的保護是最好的，因為直到確認自己購買的商品服務是合法無礙之前，你用的都是銀行的錢。絕不要在官網以外的地方支付費用，而且和住宿負責人或管理人的聯繫溝通也都要使用官網平台，要是擅自在官網以外的地方交易，那麼交易內容就得由你自行全權負責，Airbnb和HomeAway都無法提供任何協助。

分時度假房屋轉售詐騙案

若你擁有一間分時度假房屋，但打算轉手賣出，那或許會有公司主動聯繫你，聲稱有買家對你的房子感興趣（這部分我們在「識破與擊退詐騙高手設下的騙局」一章中討論過）。對方甚至會提供買家的名字和電話號碼，讓你可以與對方聯繫，當你打電話過去，電話另一頭的人也會表示的確有興趣購買。

若你繼續接洽下去，對方應該會傳真或寄給你看起來似乎合法的書面文件，並要求你提供信用卡號，以開設第三方託管帳戶和進行產權調查，或是要你支付前置費用，像是銷售佣金、服務費、成交費用、稅金等費用，且常會要求以電匯方式支付。你付了錢以後，買家和代理人就會消失無影無蹤，連帶你的錢也會跟著消失。有些受害者後來還再度被詐騙盯上：另一間公司（背後通常就是同一群詐欺犯或同夥人）冒出來表示可以協助討回先前被騙走的錢，且僅收取一些前置費用（同樣也是收了錢就人間蒸發）。若你有打算要轉售分時度假房屋，可以參照下列幾個步驟：

- 與分時度假房屋所屬的度假村確認是否有轉售服務或回購方案，其佣金比率約為百分之十到三十不等。
- 只接洽信譽良好、知名的在地房地產仲介，且對方須具備相關轉售經驗。
- 絕不與要求支付前置費用的公司往來。
- 如果是打算自己刊登廣告出售分時度假房屋，務必選擇合法經營的網站，例如：例假日分時度假房屋市集（RedWeek）和分時度假房屋自助會（Timeshare Users Group，TUG）。

居家修繕詐欺

門外有人敲門，你去應門的時候，門外的男子表示自己是修繕師傅或承包商，可以協助居家修繕，像是修理凹陷的屋簷排水溝、用強水柱沖洗房屋外牆，甚至幫忙重新粉刷臥房、修理漏水的蓮蓬頭等，且價格都非常合理。第二種狀況是兩位穿著得宜的男士來到你家門前，向你解釋只要花費五千美元安裝太陽能板，就可以賣電給電力公司賺錢，且你以後再也不需要付電費了。第三種情況是發生在一場嚴重的暴風雨過後，有個自稱是屋頂修繕師傅的人也來到門前，表示只要花一千五百美元就可以幫你修好受損的屋頂，且現在只要先給他五百美元去買材料，回來就可以開始施工了。你該立刻開張支票給這些人嗎？絕對不要！

居家修繕詐騙常會利用暴風雨釀成房屋損害為藉口，上門來推銷修繕服務，另外許多人會利用換季時節進行修繕或大型維修工程，所以這段期間上門來主動推銷居家修繕服務的數量也會達到高峰。此類型的詐騙手法常會先有一位師傅上門來告訴你這房子得立即修補，如果放著不管的話，後果會不堪設想。這些人講話的速度往往都非常快，聽得你似懂非懂，還會施加壓力，逼你趕緊簽約，完全不給你時間讀；或許他們會提到有在附近其他家做修繕工程，也可能會說有剩餘的材料可用所以能幫你省點錢，但是你必須得在今天簽約才行。因此，若遇到有人上門來推銷居家修繕服務，記得要求對方提供書面資料，並讓你有時間詳讀，要是對方回絕這項要求的話，那就關起門，請對方回去。另外，你也可能在不知情的情況下，因為看到廣告或是網路貼文，就邀請居家修繕的騙子進到家裡面。寶拉和喬治可就付出昂貴的代價，才學到教訓。

寶拉跟我說：「我們當時需要修理屋頂，雖然沒有漏水問題，但屋頂板已經彎曲了，感覺遲早會掉下來。我們有找兩家廠商報價，並打算再找第三家。」寶拉的丈夫喬治在報章上找到廣告篇幅最大的屋頂修繕商，並打了電話過去。（不只喬治，許多人都認為能負擔得起這麼大廣告篇幅的公司，肯定生意興隆，所以值得信賴。）後來，兩夫妻收到了喬提供的報價，喬感覺相當年輕，而他提的價格比前面兩家約便宜一千美元，喬還是當地的師傅，不像其他兩家都是外地的。

寶拉和喬治聯繫上這間屋頂修繕商後，所做的每個步驟都是正確無誤的：他們先是聯繫了喬的推薦人，也確認了喬是全國住宅營建商協會的會員；還要了喬的保險資料，並致電保險公司，確認喬的保險方案是有效的；最後也確認過喬擁有相關證照和執照。寶拉表示，喬治很喜歡喬，可是她發現喬都不直視她的雙眼，所以多少有一點警覺心：「他沒多久就跟我們講他女兒的可憐故事，這部分讓我感覺很不對勁。」

兩夫妻差不多快要做最後決定的時候，在一次聚餐和親友聊到這件事情，「我表妹的丈夫是位承包商……他說如果我們要付現金的話，建議可以再比價看看有無更好的價格，我們就照辦了。」寶拉回憶說：「整個工程本來的報價是五千八百美元，而喬開口跟我們拿三千六百美元現金，一部分是材料費用，其餘則是施工的人力費用。我本來有點猶豫，但後來我們還是決定付他錢。付款後不到一週，屋頂板就送來了，上頭還蓋了塊帆布。」

後來，工程就無消無息了；寶拉打了電話，一開始，喬說他正忙著做另一項工程，很快就可以過來施工；寶拉繼續打電話，但都沒有再收到回音。一天，寶拉在住家附近的沃爾瑪超市遇到喬。

「『喬，現在到底是什麼狀況？』我開口問他，當時他跟我說冬天來臨之前會施工完畢。」這時候是十二月初，寶拉當時也沒太過擔心，因為那時的天氣還很溫暖，許多住家的修繕工程也都還在進行。不過喬依舊沒有出現。到了十二月底，一場暴風雪來襲，屋頂結冰了，屋頂板底下還結了冰柱，接著就開始漏水。

「我們有去和Home Depot確認過，我們跟喬買的屋頂板要價一千八百美元；也就是說，我們付出去的錢有一半正躺在帆布底下。我很失望，並決定上法院申訴。」寶拉說道：「提出民事訴訟還花了我們五百二十五美元！開庭期間，喬帶著一堆紙本文件出庭，包含木工材料、襯板等各種材料的收據，總金額比原本報價多出二千四百美元。喬把收據呈給法官，但法官發現收據日期都是開庭的前一天，為此對喬感到相當不悅。」

喬還表示，工程是因為天候不佳所以無法進行，但寶拉上網找到他們等待施工的這幾個月來的天氣報告，大多時候都是晴朗乾燥的好天氣，非常適合戶外施工。法官很快就判定寶拉夫婦勝訴。「可是，我們要離開法院的時候，法官跟我們說：『祝你們可以順利討到賠償金！』我進一步詢問法官是什麼意思，法官才說我們可以留置※喬的房子，可是這種沒良心的承商包往往老早就把財產轉移到配偶名字底下了！很惡劣！」這種人就是不肯付錢，很難討回付出去的錢，就算留置公司財產，騙子也會乾脆把公司關起來，另外再開一間新的。

寶拉和喬治付了三千六百美元出去，但他們還有屋頂板，且這些材料大致都還堪用。二〇〇九年夏天，賓州制定新法，規定承包商一定要有執照，喬也申請到執照。但基於這條新規定，若你握有某家承包商的審判結果，只要支付一百美元，就可以上法院在該名承包商名下，記下這筆判決內容，直到債務解除後才會移除紀錄。寶拉說：「我們肯定是去申請登錄了，這筆判決紀錄完成登錄後，我們就接到喬的律師來電，問我們是否接受以八百美元和解，我們拒絕了！他一定得歸還欠我們的一千八百美元，否則免談！」

最後，寶拉和喬治又找了另一位承包商。還好在草皮上放了許久的屋頂板材料都還可以用，但他們還是得再支付其他材料費用，才得以順利完成施工。在這場苦難記中，除了原本付出去的三千六百美元之外，兩夫妻又額外支付了六千美元！

◇如何避免居家修繕時被敲竹槓

• **不要採信浮誇的廣告**。這是寶拉和喬治學到的教訓，有大版面的華麗廣告不代表對方就是間誠實、重品質的公司。

• **要小心主動來按鈴建議修繕工程的行為**。不要讓陌生人有機會來按你家門鈴、向你推銷該進行哪些修繕工程，不要應門，或直接回謝謝，然後請他們離開。

• **親眼確認**。寶拉的確有打電話給推薦人，但對方或許是假扮的。因此，寶拉建議消費者要詢問推薦人自己是否可前去拜訪，參觀工程成品：「要自己親眼看到才算

※民法中，債權人申請扣留債務人財產，稱為「留置」。

數，可以問問屋主：『您是否滿意施工結果？工程花了多久時間完成？』」

- **確認執照和保險**。就算你所屬的州別沒有規定一定要有執照才能執業，還是最好避開沒有執照的承包商。一定要確認承包商擁有執照施工外，還要有擔保與保險，且必須是效期還有效的保險，因此不要僱用沒有保險的承包商。
- **簽署合約**。若承包商跟你說沒有必要簽約的話，那就不予僱用。依法來說，只要是金額五百美元以上的合約都要立書切結。不過，就算是小工程，也最好都有書面合約書。
- **找有真實地址的承包商**。避免選到僅有手機電話號碼或是郵政信箱的承包商，要找有營業電話和門牌號碼的承包商。
- **不支付現金**。千萬不要支付現金給承包商，如果對方不願意承擔刷卡手續費，我個人會主動支付這筆約百分之三或四的費用，當作是買份便宜的保險，確保承包商會來施工、會有良好的施工品質；如果承包商沒有來施工，那就可以去跟信用卡公司討回已支付的工程款。現在有越來越多承包商都接受信用卡付款了，但若你的承包商仍不接受的話，那麼有連結到信用卡的PayPal線上支付都會比現金來得好，不過或許得支付衍生的手續費。

● **請承包商申請相關許可證**。遇到要你自己去申請許可證的承包商，直接不予僱用，因為這代表該名承包商沒有執照，或是和建築稽查員有過節。若工程一定要有許可證，那申請工作肯定是承包商的事。此外，務必聯繫轄區內的建築管理部門，確認承包商有取得所有必要的許可證。

● **不要預先支付材料費用**。遇到要求先行支付貨款，以利開工前購買材料的承包商時，務必得謹慎處理，因為可信賴、受肯定的廠商是可以放帳購買材料的。此外，絕對不要僱用要求預先支付全額工程款項的承包商。

● **扣留最後一筆貨款**。工程未完成前、必要的檢測未完成前、尚未驗收工程之前，絕不要結清貨款。

● **告到刑事法庭**。如果你被狡猾的承包商給敲竹槓了，民事法庭恐怕很難幫你討回工程款項。可以詢問當地的執法機關或地方檢察官，看看可否提出刑事訴訟。

不必要的友善：公共事業詐騙案

常見的公共事業詐騙：聲稱來自郡政府或是市政府水利處的騙子，上門按鈴告知要協助檢查供水情況和水閥裝置，並檢測水質。你如果讓騙子進到家門來，他們會稍微看看水管，取一些水到試管裡，快速搖晃一番，接著插入水位計丈量，然後跟你說檢測結果欠佳，需要安裝濾水器，且碰巧他們貨車上就有濾水器，可以直接留給你，改天會有負責的工程人員來安裝，不過你今天得付款購買才行。此種詐騙手法在全國行騙好幾年了。這些人當然不是市政府公共事業處的人，且之後也不會有所謂的工程人員來安裝濾水器。

要如何知道這是樁詐騙案呢？郡政府和市政府所屬的公共事業處，絕不會毫無預警出現在你家門前推銷產品（只有私人公司才有可能會這麼做）。如果公共事業處打算到你家施工，例如檢測供水、更換水錶等，那麼你一定會事先收到郵寄信件或電子郵件的通知。此外，公共事業處的工作人員一定會配帶附有照片的事業處身分證件，所以務必要查核對方的證件；若心裡還有存疑，也可以打電話給公共事業處詢問該名人員是否真的是他們的員工，請放心，你完全不必擔心這樣會冒犯到工作人員。最重要的一點，除非是事先約好且也清楚對方的身分，否則絕對不要讓外人進到家裡。

經典電影《綠野仙蹤》中，女主角桃樂絲曾說過：「家是最美好的地方。」對我個人來說，「家」就是家人所在的地方，是可以讓我感到安全舒適的地方，且我愛的人都在身邊。就算是暫時性的住所，維持家的安全也是保護我們財務和身心靈安全的重要一環。無論是找房子、建造房子、維修房子，只要是讓你放不下心的人，全都避而遠之。

第五條準則：

遮好自己的內心世界

私密關係：不只傷到荷包的詐騙手法

說來痛心，但親友詐騙也是相當常見的誘騙手法。直至今日，我還是時常讀到重大犯罪行為的報導：假冒家人、家族史騙局、繼承詐騙、領養詐騙。本章我要來談談各種與家族詐騙有關的詐騙手法，這樣我們才能學會該如何預防受騙。

每當有人問我改過向善的動力是什麼的時候，我的答案只有一個：家人。我是成年後才改過自新的，且還有機會為社會貢獻，這都要歸功於與我結髮超過四十二年的愛妻，以及三位愛子，他們一直以來都給了我強大的支持和無與倫比的愛。然而，當年我初為騙子時，我的第一位受害者其實是我的父親。

我十二歲時，父母親離異，這件事情重重打擊我。我不懂、也不明白為什麼他們要分開，為此感到憤怒不已，也因而走上歧路。我十五歲時，偷用父親的信用卡購買汽車零件，然後轉售變賣成現金，害父親扛下總計約三千四百美元的債務（在今天看來是筆小數目，但在一九六三年那時候可是一大筆錢）。父親收到信用卡帳單時的反應，我只能說他真的非常不高興。我被狠狠處罰，也顯示出他被我辜負的心情。這件事情發生後沒多久，我就離家了，那年我才十六歲。

虛擬綁架騙局

我找不到有關全國虛擬綁架或假性綁架騙局的統計數據，可是該種詐騙案卻相當猖獗，連聯邦調查局都發出警告，表示光是在四個州別就有八十位受害人，總共被勒索了八萬七千多美元。此種駭人的新騙局有兩種詐騙手法；一是詐欺犯佯裝成受害人的親戚朋友打電話過來，表示被綁架了、有生命危險，接著綁架的歹徒會把電話搶過去，要求支付贖金才願意放人；二是假扮成綁架歹徒的詐欺犯直接打電話過來，告知受害人，他們摯愛的家人在他手上，並勒索贖金。不管是哪一種手法，實際上都沒有人被綁架，但不表示沒有人因而受害、受傷。

假綁架案的勒索電話來源地可以是任何一個地方，詐欺犯會先到社群網站，挖掘目標對象的個人資料和各種細節資訊，例如暱稱、嗜好、家人成員、寵物的名字等等，有些詐欺犯甚至會駭入系統，竊取未公開登錄的手機電話號碼。綁匪打電話過來的時候，背景常會是有人在大喊受害人的名字，若被綁架的對象是小孩，就會大聲呼叫「媽媽」、「爸爸」。詐欺犯會想辦法不讓受害人掛電話，並威脅若是掛上電話就會傷害摯愛。接著，說服受害人轉帳到某個銀行戶頭，不過不同於動輒就勒索數百萬美元的真綁架案，假綁架案的贖金會比較少，約數千美元不等，且為了誘使受害人趕緊轉錢過來，詐欺犯或許會隨時調降贖金金額。

出名的世代：祖輩詐騙

讀者或許曾聽過祖輩詐騙，詐欺犯佯裝成受害人的孫子孫女，要求受害人支付一大筆現金。七十歲以上的老人家就算被詐欺犯騙了錢，也鮮少會向聯邦貿易委員會通報。不過，我們知道的是，有向聯邦貿易委員會通報詐騙的七十歲以上老人家中，有百分之二十五的人確實有轉帳給詐欺犯。不分年齡層的話，詐騙受害人平均被騙的金額是兩千美元，但七十歲以上老人家被騙的金額高出非常多，其損失金額的中位數（所有金額依高低排列後，位於正中間的數值）為九千美元。

李奇就曾被盯上。一天在辦公室裡，李奇接起電話，電話一頭傳來天真無邪的聲音：「嗨，爺爺！」

李奇問：「你是誰呢？」

「爺爺不認得我的聲音了嗎？我是約翰呀！從芝加哥打來的！」

李奇覺得這聲音聽起來的確很像孫子的年紀，但又不是很確定到底是不是孫子，因為孫子住在洛杉磯，不是芝加哥。但後來想想，約翰的姊姊露易絲在芝加哥工作，所以可能是跑去找姊姊了吧。

這位年輕人跟李奇說：「我可以跟你講個秘密，但你不要跟其他人說，好嗎？拜託！」接著又說：「我昨天和露易絲去看白襪隊的比賽，搭計程車回旅館的路上，我們被警察攔下來，警察在後車廂搜到大麻，然後我們就被捕了！我現在人在警察局，跟律師在一起。」李奇心想：也太奇怪了吧！露易絲在芝加哥有租一間溫馨的小公寓，為何他們要去住旅館呢？

李奇問：「你們身上有攜帶大麻嗎？」話筒傳來的答案是：「沒有。」李奇不解為什麼孫子被捕是因為計程車後車廂有大麻，而不是因為他身上有攜帶大麻？或許警察只是暫時拘留孫子做為證人？計程車是大眾交通工具，所以乘客無須為計程車裡的物品負責才是。

這位年輕人又說了：「警察說我得在芝加哥待上四到六週，得等到計程車司機的審判結束才能走。如果要現在就放我們走的話，我們得支付兩千美元，確定我們會回來才行。」後來，這位年輕人還請李奇跟律師通話：「律師就在我旁邊。」李奇問他為何不打給住在芝加哥的親戚，卻要打給遠在幾百英里外的自己時對方口氣轉為苦苦哀求：「拜託啦！爺爺！拜託、拜託！幫幫我們！」

李奇還是覺得可疑，開口問道：「約翰，你可以跟我講你在洛杉磯的住家地址嗎？」對方被這麼一問，立刻就掛上電話了。掛斷電話後，李奇給親友寫了封電子郵件，告訴大家剛剛發生的事情，結果有另外兩位約翰的祖輩親戚表示也有接到類似的電話，其中有一位立即發現是詐騙、掛上電話，另一位卻受騙上當了。這位受騙的親戚接到的電話通知，表示孫子馬克在亞利桑大州因為在酒吧打架而被拘捕了，需要一千五百美元的保釋金，身為爺爺既擔憂又緊張，問到：「我可以和馬克說說話嗎？」接著一位年輕人把電話接了過去，解釋他真的需要保釋金。當這位爺爺問對方怎麼聽起來不像是自己孫子的聲音時，對方變得有點緊張，並回說是因為打架把鼻子打傷了，所以聲音聽起來不大一樣。

這位「馬克」要爺爺到住家附近的西聯匯款，趕緊把需要的保釋金轉給他，於是爺爺就去轉了一千五百美元。回到家裡沒多久，電話又響起來了，對方還是聲稱是自己的孫子，除了謝謝爺爺轉錢過來……又開口要爺爺再轉更多錢！此時，這位爺爺終於發現是詐騙，立即打電話給女兒（也就是孫子的母親），詢問孫子人在哪裡。女兒回：「在工作呀！」孫子本人根本就不在亞利桑大州！這位爺爺覺得自己會受騙實在很丟臉，所以堅持不去警局報案。

有些案例中，詐欺犯甚至未必知道孫子孫女的名字，而是接聽電話的長輩脫口喊了孫子孫女的名字後才知道的。有時詐欺犯會隨機撥打電話，尋找年紀大到或許會有孫子孫女的行騙對象，然後告知孫子孫女遇上麻煩了，接著就依據對話內容臨場發揮。也有些詐欺犯會花錢買名單，名單上可能是曾經被騙過的受害人，也可能是年紀大的祖輩目標。此外，詐欺犯也會上社群網站，翻找族譜，甚至是查看訃聞，到處收集資料。詐欺犯還有一招，也就是李奇遇到的狀況，安排一個人扮演具有權威性的角色，例如律師，適時插進來通話，增添幾分故事的真實性。如果你接到自稱是親戚的人來電表示遇上麻煩了，你可以照著以下幾個步驟處理：

- **按下暫停鍵**。先讓自己冷靜下來，抱持小心求證的心態，告訴對方你得與家人討論後才能做決定。

● **查證與確認**。打電話詢問家人，或直接打這位孫子或孫女的電話，詢問本人的下落。若真的遇上緊急狀況了，你可以依據實際情況緊急處理；反之，你正好成功躲過一樁詐騙案。

● **回撥電話**。一般而言，你不會想問對方回撥的電話號碼，因為詐欺犯給的都是假號碼，還會安排同夥接聽電話。不過，舉例來說，如果對方聲稱是警察局或律師事務所，你拿到電話號碼後可以上網做確認。最好可以問到他們人在什麼地方，然後自己去找出該機關單位的電話號碼。若一切屬實，那麼與家人討論過後，你還是可以打電話過去找人。

● **多提問題**。不要提供任何資訊，反過來詢問來電者問題，並要求對方回覆，李奇就是開口問了孫子住家地址，但因為詐欺犯不知道，只好匆匆掛上電話。因此，辨別是否為詐騙案的好方法，是在不提供任何資訊的情況下，追問一些細節問題，因為詐欺犯總會遇到一些不知道的細節資訊。

● **不要支付保釋金**。如果你接到電話，對方要你支付保釋金，不要在電話上直接支付，也不要電匯錢過去。自己找到執法機關的聯繫電話，打電話過去詢問孫子孫女被拘留在哪個地方，並詢問拘留的細節內容。你也可以上法院網站，查證孫子孫女是否真的被拘留了。

- **追蹤錢的下落**。要特別注意對方要你如何付款，如果是透過西聯匯款或速匯金（MoneyGram）、預付金融簽帳卡、現金、快遞支票的話，那就可能是詐騙了。
- **通報有關當局**。如果你被詐欺犯盯上了，或接到詐騙電話，就算你沒有受騙，還是可以上www.ftc.gov或是撥打電話877-FTC-HELP，向聯邦貿易委員會通報案件。你也可以撥打AARP樂齡會的反詐騙網絡專線877-908-3360，所有通報資料都會上傳到聯邦貿易委員會的消費者資料庫。此外，聯邦貿易委員會也會追查詐欺犯，以利幫助其他受害人。

假遺產騙局

最近，我收到一封律師來信，表示我有位失聯的富翁親戚最近過世了，留給我數百萬美元的遺產。我以前就收過這種信，在聯邦調查局工作期間也發現很多人都有收過這種信。信中會請你與律師聯繫，而這位律師會聲稱是代表「格瑞那達皇家銀行」

之類的機構。而且，這封信會直接寄到你家或辦公室，信件紙質非常厚，還會燙上金色或銀色的銀行行印，看起來非常正式、重要。不用懷疑，這封信就是詐騙！

信中會提供詳細的指示，告訴你該如何回覆，以利繼承這一大筆資產。但若你真回信了，你會收到要支付律師手續費的指示，且這筆費用僅僅占了即將到手的數百萬美元遺產的百分之一而已，另外你還得提供戶頭號碼和匯款路徑號碼，這樣已故親戚的律師才能確保數百萬美元的遺產可安全送達你的戶頭。提供這些資訊且支付手續費後，律師就會處理這筆天上掉下來的遺產轉移手續了。

假遺產騙局已經存在幾十年了（詳見第309頁「騙子堂——貝克留下的一大筆錢」）；起初，詐欺犯是在各家報紙刊登分類廣告，獵捕受害人，聲稱在找尋某個常見姓氏的「合法繼承人」。現今的遺產詐騙多是透過電子郵件行騙，手法跟樂透詐騙（第50頁）一樣，先是通知你獲得了一大筆資金，然後要你支付一點點的手續費給對方，這樣才能完成後續處理程序。若你收到有關遺產的通知訊息，你得這麼做：

- **絕不電匯任何款項**。絕對不要電匯任何款項給陌生人。
- **查證工作**。查證寄送遺產繼承通知信給你的人，其名字和地址皆為合法正當。

可以上網搜尋對方的名字，也可以向消費者保護機構查詢公司名稱，看看有無申訴紀錄。

- **了解你的權益**。若你認為收到的遺產繼承通知信應該是合法正當的，那麼你可以在執行下一道手續之前，先去請益熟悉遺產法領域的律師。

騙子堂——貝克留下的一大筆錢

一八三九年，有位名為科羅內爾・賈科柏・貝克（Colonel Jacob Baker）的男士過世了，在費城留下價值數十億美元的一大片土地，至少故事是這樣流傳的沒錯。許多年之後，到了一九二〇年代，有個名字叫做威廉・卡麥隆・莫羅・史密斯（William Cameron Morrow Smith）的人成立一處法律協會，並刊登報紙廣告，尋找姓「貝克」的人一起加入爭取遺產的行列。只要支付一點點手續費給史密斯與其同事，協會就有錢協助爭取遺產；一旦爭取成功了，全部有加入的人就可以一起分遺產。

但問題是，羅內爾・貝克只是威廉・史密斯心裡設定的一個人物角色！這樁詐騙案騙倒數千人，全都是因為可能可以分到一份不知在哪的財富而受騙上當。最終，政府花了十二年調查，發現這是一場騙局，並於一九三六年逮捕了史密斯。史密斯與同夥在這樁貝克遺產騙局中，狂噱了二千五百萬美元，受害人超過五萬人，除了姓貝克的，也有姓巴克（Barkers），還有姓唄克（Beckers）的。

遭竊的遺產：家族遺產詐騙案

在我看來，比起因為根本就不存在的遺產而受騙，遇到家人、朋友，或是信得過的專業人員竊取我們依法應得的遺產，才真的是嚴重的道德問題，這其中的受害人有數位：被誤導蒙騙的人和真正的繼承人。

我的朋友約翰也是遺產騙局的受害人，且約翰是在執法機關工作，能力很強，經驗也非常豐富，他的故事也說明了騙子到底有多聰明！約翰在阿肯色州長大，有三位手足，家人之間和睦相處，關係也很親近。「我母親在二〇〇一年過世，父親繼承母親的遺產。後來，父親重新聯繫上大學時期的女友喬安。」他們結婚了，當時約翰住在維吉尼亞州，而約翰的父親和新婚妻子搬到距離約翰約四十八公里遠的城市居住。「他們結婚這件事情，我其實沒有特別高興，但也就算了，因為父親似乎很開心滿足，且他們住的地方離我只有四十八公里遠，已經算是很棒的安排了。」

到了二〇〇九年，約翰的父親被診斷出白血病之後，事情開始起了變化。約翰跟我說：「我父親非常積極對抗疾病。」喬安有個女兒住在紐約市的布魯克林區，當時懷有身孕，所以喬安和約翰的父親於二〇一二年四月搬到紐約（離約翰約四百八十二公里的距離），但事先都沒有讓約翰或其他兄弟姊妹知道。約翰說：「他們搬好家之後才告訴我們，可是，我們和父親還有喬安明明時常都有聯繫。」

那年夏天，約翰的父親過世了。約翰來到紐約，喬安拿了父親的遺囑影本給他看。約翰說：「我發現這份遺囑簽署的日期在他死前幾個月。」此時，約翰覺得這違背常理，認為父親當時病得越來越重，他的第二任妻子可以輕易操控他。約翰說道：「一位七十九歲、患有不治之症的高齡老人會想要修改遺囑的原因有上百種，但我會把詐取長者錢財列為第一順位。」

時間來到二〇一三年，當時喬安成為約翰父親的遺產信託人，她遞交了一份財產清單給遺產認證法庭，聲稱約翰父親的遺產總值約七萬美元，但約翰認為總價值應落在二十到五十萬美元之間。喬安也把這份聲明書拿給約翰看，裡頭的金額遠遠低於約翰認定的數字。約翰表示：「她要我和其他兄弟姊妹在聲明書上簽名，我們拒絕了，因為……我們有強烈的預感，認為她要我們簽的這份文件根本是謊話連篇。」如果約翰他們簽了這份文件，可能就白白送喬安（和她的律師）好幾十萬美元。約翰說：「我們幾個兄弟姊妹遇到了棘手的民事問題！我們聯繫了民事律師，負責與我們繼母的律師往返溝通，繼母的律師也正好就是那位幫我父親重擬遺囑的律師，這遺囑也是父親的最後一份遺囑。」

二〇一三年七月，父親走後一年，約翰與手足都沒有收到繼承的遺產，所以約翰寫了封信給郡政府所指派的監督專員，詢問父親遺囑裁決的費用清單。沒多久，約翰就收到喬安以父親遺產信託人的身分寄來的支票，支票金額是五千八百三十一點七九美元，而支票日期正好就是約翰寄信給監督專員那天的日期，其他兄弟姊妹也都收到差不多日期的支票，且金額全都是一樣的，加總起來剛好是兩萬三千美元又多一點點。約翰深入調查後，發現自己成了詐騙受害人。「我強烈懷疑監督專員聯手喬安的律師和另一位年長的律師，一起幹了釣魚的勾當！」（一起密謀尋找詐騙對象。）

「我們之所以會收到支票，是因為我寄信給監督專員，但信裡我沒有提到錢的事，那為什麼會有這些支票呢？我懷疑是監督專員通知負責擬最後一份遺囑的律師，提醒他要告訴信託人喬安把錢寄出去。」

此類型的釣魚行為中，詐欺犯尋找的下手對象都是脆弱、容易操控、富有的老年人，而這類型詐騙高手的職業會專攻高齡照護和老年人法律領域，常常是理財顧問或是讓人信賴的專業人員，且時常出入鄉村俱樂部、教會、老人中心、友誼中心等場所，為的就是要釣出潛在的目標對象。以約翰的案例來說，幫約翰父親重新寫遺囑的這位律師，正好就是父親教會的教友（參考第143頁的「熟人騙局」，了解更多相關詐騙手法細節）。

約翰跟我說：「這些人的目標對象，存款至少都有十萬美元，獨居，且健康每況愈下。」一旦找到目標，這種掠奪型的詐欺犯就會想盡辦法操控目標對象的金融帳戶。約翰說：「這種人很快就能博取目標對象的信任，因為他們的社交能力非常厲害，很快就能操控老年人的決策，代為處理法律事務，移轉不動產所有權，變更遺囑和信託財產的繼承人。」約翰認為，父親的第二任老婆也是遺產騙局中的一員，不僅知情，還與律師和監督專員一起共謀。約翰父親已經去世幾年了，但整個遺產分配都還停留在裁決階段，甚至恐怕永遠都不會知道錢到底去了哪裡。約翰說：「父親的老婆或許已經把錢都花光了吧！父親生前都沒有跟我們討論過這些事情，且他新任老婆對他的影響非常大。」約翰和手足在本應繼承的遺產之中，只分到微乎其微的比例，約翰懷疑監督專員和多位律師勢必也都分了一杯羹。

各種竊取遺產或誘騙修改遺產繼承的手法，相繼在暗中為害。像是有些比較貪心的孩子會堅持自己應比其他兄弟姊妹繼承更多遺產，進而操控、影響自己的父親或母親變更遺囑，這種情況時常發生在有個小孩認為自己比其他兄弟姊妹還費心照顧父母，所以認定自己拿到的那一份也應該要比較多。此外，外人也能藉由博取信任，說服長者修改遺囑，把遺產留給自己；詐欺犯只要能讓當事人簽署修改過的遺囑，並獲得委任，那就可以操控當事人的錢財了。

這些詐騙手法很常發生，但現在有新法可以保護擔心自己或家庭成員可能會被利用的情況了：《防止虐待老年人和起訴法》（*Elder Abuse Prevention and Prosecution Act*）已於二〇一七年通過。如同本法案支持者愛荷華州參議員查克・葛拉斯里（Chuck Grassley）所說的，該法的目標是為了遏止「剝削美國長者的財務……也就是二十一世紀的犯罪行為」。本法針對詐騙五十五歲以上長者的犯罪分子加重罰責，並指示要加強聯邦調查局探員、聯邦司法管轄區內的長者司法協調員，和聯邦貿易委員會消費者保護局成員之訓練培訓，以及成立後勤資源小組協助美國檢察官調查虐待長者的案件等各項措施。我認為這對大家來說都是件好事。遺產規劃可說是相當複雜的法律議題，所以務必找可信賴的專業人員諮詢。為避免遇上遺產竊賊，可考慮採取下列幾個步驟。

- **溝通討論**。儘早開始溝通討論要如何處理自己的錢財和房地產，約翰給的建議是：「經歷過這樣的事情後，如果可以重新來過，我會在父母親都還健朗的時候，就開始跟他們討論這件事情。我和我的兄弟姊妹應該在父親六十歲的時候，就去找父親討論這件事，或他來找我們討論也可以。如果父親不是找我討論，而是找其他兄弟姊妹討論遺囑，我也不會覺得不妥……溝通管道要保持順暢。這樣的話，若是哪天突然生病了，或出車禍身亡，這事情也算是溝通過了，所有相關的財務資料也都審視過了。」
- **規劃清楚**。溝通討論過後，即可把規劃內容寫下來，並可定期審視，每五年左右審視一次即可。

- **照著騙子的思路**。與摯愛的家人談談被人利用的潛在危險，試想一下他人會如何利用在社群或團體聚會的時機來討好你，要留心各種灌迷湯的技倆。
- **學會辨識可靠的理財與法務顧問**。最好的律師未必是在宗教場合或社區中心遇到的人。切記：約翰的父親和繼母就是在教會遇到那位律師的。選擇專業服務人員時，務必要確認對方的資格認證，並確保對方沒有被申訴過的紀錄。
- **不要一個人**。絕不在未跟家人或可靠顧問商量之前，擅自簽署文件。

家族史騙局

若你打算製作族譜，或找出未曾謀面的親戚，家譜詐騙也可能會悄悄地找上你，下列整理出幾種常見的相關詐騙手法。

宗族和族譜網站：簽署族譜、宗族網站或郵寄來的家譜相關服務之前，務必要仔細調查該公司背景和提供的服務。有些網站為了要誘騙消費者相信該網站真的有其宗族血脈的詳盡資訊，便利用公共資料庫匯編資料，進而誘導消費者拿出信用卡購買定期扣款的服務，或直接竊取信用卡資料。族譜書籍的話，則會先説服你相信公司對你的宗族有做詳盡徹底的調查，但提供出來的卻是一本你只要上網就能免費、快速搜尋到的族譜資料，像霍伯特（Halbert's）就是在一九八〇年代和一九九〇年代，因從事族譜詐騙而遭到起訴、勒令停業。讀者可以上網搜尋這間公司的名字，並加上「評論」和「詐騙」兩個關鍵字，看看會跑出哪些資訊。

家譜學家騙子：幾乎每個人都可以自稱是宗族歷史學家，然後架設個網站，收取費用幫他人追蹤祖先來歷。只要這個人沒有撒謊、誠實行事的話，那就不成問題，甚至是沒有家譜學相關的研究證照資格也不一定有問題，其實我們許多人的家族裡，可能都會有這麼一號人物，很懂得該如何追溯到好幾個世代以前，拼構出正確的家譜資料。不過，決定繳錢給研究人員之前，務必要搞清楚會拿到什麼樣的資料回來，也要先了解對方的來歷背景。無論是要找有證書和無證書的職業家譜學家，皆可以到職業家譜學家協會（Association of Professional Genealogists，www.apgen.org）搜尋。另外，要詳加閱讀合約裡的每一個字，確定自己不是購買會定期扣款但永遠都拿不到資料的服務。

假家徽：讀者或許有在網路上、報章雜誌上，或旅遊景點、紀念品店等地方，看過印有家族姓氏和家徽的商品。如果只是覺得好玩，那絕對沒有問題，但其實多數的家族姓氏並沒有家徽，所以這類商品印的都不是真的家徽，不過販售此類商品也沒有違法。我當然也可以設計個艾巴內爾家族徽章，但政府單位和歷史學會都不會承認這個徽章就是了。

領養詐騙

早上約十一點的時候，瑪莉的電話響了。達琳通常都在這時間來電；她懷有六個月身孕，肚裡的孩子是瑪莉和老公傑伊準備要領養的嬰兒。瑪莉接起電話，兩人通常都是在帶點尷尬的氣氛中閒聊，達琳會講述自己和家人吵架的細節經過，也會分享和朋友去看電影的美好時光，還會講自己每天上下班遇到的麻煩事。瑪莉先前給過達琳的技師五百美元修車，這數字符合紐約州規定領養父母能給生母的法定金額範圍，但達琳在這通電話中，又開口提到需要另外兩百美元更換汽車電瓶，不過這數字似乎也還落在規定的範圍之內。

瑪莉和達琳講完電話之後，隨即打電話給領養律師，確認是否可以轉帳給達琳，律師回覆這金額沒問題。不過當大下午，律師打電話問瑪莉：「妳轉帳了嗎？」瑪莉回：「有啊！已經轉給修車廠了！怎麼了？」原來，達琳還接洽了另一對領養父母，一樣是開口要錢，但這邊是要求協助支付房租和水電瓦斯費。

依據規定，孕母只能同意讓一個家庭收養自己的小孩，否則就算詐欺行為。達琳會露出馬腳，是因為她在當地報紙上看到廣告，得知有另一對想領養小孩的夫妻，就前去聯繫對方，不過廣告上的電話其實是瑪莉律師的事務所電話，原來這對夫妻也找上跟瑪莉同一位律師協助辦理領養事宜。當時接到電話的事務所同事記得達琳的名字和要送走孩子的緣由，所以才讓達琳露出馬腳。瑪莉的律師找上達琳對質，但達琳隨後就避而不見。後來，瑪莉和傑伊只好從頭來過，重新尋找供領養的小孩。

回到上述案件發生的時間點，那是在二〇〇六年，當時在某些州的確很常使用律師的聯絡資訊來刊登分類廣告。不過，現今而言，領養父母和打算讓小孩被領養的孕母，比較常使用網路聯繫。無論哪一種領養管道都是可行的，不過也都有可能被騙。

蘇珊・尼可斯（Suzanne Nichols）為領養律師，於紐約州和紐澤西州執業，具有超過三十年的相關經歷。尼可斯表示，瑪莉和丈夫遇到的算是很常見的領養詐騙，也就是有位身懷六甲的女性承諾或考慮要把孩子給兩個家庭以上領養，然後向這些家庭伸手拿錢；在這種情況下，多數生母其實並沒有真的打算讓小孩被領養。在生產結束之後，每一州都會給生母一段考慮期，可思考是否要取消領養，不過每州設定的考慮期長短不一。

另一種領養詐騙是根本就沒有懷孕的女性，捏造文件聲稱自己有懷孕，尼可斯指出：「聲稱自己懷孕的人未必真的有懷孕，這就是為什麼一定要找看得懂醫療文件的專業人員來檢查文件。」專業從業人員一定會等到醫療文件證明真的有懷孕，且也有了預產期之後，才會通知領養父母，「預產期非常重要，因為孕婦可以聲稱還有三個月就要生了，但其實孕期還有六個月，而孕期長短影響的層面很多，像是領養父母要支付給生母的各項費用等也包含在內。」

科技技術或多或少都讓懷孕詐騙變得更容易了，尼可斯解釋這就是為什麼她只接受正本醫療文件：「把文件拍照後，用電子郵件或簡訊發過來，並不足以證明真有懷孕。掃描檔案也不接受，因為照片和掃描文件都可以塗改遮蔽。所以，務必只接受正本的超音波照片和醫療文件。我曾遇過一位孕婦，給了我她醫生的名字，結果我上網查，發現在她家附近根本就沒有這麼一位醫生，所以網路科技也是有好處的，方便我們快速驗證資訊。」

改變心意未必一定就是詐騙行為

如同先前提過的，生產完後，生母會有一段時間可以改變心意，可以要求領養父母歸還小孩，而這段期間的長短在各州各有不同的規定。生母真的會改變心意，且理由正當，因此養父母務必做好心理準備。每一天都有小孩被領養，但過程卻充滿各種情緒的起伏與變化。瑪莉和傑伊就曾因為一位生母在州政府規定的七十二小時內反悔了，所以被迫放棄一個寶寶，但這並非詐騙行為，因為生母確實是反悔了。這情況其實也能諒解，畢竟要放棄自己的孩子，對親生母親來說是個非常沉重的決定。蘇珊．尼可斯跟我說：「這真的很難預料，我曾遇過一位生母反悔，原因是領養父母在她生產時，帶了保母來。這位生母很年輕就當了媽媽，自己一手拉拔四個小孩長大，所以看到領養父母請來保母，讓她覺得很不妥。」

基因測試：是敵人還是朋友？

二〇一八年六月，家譜基因公司MyHeritage發布公告，指出計有超過九千兩百萬筆客戶的電子郵件地址出現在非該公司所有的伺服器上。被駭的檔案裡，除了有客戶的電子郵件地址，還有「被隨機雜湊」的暗碼，也就是使用高科技公式打亂原本的密碼。這代表只要取得電子郵件地址，並破解密碼之後，就可以取得客戶的基因檢測結果和其他資料。該公司的資料外洩聲明稿指出「每位客戶密碼所套用的隨機雜湊金鑰都不相同」，這是個相當複雜的安全措施，也就是密碼被隨機雜湊之前，會額外加入一個數值，且該數值通常都是獨一無二的，這麼一來就成了難以破解的暗碼，但這不代表就不可能會被破解。還好，我到目前為止都沒有聽說有人因為這起資料外洩而受騙上當。

透過基因檢測，了解自己的背景和身體健康的潛在問題的確很吸引人，也算是趣味十足。其實已經有許多人藉由這種基因檢測方式，製作相當詳盡的族譜，也順利與素未謀面的親戚相認，不過相關的隱私顧慮還是得好好正視。二〇一八年，美國參議員查克・舒默（Chuck Schumer）辦公室認為基因檢測服務有威脅消費者隱私的顧慮，原因是基因檢測公司可能會轉售、分享客戶資料給第三方單位，所以要求聯邦貿易委員會調查基因檢測產業。舒默指出：「基因資料是個人最大的隱私，把這些資料提供給第三方獨家使用的確堪憂。這麼做可能會引發潛在歧視，從職場雇主到健康保險業務皆有可能會因而發生不公平對待的情事，這就是為什麼我要請聯邦貿易委員會慎重看待此種新型服務，確保相關企業的各種居家基因檢測商品與服務，具有透明、公開、公正的隱私政策與標準。我們不想阻礙相關研究，但也不樂見有企業從中大撈一筆，或是引發不公義的行為。」

二〇一七年十二月，聯邦貿易委員會消費者保護局的資深律師萊斯利・費爾（Lesley Fair）也同樣對相關檢測商品與服務表示擔憂，並就基因檢測結果的敏感資訊隱私保護措施，提出一些建議：

- **積極主動保護自己的隱私**。許多公司都有提供類似的檢測服務，務必確保自己找到的公司具有最嚴格的隱私管理原則，清楚這間公司可以如何使用你的個人資料。務必確認自己的資料能保有隱私，才掏錢購買服務。
- **了解相關風險**。各式各樣的駭客事件每天都在發生，因此在你吐一泡口水到試管裡或刮取口腔內膜之前，請再三想想基因檢測的相關風險，以及資料外洩可能招致私密資料被駭的風險。

- **慎選網站選項**。和社群媒體網站一樣，檢測公司也讓客戶可以自行選擇要公開多少聯絡資訊和「個人檔案」資料，分享給合作網站和一般大眾，同時測試網站的預設值未必是隱密性等級最高的選項。你希望完全公開個人檔案，還是只公開給有該網站的使用者，還是完全不公開呢？請在開設帳號之前先想清楚。你希望該網站的使用者可以私訊你嗎？若你希望可以聯繫上親人，你或許會希望開啟私訊功能，但是與你有親屬關係的人可能也未必真有如他們自己說的那樣，而且就算真的是你的親戚，也不能確保無不良意圖。設定好隱私選項之後，要定期回來檢視，可能得持續修改到自己滿意該網站的運作方式為止。
- **通報工作**。如果你登錄參加某間基因檢測公司的服務，但覺得這間公司並沒有遵照公司的隱私政策行事，請趕緊通知聯邦貿易委員會。其實，聯邦貿易委員會已揭露了十幾起與消費者隱私和資料安全相關的不公平與欺騙性作為，像販售依據居家基因檢測結果開發而成的商品，就形同未履行保護消費者個資安全的承諾。

家人是很特別的，與家庭相關的詐騙有可能單純是因為貪婪，又或是因私人恩怨而起，就像操控摯愛親人修改遺產規劃一樣。此類型的詐騙或許是源自深埋已久的憤怒和傷痛，或長久以來的爭吵，所以這就是為什麼我給你最好的建議是——也是我自己每天在實踐的作法——與摯愛的人保持溝通順暢，一遇到問題就要提出來討論，不要拖延，要趕緊找出公平的解決辦法，且要準備好妥協的意願。

另外，期望本章提供的技巧，可以幫助你學會辨認那些千變萬化的詐騙手法，儘早遠離詐騙陷阱。

慈善詐騙：真愛心還是假愛心？

行騙高手會設置各種不同的假慈善機構，理由是要幫助不同類型的團體組織，從退伍軍人關懷到災難救護、動物保護等皆有，因為詐欺犯知道可以從慷慨的捐款人身上挖錢——美國人光是二〇一七年就捐出四千一百多億美元給慈善機構。本章會討論一些傳統詐騙手法，也會討論社群網站和「群眾外包」的慈善掠奪行為，另外更會提供如何避免愛心被利用而受騙的訣竅。

法規與詐騙

詐欺犯之所以能夠輕易地成立假慈善機構，可歸咎於慈善機構的相關法規（或說法規缺陷）。要符合資格，取得慈善機構的免稅資格，其實一點也不難，舉例來說，只要沒有誤導捐款人，也沒有欺騙捐款流向的話，慈善機構只須撥出募得款項的百分之零點五到百分之一給機構成立宗旨的對象，即算是符合法規規定。

「這就是法規不夠好的地方！」保羅・史崔克福斯（Paul Streckfus）服務於國稅局免稅組織事業處，同時也於《免稅組織稅務期刊》（*EO Tax Journal*）擔任編輯一職，他指出：「依據法律規定，慈善機構不能碰觸政治，可是若有間以照顧孤兒為號召的慈善機構，在銀行戶頭裡有一百萬美元，但每年僅為孤兒舉辦一場野餐活動，卻還是可以歸為正當的慈善機構，只因為他們有為孤兒做了一點事情。」史崔克福斯也指出，國稅局是站在聯邦層級來管理慈善機構，但因為人手不足，所以監督慈善機構的工作就落到了州政府身上。有些騙人的慈善機構因為違反法規被抓、被勒令關閉，但許多詐欺犯很快就會用別的名字另起爐灶。這就是為何捐款時，必須格外謹慎地挑選捐贈的慈善機構。

那麼，該如何確認自己挑選的慈善單位是否有在認真落實慈善工作呢？有些組織單位會定期審視、評鑑慈善機構，確認其是否有達成機構設立的宗旨，計算有多少百分比的捐款實際投入其組織成立宗旨。有些很棒的評鑑單位可供讀者參考，請見本書第321頁附錄資料，其中包含慈善導航（Charity Navigator）和Give.org，兩間機構皆有提供非常容易操作使用的研究工具。慈善機構的款項只撥一丁點比例給其服務對象，或許剛好可以守在合法界線之內，但卻撥了一大比例的款項到薪資用途、募款活動和行政成本上，這麼做顯示了該機構並未把款項用在原先設定的服務對象上，也大大不如會把大部分的捐款用來從事慈善活動的績優慈善機構。

你也可以查看最劣質的慈善機構清單，這類型的清單會揪出捐款只撥款不到百分之四的慈善機構。某間標榜服務糖尿病患者的慈善機構，十年來募得一千四百萬美元，卻只分配一萬美元給需要的糖尿病患；另外有六間慈善機關甚至連一毛錢都沒有直接用於現金資助。你會希望自己捐出去的款項，被這種慈善機構謀私嗎？

列張清單，再三確認

可以考慮列張年度捐獻清單，並提供給家人參考，若你是老闆，也可以提供給員工參考。如果有單位主動來聯繫你，但該單位沒有在清單上的話，那你可以很快地跟對方解釋你已經挑選捐款單位了，禮貌地回絕對方即可。

退伍軍人慈善機構詐騙

我覺得佯裝要服務退伍軍人的假慈善機構甚為可惡！捐款不僅沒有給受傷、情緒受創或經濟窘困的軍人，反倒進了扮成具有英勇事蹟的犯罪份子口袋。

崔維斯・德洛伊・彼得森（Travis Deloy Peterson）經營數間慈善機構，其中有一間的名字聽起來很可靠，名為美國退伍軍人（Veterans of America），成立宗旨是透過募集捐獻的車子和其他物品，變賣成捐款，用來服務退伍軍人。聯邦貿易委員會表示，彼得森採用激進的自動語音電話策略，違法謊稱捐款可以抵稅，但這些慈善機構其實都是假的，也根本不具備免稅資格。彼得森於二〇一四年五月到二〇一八年七月期間，募得大量捐贈的車輛船隻，變賣所得全挪做私人用途。

彼得森一案正是政府擴大制裁偽退伍軍人慈善活動的成果，由聯邦貿易委員會、美國各州和其領地的檢察機關、十六間監督慈善機構的行政單位協力合作，於二〇一八年七月宣布斬斷彼得森的違法行徑。這次鎖定以軍方和退伍軍人為目標的詐欺犯和欺騙性募資行為，各單位合作出擊，該計劃成功針對假退伍軍人慈善團體執行了一百次行動。

決定捐款給任何一個退伍軍人團體之前，務必要事先做好研究（詳見第342頁「從做足功課開始著手慈善公益」的建議），確保捐款單位的款項分配真的符合你的理念。

騙子堂——凱・布洛克金頓（Kai Brockington）

喬治亞州的詐欺犯凱・布洛克金頓犯下的慈善詐欺，手法不僅很不尋常，還撈很大！布洛克金頓不是向捐款人個別竊取，而是說服甚至是買通目標對象，去向自己的老闆撒謊，表示有捐款給布洛克金頓的假慈善機構，這樣布洛克金頓就能私吞掉公司的相對捐款（即員工捐多少錢給非營利組織，公司也相對捐出一樣的金額）。聯邦調查局亞特蘭大分部探員詹姆士・哈特（James Harter）負責調查本起詐騙案，指出：「紙本上看來，布洛克金頓真的有在經營一間慈善機構，但所有的款項其實都進了他自己的口袋，根本就沒有用來從事任何慈善工作。」

二〇一三年，布洛克金頓成立了一間慈善機構，取名為「我們的初創計畫」（Our Genesis Project），聲稱要籌募資金建立社區醫療院所，服務有需要的人群，甚至還到喬治亞州政府和國稅局正式註冊，成為合法的慈善機構組織。接著，布洛克金頓假藉相對捐款之名，欺騙自己的員工捐款；另外，還要幾位朋友和同夥也去告知他們的公司老闆，自己有捐款給布洛克金頓的慈善機構，但只要是公司的相對捐款，大部分都進了布洛克金頓的口袋，其中有一部分是給了謊稱有捐款的員工。前後約有四年的時間，布洛克金頓共計募得六十六萬八千美元的款項，全用做自己和家人的花用。

有間銀行發現這間假慈善機構的戶頭有可疑的款項往來，便著手開始調查，發現該機構官網一直都呈現「網頁維護中」的狀態，也遍尋不著任何慈善活動的證據。二〇一八年五月，銀行向聯邦調查局舉報後，布洛克金頓認了稅務與郵件詐騙行為，並被判入聯邦監獄三年又五個月。

聯邦調查局指出，捐贈的企業從不會去調查慈善機構，這也就是為何布洛克金頓的詐騙事業可以延續這麼多年的主因。此外，有些員工捐獻出去的款項金額甚至還遠遠超過自己的薪資數字，對此，探員哈特表示：「如果員工的收入金額低於慈善捐款數字的話，那麼雇主在施行相對捐款計畫之前，或許就該先問問員工，他們的錢是從哪裡來的吧？」

災難救護詐騙案

撰寫本章節的時間點是二〇一八年十月份，麥可颶風橫掃佛羅里達州西北方狹長地帶，風眼緊緊盯著巴拿馬市和墨西哥海灘市，且就跟預期的一樣，這野獸般的暴風給該區帶來極為嚴重的災害。麥可颶風的陸地風速達每小時兩百四十九公里，僅差三公里就會成為五級颶風。麥可颶風更是繼一九九二年安德魯颶風肆虐南佛州之後，成為重創美國最強的暴風，且在氣象紀錄裡，從來就沒有過如此強烈等級的颶風襲擊過佛州西北方狹長地帶。麥可颶風走後，釀成至少四十三人死亡，墨西哥海灘市整排的住宅和廠辦建築物被吹毀，佛州西北方有許多地區的建築物皆嚴重毀損。另外，從佛州到維吉尼亞州一帶，計有一百五十萬人無電可用。

從聯邦緊急事務管理署到紅十字會等機關團體，各界人士皆前來提供協助，美國各地居民都在詢問該如何貢獻一己之力。看到被颶風襲擊的殘破家園，和飢餓、無助的小孩照片後，有誰不會起惻隱之心、想伸出援手呢？可是有些人卻利用天災來圖謀私利，每當天災發生時，正好就是詐欺犯玩弄民眾愛心的黃金時期。無論是國內還是海外的天災，災難發生過後，要小心慈善機構和個人的募款電話或社群媒體貼文。務必要事先做足功課，最好是捐款給歷史悠久、可靠的組織，這樣才能放心相信慈善機構會依據設立的目標，妥善運用捐款。

有專家監督的慈善活動，可確保募得的款項、物資、服務有妥善運用，並送達最有需要的對象手上。舉個例子來說，律師肯尼斯・羅伊・范伯格（Kenneth Roy Feinberg）就受法院指派，負責監督911事件受害者補償基金。後來范伯格又受政府指派，負責管理英國石油深水地平線漏油事故受害者補償基金，之後又成為二〇一三年波士頓馬拉松爆炸案的補償基金管理人，負責幫助受害者。補償基金有像范伯格這種專家協助管理，即可說明捐款有被好好分配、使用。

動物援助騙術

美國人捐了很多錢給保護動物慈善機構，就二〇一七年來說，著重在環境與動物保護的非營利組織共募得一百一十八億三千萬美元捐款，占美國慈善捐款總額的百分之三。對我個人而言，動物援助也是件非常重要的事；我從小家裡就有養狗、貓、魚、鳥、鼬鼠等各式各樣的寵物，且內人在高中和大學時期都在德州休士頓市一間獸醫診所工作，因此內人和我也讓孩子養寵物，教導他們學習照料與關愛，所以動物與動物援助工作對我們一家人來說，意義非凡。

不幸的是，動物援助詐騙一直都是個很大的問題。美國人道協會指出，由於動物收容救援中心沒有通報規定，所以難以取得相關單位實際接收的動物數量。美國防止虐待動物協會的報告指出，每年約有六百五十萬隻寵物被送進收容中心，而美國人道協會估算的數據則是六百萬到八百萬隻。

要分辨哪些動物收容救援中心是可靠的，哪些是不可信的，可真是嚴峻的挑戰。可愛憐人的小貓咪和有著深邃眼眸的小狗狗被關在籠裡的照片，深深撼動每個人的心——我實在想不到有誰不會因為無辜小動物受折磨而被觸動的。所以，愛護動物的人會捐出大筆大筆的金錢和各種物資（食物、毛毯、毛巾、飼料碗）給動物收容救援中心，還會奉獻時間去當志工。許多相關的組織單位都是合法正當經營，但詐欺犯也會濫用愛護動物的慷慨與同情心，假裝有在救援動物或經營收容中心，但其實環境既擠又髒，相當不堪。

動物收容救援中心詐騙案一開始大多會在假的救援中心網站，或臉書和推特這類的社群媒體上，刊登動物的照片，聲稱這些動物被安置在「待殺」動物收容中心裡，等著被安樂死。接著，騙子會祭出動物面臨死亡的立即性威脅，懇求大眾趕快捐錢來拯救可愛的小動物，移置到不會被撲殺的收容中心或私人住家。此類型的詐騙案中，時間成了關鍵要素（實際狀況中，動物是真的很容易被列入撲殺名單），也成了最有效的詐騙策略，因為合法經營的動物救援中心也會通知大眾有動物即將要被撲殺了。特蕾莎・薛桂恩（Teresa Chagrin）在善待動物組織擔任動物照護與疫情控制經理，她指出，撲殺清單型的詐騙案中，詐欺犯不會真的把募得的款項用來拯救動物，也不會捐給其他合法經營的動物收容救援中心，「有的時候，甚至根本就沒有動物存在，小動物的照片其實是偷來的」。

不過，有些收容中心確實是存在，但環境條件卻極為惡劣。執法機關突擊過幾間收容中心，發現活著和已死亡的狗被關在一起，還有上百隻受潰瘍所痛的貓咪到處遊蕩，這些動物常都是受著傷、挨著餓。亞卓安・岡薩雷斯（Adrienne Gonzalez）是名調查動物援助詐騙的記者，也負責經營GoFraudMe監督網站；岡薩雷斯指出，有些囤物狂會經營救護中心，告知大眾可以把不想再養的動物帶來給他照顧，但中心很快就滿是動物，要餵養和照料的動物數量超過負荷，相繼引發更多問題。捐錢給這種單位的款項中，或許有一小部分會被用來購買飼料，但主要還是被假裝有在經營收容中心的騙子用來購買私人用品。

如果發現哪裡不對勁，趕緊通報！

美國的動物福利法很嚴格，是專門為了保護野生動物和寵物而制定的，哺乳類、爬行類、兩棲類、鳥類等動物均適用。如果你發現有動物遇到危險或是被傷害了，尤其是有詐騙行為參雜其中的情況時，務必要撥打911報案。舉報欺負動物的犯罪行為非常重要，撥打911通報是合法、正當、適切的作為！通報時，盡可能準備好事發的地點、對象、內容、時間、過程等資訊。切記：執法單位若不知道哪裡有發生問題的話，便無從阻止動物虐待與詐騙行為。

以下幾點可協助確認自己是否真的有幫助到小動物，且也可保護自己。

● **捐款給動物節育診所**。善待動物組織的薛桂恩表示：「如果你關心動物會因在外流浪、被遺棄而被安置在收容中心裡，那麼你可以捐款給動物節育診所，因為這樣做就可以預防動物流浪街頭，拯救上千隻小狗和小貓。」薛桂恩也指出，動物節育診所鮮少出現詐騙案件；當然，捐款前，你還是要先確認診所真的存在才行，可以的話就親自登門拜訪在地的動物節育診所，或上網調查也行。

● **確認真的有動物存在**。捐款之前，或是決定領養（支付預防針等醫療費用）之前，務必先確認動物真的存在、真的需要協助、真的面臨被安樂死的危險。你可以透過視訊查看動物，也可以打電話給動物所在的收容中心確認。

● **確認環境條件**。如果你打算資助在地的收容中心或救援團隊，務必親自前往探訪！我得再三強調：如果動物收容救援中心拒絕你前往拜訪或參觀，那絕對是一大警訊！

● **不要捐款給你無法前往確認的個人或組織**。如果在社群媒體上看到等著被安樂死的動物訊息，或「朋友的朋友」在募資，請大家捐款協助你不熟悉的動物收容救援中心，請先確認此一募資活動是否合法正當。

- **來去當志工！**如果你有能力的話，那就去在地的動物收容救援中心當志工吧！奉獻自己的時間和愛心給需要的動物，肯定是提供協助最棒的方式。

群眾外包和社群媒體捐款

二〇一七年十月的一天晚上，凱特・麥勞爾（Kate McClure）人在賓州開車開到油箱亮起紅燈，但麥勞爾還是繼續開著車，希望能撐到回家，不過最後車子還是沒油了。實在沒辦法，麥勞爾只好把車子停到路邊，打算徒步走到最近的加油站，她走沒多久就遇到一位坐在路邊的遊民，名叫強尼・博比特（Johnny Bobbitt）。強尼看起來相當邋遢，但當他開口關心凱特遇上什麼麻煩時，凱特一點也不感到害怕。凱特回答說車子沒油了，強尼就叫凱特回到車裡待著，還叮嚀要鎖好車門；沒多久，強尼拿著一罐紅色油桶走回來，表示他用僅剩的二十美元幫凱特買了汽油，好讓凱特可以平安回家。凱特深受強尼的慷慨行為所感動，所以和男友馬克・迪阿米科（Mark D'Amico）決定上網路募資平台GoFundMe，幫遊民強尼募款。

凱特在頁面上寫道：「當時強尼完全沒有跟我要一塊錢，那時我身上也沒有現金，所以無法給他錢。過去這幾週我都有開車回去找強尼，還了他油錢，也給了他外套、手套、帽子和一雙溫暖的襪子，每次去的時候也會留給他一點現金才離開。」該頁面的訴求是期望大家捐款，幫強尼租一間公寓，幫助他重新恢復正常生活。這段佳音在網路上竄紅，也順利幫強尼從世界各地募得四十多萬美元，總計有一萬四千多人都掏了腰包。凱特和馬克說要幫助強尼重獲新生，也就是幫他戒毒、找間公寓、籌募生活費，最後再找份穩定的工作，這聽來完全就是一段動人的故事。

不過，這其實是樁詐騙案，這三個人一開始就盤算著要行騙。所謂的遊民英雄、拿到汽油、「被拯救」的女性和其男友，其實都是三人一起串通、設計的募款詐騙案。三人在事發前一個月就認識，共謀想出這個計劃；先設計一段感人肺腑的故事，再誘騙不知情的大眾捐款。

此一案件說明許多社群募資捐款活動看起來很值得支持，但若不認識負責人的話，你其實無從得知你的捐款實際上是給了誰、去了哪裡，也不會知道會被如何運用。這種捐款一般都無法抵稅，雖然也不能因為這個原因就不捐款，但的確要把這一點謹記在心。理論上來說，網路募款是個很棒的概念想法，因為你的捐款可以直接給需要的對象，不過，我可以確定的一點，是拿出十、五十、一千美元給強尼・博比特的捐款人，肯定不樂見自己的錢被GoFundMe帳號所有人用來購買BMW名車，或是用來支應歐洲旅遊。

網路募款活動的問題是每個人都可以拿個理由，不管那是真話還是謊言，都可以輕易開設帳號來募款。岡薩雷斯指出：「不久前，大家都還覺得上網尋求資助是件很丟人的事，但現在大家都越來越敢了。我從二〇一五年開始追查網路募款活動，發現最受歡迎的是喪葬費募款，感覺好像沒有GoFundMe就死不了一樣。」岡薩雷斯進一步表示：「GoFundMe宣稱有持續在監看平台活動，提供最好的監督機制，但如果平台真的這麼健全的話，為什麼網站上老是會有人被騙的新聞呢？事實上，任何只要有哀傷故事的人都可以上去開設帳號募款。」

岡薩雷斯的論點是正確的。我和我的團隊假裝有房子燒毀了，在平台上開設帳號募款，我們僅僅花了幾分鐘的時間便完成簡易的申請流程，但這一切都是假的！當然，我們很快就把募款活動取消了，不過，我們已成功驗證了岡薩雷斯的論點，申請過程太容易了，完全沒有查證的流程，也不需要證明真的有房子被燒毀。募資平台的經營其實就是商業行為，所以就如同在一般自由市場交易一樣，「捐款人自己要小心」。

誘拐大眾的同情心從事網路募款詐騙的手法還有許多種，岡薩雷斯說道：「不久之前，我在推特上看到有人表示自己還是個青少年，父母是非常虔誠的教徒，因為自己是同性戀，所以就快要被趕出家門了。他在GoFundMe上開設帳號募款，共籌得四千美元，隔天這個帳號和募得的錢都一起消失無蹤了。」無論這段故事到底是真是假，我們都無從得知。

除非你能查證募款的理由和故事是真的，且也知道捐款會獲得善加運用，否則不管故事有多可憐，最好都不要掏腰包捐款。舉例來說，我有位朋友在臉書上得知住家附近有位女士需要嬰兒的衣服，且自己有幾位臉書好友好像也認識她，所以認為這則貼文看起來好像是真的，就拿了一些很新或全新的嬰兒衣服到這位女士的家；可是，後來有幾個人看到這位女士把收到的捐贈衣物拿去變賣給商家。你一旦把東西捐給某人，那就是那個人的東西了，所以收到捐贈的人可以自行決定要如何處置，對此，你務必先確認自己不會有異議才行。

岡薩雷斯表示，基本上把捐款捐給依法設立的慈善機構，且其成立宗旨吻合你關心的族群或準則就可以了。這不表示GoFundMe等網路籌資的營利事業所幫助的對象不合法，其實都是合法的，只不過很難辨別出好壞及真假。縱使GoFundMe或其子網站CrowdRise等群眾外包網站試圖想要監督網站活動，但要記得，這些網站終究都是營利事業，而不是非營利組織。岡薩雷斯說：「有在國稅局登記營運的慈善機構，或許才是比較好的選擇。」

從做足功課開始著手慈善公益

有許多方法可以幫助我們判斷推銷電話信函和社群平台上的貼文，是否有合法正當地在幫助有需要的人，例如警消單位、退伍軍人、兒童、動物、環境、重大研究、歷史文物保留等，以下整理出數個方法提供參考。

確認合法性。辦理個人或組織的募款活動，須為具有法律資格的慈善團體。請對方出示國稅局官方文件，證明有登記且符合免稅資格，另外對方也必須要能夠出示國稅局的990或990-EZ申報資料，證明該單位每年都有向國稅局申報財務報告。或者你也可以自己上國稅局網站查詢，只要組織符合資格，且每年募款金額達兩萬美元以上，也應要能夠提出免稅申請與年度申報資料。若組織有公司登記，那麼就應要有公司章程與規章制度。

詢問有多少款項會用在組織的成立宗旨上。你捐出的款項中，實際上有多少是用在慈善目標上的呢？至於多少比例是自己可以接受的，那就因人而異了；慈善機關非常清楚花在募款活動、人員薪資、慈善目標上的各項經費比例。本書第388頁的附錄資料中，有份網站清單，上頭有揭露慈善機關實際撥款到組織成立宗旨相關工作的經費比例，以及花費在行政管理上的經費比例。

找出慈善機構的明確善舉。「我們有教育大眾」或「我們要喚起大眾意識」之類的答案都太空泛了，意義不大，所以不要接受這類型的答案，要找出有明確評估成果的專案項目作為答案。你也可以親自確認成果，舉個例子，有個慈善機構表示為社區有需要的孩子提供學習用品，那你就可以打電話到學校去確認這一點。

再次確認機關名稱。有些騙人的慈善機構會微幅修改知名機構的名字，取個非常相近雷同的名稱。二〇一八年三月，有四個人被告發，緣由是他們成立了傷殘勇士基金（Wounded Warrior Fund）和傷殘勇士基金會（Wounded Warrior Foundation），誘使捐款人以為是捐給傷殘勇士計畫（Wounded Warrior Project，但該單位後來也被批評有盜用款項的情形）。這幾個詐欺犯被指控沒有把款項用來購買衣物、學校學習用品、食物關懷籃等物品，而是挪用了十二萬五千多美元作為私人用途。另外，在紐約也有發生類似的情形，有位證券經紀人有計畫性地從事犯罪行為，設立好幾個假的非營利組織，全都是用聽起來很像是合法單位的名稱，例如美國華盛頓癌症協會、美國西雅圖癌症協會、美國西雅圖紅十字會、美國華盛頓紅十字會、西雅圖聯合勸募協會、華盛頓聯合勸募協會，藉此騙取捐款款項，並占為己有。

查看郵件。專家指出，比起電子郵件，傳統郵寄信件詐騙的可能性比較低。不過，收到未曾捐贈過的單位寄來郵件，還是要小心求證比較好；你之所以會收到這封郵件，那是因為寄件人向有在兜售個資的行銷公司或慈善機構，購買了你的名字和地址等資料。因此，寄出捐款前，務必先確認該組織單位真的存在。

找在地的機構組織。國稅局免稅組織的保羅．史崔克福斯表示：「我都會建議朋友和鄰居在捐款時，選擇認識的慈善機構，或是為自己社區服務的單位。」這麼一來，你就可以親自去了解機構的運作情形，認識裡頭的人員，也能親眼見證該單位的慈善義舉。

不要讓他人對你施壓。信用可靠的慈善機構不會堅持你得立即捐款。就算是合法正當經營的慈善機構，也會在募款電話中設計講出觸動我們心弦的故事，也會再加上一點急迫性情節，所以或許會讓人感到有壓力。不過，對方還是可以接受你的婉拒，給你一點時間在捐款前做些功課。

確認登記規定。可前往全國各州慈善官員協會，確認你所在的州別，或災害所在地的州別，是否有規定慈善機構、募資捐款單位必須得向州政府登記。如果按規定需要登記，但某個慈善機構卻沒有登記的話，那可以慎重考慮把你的錢改捐給其他慈善機構。

再次確認「簡訊小額捐款」代號。使用簡訊捐款給慈善機構之前，請再次與該單位確認簡訊代號。手機帳單上會列出該筆捐款，但或許要等上一個帳單週期才會出現。

指示你的捐款用途。如果你知道該間慈善機構是合法的，也準備好要捐款了，那你或許還會想指定你的捐款用途，像是指定要用於救災工作，而不是任由慈善機構運用的一般經費。

不要讓捐款被課稅了。不同於捐款給好心人（Goodwill）、紅十字會、救世軍（Salvation Army）等非營利組織，群眾外包網站上的個人募捐請求一般都無法折抵稅金。如果你希望捐款可以抵稅，那麼你就得做點功課，確認捐獻對象符合免稅資格。

安全捐款。捐款方式也必須留心注意；私底下的交易無從追蹤去向，若過程中發生遺失或被竊也難以追查。現金無法追蹤流向，丟幾塊銅板到救世軍的捐款桶，或其他類似的小額捐款方式，風險都很低，可是當要捐贈大筆金額時，除非你即便失竊也不在意，否則就不要使用現金方式捐款。開立支票的話，支票兌現前都還來得及阻攔，但我認為使用信用卡還是最安全的選擇，不過只在自己決定要捐款時，才提供信用卡資料，千萬不要把信用卡資料給主動來電募款的人員。

慈善機構詐騙玩弄的是民眾的善良本性，這份心意是想要幫助他人、為了社會和全世界的福祉，以及向需要的人伸出援手。你絕不會希望自己辛苦賺來的錢，被詐欺犯挪用，拿去滿足個人的金錢需求。這就是為什麼在開立支票前、輸入信用卡資料前、捐贈食物和衣物前，務必一定要做足功課的原因了。千萬不要輕忽幫助鄰居、朋友，甚至是陌生人的價值與意義，而現在你也學會該如何留心注意詐騙警訊，並知道要小心求證。

愛與不愛的紅線：約會詐騙的瘋狂世界

過去二十六年來，隨著線上交友和約會服務進入市場，也改變了我們結交朋友的方式。手機交友軟體和約會網站還沒有出現之前，認識另一伴的傳統作法是上酒吧、刊登徵友廣告、透過熱心的親戚朋友介紹。依據科技與科學多媒體出版的《主機板》（*Motherboard*）報導，全球第一個約會網站始於一九九三年，當時史丹佛大學研究生安德魯・康儒（Andrew Conru）因失戀，所以決定架設網站尋找新歡。

從那時候開始，線上約會服務快速成長，約會詐騙也隨之出現。二〇一九年AARP樂齡會的調查發現，每四位十八歲以上的成人中，有超過一位自己本身或周遭朋友家人曾遇過感情詐騙；且調查也發現，比起未曾受騙的人，曾受騙的對象較容易感到與社會隔離，且容易有負面的人生經驗。在打擊各種詐騙的過程中，強健的社會聯繫扮演著很重要的角色，愛情關係也無例外。

本章會探討最常見的感情詐騙手法，教你如何發掘詐騙端倪，以及如何在尋找靈魂伴侶或只是找位喝杯咖啡的朋友時，學會保護自己。

點指間的距離：手機軟體詐騙案

「這種事情我遇過好幾次。」來自提摩西，一位六十歲、非常和善的前時尚總監的証言。提摩西和伴侶分手之後，從紐約市曼哈頓區搬到隔壁賓州德拉瓦河邊一座充滿藝術風情的小鎮。單身五年之後，提摩西才開始使用線上約會服務，「我想戀愛，想找一位伴侶定下來，但我現在住在有點鄉下的地方，所以願望好像很難達成。這個地區的好人，大多都對我不感興趣。」

不過，仍舊有不少男人表示想和提摩西碰面，且都是身材結實、外貌姣好、有受過良好教育的年輕男子。有一次，提摩西被一位現居海外、名字叫「serviceman」（意為「從軍男子」）的男子給吸引了。對方透過交友軟體Tinder聯繫上提摩西，「他跟我說，他部署的地點遍及全球各地，現在人在非洲。父母雙亡，只剩下他一個人在這世上。然後，之前在床上抓到前男友和另一個男人在一起。」提摩西非常同情這位新朋友，畢竟對方是個孤兒，又離家這麼遠，還被伴侶背叛。提摩西解釋道：

「我沒有給他錢，但我有寄關愛包裹給他，裡頭有內衣褲、手作餅乾，還有一些他說需要的日常用品，價值約一百美元。我是郵寄到非洲的地址。」可是，對方後來跟提摩西說，他需要一百美元現金支付關稅、提領包裹，提摩西的警鈴這時才大響，驚覺可能是遇上詐騙了，「但我沒有給他一毛錢。」

後來，又出現另一個人說了類似的情節和悲慘故事，提摩西說：「還有個人跟我說他有個女兒，問我人是不是在沃爾瑪超市附近，方便給他買張iTunes點數卡。」提摩西事後才知道，這些騙子會想要iTunes點數卡，是為了要升級約會軟體的會員身分，因為約會軟體會標示會員是免費會員還是付費會員，「只要成為付費會員或優質會員（但卻是用別人的錢付費），這些騙子看起來好像就比其他付費會員更像好人、正當的人。」

虛假的愛

今日你只要透過電腦或手機，花幾分鐘或幾秒鐘的時間，即可依據興趣嗜好、才藝技能、地理位置，找出合適的另一半候選人。手機約會軟體和網站的使用率，從二

○一三年起，至今已成長三倍之多。到了二○一八年，光是手機的約會軟體就占了將近整體產業營收的四分之一，且其成長率大幅超越其他約會相關的服務與商品。我敢說你周圍至少就有一個人是在網路上配對成功找到對象的，而我自己也認識幾位這樣的朋友。

不過，與此同時，也發生了許多使用約會與其他社群媒體，詐騙無辜、單純想尋找真愛的人的詐欺案件，且在全球各地迅速飆漲。這種詐騙手法稱為網路交友詐騙，詐欺犯使用假的身分和用戶資料，在社群平台上與被害人成為好友，誘使對方相信自己是想找穩定交往對象的正直人。過去幾年以來，情場詐欺犯從無辜受害人身上，竊取了數百萬美元。依據聯邦調查局的數字，光是二○一六年，美國人就被愛情騙子偷走兩億兩千萬美元；該局也表示，二○一一至二○一六年間，相關的約會詐騙申訴案件成長了三倍。

最近，每回在公眾演說的場合，我總會聽到許多男男女女聽眾跟我訴說，他們花了約六個月的時間約會之後，才發現對方已婚，或是拿了錢借給對方之後，對方就人間蒸發了。就如同一般案件的聰明詐欺犯一樣，交友約會的犯罪分子也都很有兩把刷子，面對想要尋找真愛、真心又懇切的人，很懂得利用不同的觸發點來玩弄對方的感情。愛情騙子非常會讓人誤以為自己找到靈魂伴侶了，然後甘心拿出大筆大筆的錢給對方去看醫生或購買機票飛來找自己。

這種騙子有可能來自海外的詐騙集團，平時就窩在網咖裡犯案。奈及利亞這個國家有許多受過教育、英文能力良好的年輕人，因為當地很難找到正當的工作，所以出現不少大型愛情詐騙集團。有些愛情騙子，人可能在美國境內，也可能在海外，由於工作技能有限，所以選擇行騙討生活。另外，還有些騙子或許就跟以前的我一樣，每天絞盡腦汁，想盡辦法靠著行騙得過且過。

雖然聯邦調查局表示，最常見的愛情騙子受害者是四十歲以上離婚、喪偶或殘疾的女性，但事實上，無論你是男性還是女性、年紀輕輕或是上了年紀、異性戀者還是同性戀者，每個年齡的族群都有可能會被愛情騙子盯上。讀者不需要僱用私人偵探調查考慮交往對象的背景，你自己就可以來審慎觀察對方，這不是件難事。通常只要撥打一通電話，即可確認對方是否真的是在他說的那個地方工作，且透過網路搜尋，也可以很快確認對方居住的地點。其實，上網搜尋對方的名字，也都可以找到不少相關資訊（由於網路上的資訊實在不少，所以上網搜尋的過程也能讓我們停下來冷靜一下、仔細想清楚）。

要在免費交友約會軟體和網站上，建立假的個人檔案實在是太容易了，所以才會需要進一步驗證對方告訴我們的資訊。我的團隊就試過，我們在好幾個交友約會軟體，開設假的個人檔案；一位六十歲、已婚、有一個小孩的女同事，成功扮成住在佛羅里達州的四十五歲男同性戀，開了一個附有照片的假交友檔案，之後還收到不少男網友的訊息，其中好幾位自稱派駐在海外，且表示需要金援。你在網路上聊天的對象，可能根本就不是交友檔案上標注的年齡或性別；而付費成為優質會員或許可以阻擋掉一些騙子，但也絕對無法完全保證不會遇到騙子。

他和妳情投意合

一位科羅拉多州的四十歲單親媽媽，瑪莉莎・特倫特（Melissa Trent），居住在科羅拉多泉市。一天，瑪莉莎登入「天涯何處無芳草」（Plenty of Fish，POF）交友網站帳號，收到一則來自新網友「lovetohike1972」（暗指「一九七二年生，熱愛爬山健行」）的訊息，心情感到無比興奮。瑪莉莎熱愛戶外活動，但總是找不到跟她一樣熱愛科羅拉多州大自然和爬山健行的好對象。這則來自lovetohike1972的新訊息，用字其實也有點曖昧：「我簡直不敢相信，像妳這樣漂亮的女生，怎麼可能還會上交友網站呢？」

瑪莉莎迫不急待地跑去查看對方的個人檔案，感到相當滿意。從檔案裡的照片看來，對方身材精瘦，常穿著爬山健行的服裝，從事各種戶外活動，長得也很好看。這個人喜歡爬山健行、騎單車、滑雪，也愛喝精釀啤酒，都是瑪莉莎熱愛的興趣。她覺得這個人實在是太完美了，跟其他來留言的男生比起來真的很不一樣，其他男生要不是長得不好看，要不就只是想找床伴而已。她決定回覆對方，兩人往返幾次訊息之後，瑪莉莎還給了對方自己的手機號碼。當晚，對方就打電話來，他的本名叫杰夫・康特維爾（Jeff Cantwell），是個講話溫柔又充滿活力的男生，且聽起來是個很不錯的男生。杰夫在阿拉斯加州的科迪亞克島出生長大，並在當地完成學業成為樹藝家，最近才剛搬到科羅拉多泉市。

過了幾天，瑪莉莎同意和杰夫在公眾場所碰面約會。面對面聊過天之後，瑪莉莎確認了杰夫在電話裡的形象，他真的長得很好看，本人感覺就跟照片一樣，也能給瑪莉莎帶來安全感。他們兩個人聊了許多有關爬山健行的事，杰夫還講了許多在登山步道上的探險事蹟，讓瑪莉莎聽得津津有味。感覺起來，杰夫沒有什麼問題，且他還大方地直接買單請客。又過了幾天，杰夫問瑪莉莎的兩個女兒喜歡吃些什麼，然後跑來煮了一頓肉丸子義大利麵，這天的晚餐既有趣又輕鬆。接下來幾天，兩人持續通電話和傳簡訊，杰夫每回都會告訴瑪莉莎更多關於自己的故事：一場車禍奪走了他的父母親、未婚妻和襁褓中的孩子；曾到阿富汗從軍，負傷歸來，也曾成功挑戰數條困難度頗高的爬山健行路線。

兩人開始深入聊天一週後，杰夫告訴瑪莉莎他的銀行卡不能用了，原因出在退伍軍人福利，每回只要存入軍方的支票，戶頭就會被停用，得等到支票順利兌現之後，戶頭才會恢復正常；這理由在不大懂退伍軍人福利作業流程的瑪莉莎聽來，感覺好像很合理，而且杰夫只是要借一百美元撐過這週末而已，週一就會立即歸還。後來，兩人還決定去賭場玩一把，在瑪莉莎要提款時，杰夫改口請瑪莉莎提兩百美元出來，其中一百是要借他的，另外一百是要拿來賭博的；瑪莉莎也同意了，最後兩人玩了十個小時，才花光這筆一百美元的賭金。在賭場的時候，瑪莉莎無意中聽到杰夫跟其他賭客聊到阿拉斯加的生活，有提到「我母親是伊努特人」，且用的是現在式，可是杰夫明明告訴她，他的父母都已經過世了。這是瑪莉莎第一次覺得有點奇怪，不過她告訴自己，就算自己提到過世的親友時，習慣用過去式，也不代表其他人一定得跟自己一樣，因此她決定忽略此時的直覺警訊。

到了週一，杰夫告訴瑪莉莎，他的戶頭還是有問題，所以得開車到距離一個多小時車程的丹佛市銀行分行去處理，瑪莉莎同意出借自己的奧迪給杰夫。杰夫還問可不可以使用瑪莉莎留在車上的信用卡來加油，瑪莉莎不記得自己有留信用卡在車上，但也沒多想，就直接回了聲好。過了好一段時間，瑪莉莎都沒有再收到杰夫的消息，開始感到有些擔心，他人在哪裡呢？瑪莉莎傳訊息給杰夫，杰夫回說他開車到丹佛市的時候，銀行已經關門了，所以他打算把車停在分行停車場，待上一晚。瑪莉莎要杰夫傳張照片證明他人真的在銀行的停車場，但杰夫對於這樣的要求感到氣憤不已。杰夫一整晚都在傳訊息，且內容出現越來越多情緒性字眼。後來，瑪莉莎打電話到艾爾帕索郡警長辦公室，警員代為電話聯繫杰夫，並詢問車子去向，當時杰夫向警員保證一定會歸還車子；接著警員回電給瑪莉莎，告知不必擔心，因為杰夫沒有偷走車子。

可是，到了隔天，仍不見杰夫和車子的蹤跡。也是到了這個時候，瑪莉莎才知道警察已用杰夫的手機號碼，查到他的本名其實是杰夫瑞・迪恩・卡德威爾（Jeffrey Dean Caldwell），來自維吉尼亞州的四十四歲罪犯，已在數州犯下闖空門、開立空頭支票等七條重罪入獄服刑。杰夫瑞在科羅拉多州因身分盜用罪入獄服刑一段時間，於二〇一六年九月假釋出獄，但到了二〇一七年四月結識瑪莉莎之後，杰夫瑞就沒有再去找假釋官報到。最終，杰夫瑞在南達科他州被拘捕到案，瑪莉莎也取回了自己的奧迪，但車子的狀況有點慘。杰夫瑞顯然享受了一趟精釀啤酒之旅，每造訪一間釀酒廠，就把該酒廠的酒標貼到車上。車子裡面也凌亂不堪，因為杰夫瑞就直接睡在車上，把車當做家了。

科羅拉多州拉里默爾郡警長辦公室的中尉詹姆士・迪斯納（Lieutenant James Disner），曾於十年前左右逮捕過杰夫瑞，他指出：「這種行騙高手會到處行動，很難追蹤到他們的去向。我經手過幾個成功抓到人的詐騙案件，破案的唯一辦法就是直接去接觸這類詐欺犯所鎖定的目標族群。」

社群在此扮演著關鍵的角色，杰夫瑞就是加入爬山健行社群，物色下手行騙的女性，而瑪莉莎也不是第一位受害者。此類型詐騙案可算是熟人騙局的一種，與金融詐欺犯誘騙購買金融投資商品的手法雷同（詳見第143頁）。約會詐騙利用共同的興趣，以及同為社群成員的方式，結識目標對象，建立基本的信任感。記者布蘭登・波瑞爾（Brendan Borrell）曾在杰夫瑞逃亡時期訪問過這位亡命之徒，並寫成報導。報導指出，杰夫瑞會上交友約會網站釣出「興趣相同」的對象，或者藉由健行愛好者的聚會來挖掘目標，也會花很多時間出現在登山步道、旅社、戶外體育用品店等健行愛好者聚集的地方。因此，切記：某個人跟你好像有共同的興趣，或是同屬某個社群團體，也不能保證對方就是可以信任的對象！

保護自己避免掉入網路約會詐騙陷阱

以下提供簡單幾個技巧，讓你在網路尋找真愛的道路上，能夠保護自己和守護自己的真心。

- **確認真實世界裡的他與她**。要先確認與你傳訊對話的人是否真的存在。可以上網查證對方跟你說的話是否屬實？是否吻合對方自己在臉書、推特、LinkedIn上分享的內容？
- **多疑的態度**。至少剛認識的時候，多少都要抱持著懷疑、勤查證的態度，直到你非常確認自己沒有遇到騙子才可以鬆懈下來（詳見第362頁的警訊列表）。沒有見面之前，不要提供你的姓氏、電話號碼、住家地址、工作地點等資訊；一定要勤加防範那種在認識沒多久便開口詢問個人資料的追求者，其實此時你大可不失禮貌地告知對方：「我有個習慣，要等到碰過面，彼此也比較熟悉之後，才會提供這些個人資訊。」

- **不要暴露行蹤**。若你是使用約會交友手機軟體，請關閉定位功能，這樣一來騙子就不會知道你人在哪裡，也查不到你住的地方。
- **照片裁判**。約會詐欺犯可能會冒用別人的照片，並假扮成他人，或捏造新身分。約會網站上認識到新對象時，可以先用https://tineye.com或Google圖片的「以圖搜圖」服務，查看對方的照片是否曾在別的地方、以不同的名字出現。
- **查證情書內容**。如果你收到可疑的訊息內容，務必要進行查證。提摩西就說了，他收到許多愛情騙子的訊息，內容都是類似的遣詞用字，好像是從哪份稿子複製過來似的。你可以複製可疑的字眼到搜尋引擎，查查看愛情詐騙網站裡是否曾出現類似的字眼。

愛情囚犯

麗莎是賓州矯正署的退伍中尉，曾於曼西區的州立矯正機構服務多年，這裡其實是一間女子監獄。有一點麗莎很是不解，那就是女罪犯在監獄裡誘騙監獄外頭受害人感情的人數非常驚人，詐騙的目的當然就是要從無辜善良的人身上詐取錢財。不過，與女罪犯往來且受騙的受害人往往都不願意討論這個議題，畢竟被犯過罪、還在監獄服刑的罪犯勾引，可以說是個相當難堪的經驗。但是，麗莎想要改變這樣的觀念，並讓受害人知道他們的經驗可以幫助其他遇到相同情況的人。

為什麼會有人想和罪犯往來呢？麗莎表示，大部分會和囚犯成為筆友的人都是因為感到寂寞，「這是一股衝動，想要幫助深陷麻煩的人，想要幫助他們改過自新。」關在州立監獄裡的囚犯，可以收直接從出版商寄出的報紙和期刊，也可以寫信和收信。包裹會被檢查是否含有違禁品，而信件則是由獄卒唸給囚犯聽。所以，囚犯要和「監獄外」的人互通情書是行得通的。

麗莎指出，曼西區附近有份發行量不大的社區報刊《溪谷商報》（*The Valley Trader*），裡頭有個充斥著各種私人廣告的版面，取名為「不容錯過」（Look Before

You Leap）。囚犯拿出在監獄裡工作收到的微薄薪資，刊登尋找筆友對象的廣告，也會回應上頭的徵友廣告，特別像是「我老婆最近剛過世了，所以想要徵友」這類有悲傷故事背景的對象，囚犯很常透過這類型徵友廣告來尋找下手的目標。「基本上，囚犯寄出的回應訊息就是盡說些對方想聽的話。」麗莎解釋，囚犯連外貌長相也會用騙的，「像是非常胖的中年婦女就會寄出身材苗條、年輕貌美的照片！別忘了，這些女囚犯本來就是到處行騙的詐騙高手啊！」

囚犯是如何弄到刊登廣告用的照片呢？如同先前提過的，可能是跟其他囚犯借來用的，也可能是偷來的。不過，監獄管理單位會在接見室或其他公眾區域，設置照相區，並安排囚犯為大家拍照。麗莎解釋：「他們身穿囚衣，但拍照的背景通常會是大自然景色的圖片，比冷冰冰的監獄牆壁好看許多。」這些照片的用意原本是要讓囚犯寄給家人的，但卻常被用來詐騙感情。另外，囚犯也會偷取、求借年輕或美豔囚犯的照片。囚犯只有一件事情沒有撒謊，那就是表態自己是囚犯，而這點對於孤獨的人來說卻深具誘惑力。取得一定程度的信任之後，對話內容終究會繞回到錢這件事情上。麗莎解釋：「囚犯通常會請對方把錢轉到自己在監獄裡的戶頭。」這些錢可以用來購買咖啡、香菸等監獄沒有提供的物品。

有一回，有名男子哭著打電話到監獄，麗莎描述道：「顯然與這名男子往來通信的女囚犯，跟他開口要了保釋金，而他也給了錢，可是給了錢之後，這名男子就再也聯繫不上這名女囚犯了。如果是合法的保釋金，金額通常都不小。」這名男子原本是希望可以把對方保釋出來，這樣兩人就可以見面了，可是在州立監獄裡，並沒有「保釋」這件事情。麗莎解釋：「你得服刑期滿或獲得假釋資格。許多人不熟悉監獄體制，所以也不了解這些細節。」同樣的，在州立監獄裡，也沒有緩刑，只有郡立監獄的囚犯才有可能獲得緩刑。而聯邦監獄的保釋案例也非常鮮少。「如果聯邦監獄系統裡的囚犯開口跟你要保釋金的話，那肯定就是想要騙你的錢。」麗莎說：「和囚犯往來，當對方開口要錢的時候，就是最大的警告訊號了。」

很多囚犯會跟筆友晚報一週自己實際出獄的日期，在拿著錢出獄之後，就消失得無影無蹤。麗莎回憶某一次發生的故事：「有名男子來到監獄哭著跟我說：『她答應要來照顧我的！我給了她好幾千美元！』也就是這名男子的積蓄；但是，這名女囚犯早在一週前就已出獄遠走高飛。我跟這名男子說可以告這位女囚犯，等找到人之後就可以起訴她本人，但這名男子回絕了，他說他的家人要是知道他跟監獄裡的囚犯往來，還拿錢給女囚犯，一定會很不高興！」這番說法說明了監獄感情詐騙（以及交友詐騙）的報案率這麼低，或甚至完全沒有被拿出來討論的原因：大家會覺得很難為情、很不好意思。

我不會告訴你不要寫信給服刑的囚犯，會想幫助這些遇上麻煩的人，非常值得嘉許。我自己也曾坐過牢，而我也成功改過自新了，現在我是婚姻幸福的一名男子、一位父親、一位祖父，我每天都在盡全力服務社會和國家，努力償還我給受害人造成的傷害。所以，我知道囚犯和罪犯是會改作自新的，但我也知道許多人是不會改變的，職業詐騙高手就顯少會金盆洗手。因此，務必要小心謹慎，且絕不要寄錢給囚犯。

交友約會詐騙的警告訊號

愛情騙子利用的是人在情感上易受影響的時間點，也就是在覺得自己終於要找到靈魂伴侶的時候，所以很難完全避免這種情況。因此，謹慎評估約會對象，是預防自己心碎一地的關鍵。

語言很重要。仔細查看追求者使用的語言文字。海外詐欺犯的母語不是英文，常會出現拼錯字或文法錯誤的情況；這類詐欺犯可能是使用翻譯軟體，所以有的時候會有不正確、不符合文法的奇怪遣詞用字。提摩西發現，聲稱是美國人的詐欺犯往往會因為口語表達方式而露餡，「很多詐欺犯會把母親的英文拼成『mum』，而不是美國人比較常用的『mom』或『mother』，這樣就可以發現這個人其實不是美國人。」茱爾絲・漢納福德（Jules Hannaford）在其著作《又被玩弄了》（*Fool Me Twice*），描述了網路約會詐騙的故事；漢納福德指出，過度頻繁使用一些宗教字眼也可能是道警告訊號，例如「敬畏神」（God-fearing，意指自己很虔誠，行事為人都會遵循上帝的教導）。漢納福德也發現另一個相當可疑的點，那就是對方的口音與其文化或國家有所出入。

外派花招。提摩西表示：「只要遇到表示自己被外派在海外的人，那就是警訊了。」若對方表示自己是軍方或政府外派在外的人員，一定要小心查證。漢納福德說：「若對方的工作是要到處跑的，也都是警告訊號。」

沒有禮物就拉倒。若對方要求你送禮物卡、iTunes點數卡，或直接要求現金支應旅遊花費、緊急醫療、旅館帳單、小孩或親人的住院費用、申請簽證等官方文件的費用、協助財務困難紓困等等，那就是遇到詐騙了。杰夫・卡德威爾一開始是跟瑪莉莎借一百美元，後來到了提款機前的時候，又改口變成兩百美元，這時瑪莉莎就應該禮貌地回絕，然後離開現場，徹底擺脫這個傢伙！

華麗的照片。若對方的照片看起來很像是雜誌裡的照片，那麼極有可能就是雜誌照片。你可以到https://tineye.com，或使用Google圖片的「以圖搜圖」服務，查查看其他網頁是否有同樣的照片。

愛意綿綿。也就是追求者在認識沒多久，即頻頻說出許多情意綿綿的話。提摩西說：「識破騙子的其中一個關鍵就是對方很快就開始叫你『寶貝』，總是一副深情款款的樣子，這時候我就知道其中必有詐了。」漢納福德也會給很快就出現親密態度的人打個大問號，「當時我和『杜魯門』剛開始傳訊息聊天沒多久，我們甚至都還沒見過面，他就開口說出『我愛你』，頓時讓我覺得很不對勁。」

就是不肯出來見面。詐欺犯常常會找盡各種理由表示他們無法出來見面，有些詐欺犯甚至不肯跟你通電話，也不肯使用Skype或FaceTime，只肯傳訊息和發電子郵件。

始終沒出現。對方會跟你說自己要出國了，所以無法和你見面。同樣地，對方也會一再表明有計劃要來找你，但總是在出發之際取消了，原因不外乎是遭逢可憐的事故、家人突發緊急狀況，或是工作事業上出現困境。

地點有異。若個人檔案照片的拍攝地點，看起來不像是在對方自己聲稱的居住國家，那這個人就有可能是個騙子。

家人遭逢不幸。要是對方表示自己喪偶，無論有沒有小孩，還會配上一段悲慘的故事，像是另一半其實最近剛因為癌症過世之類的情節，此時就要有警覺心了。以瑪莉莎的例子來說，杰夫說一場車禍帶走了自己的親生父母、未婚妻和孩子，為的是要博取同情心和建立親密感，這或許也可以解釋為何瑪莉莎這麼容易就借錢、借車給杰夫。

取名遊戲。雖然未必一定有問題，但全名是兩個名字※組合而成的話，可能表示這名字是假的。

奇怪的號碼。若你的聊天對象給你的電話號碼國碼有異狀，並不是對方聲稱的所在國家，那麼就有可能是遇到詐騙了。

搬家細節。詐欺犯常會脫口說自己曾到訪過你的國家或地區，並表示打算幾個月後搬過來，甚至還說打算搬到你家附近。

※ 英文全名分為名字和姓氏，有各自慣用的字，不過有些家族姓氏的確也常見於名字，例如：Kelly。

社群帳號上的蛛絲馬跡。詐欺犯的社群帳號可能只有幾張照片，和少少幾則有關自己私生活的貼文，且朋友不多，社群網絡有限，且朋友中似乎都是同性友人。

提議換個平台。若對方要求立刻切換平台，要離開交友網站，改用私人電子郵件或即時訊息聊天（但還是不願意視訊）的話，那就得提高警覺了。

決勝點

我演講時，最常被問到的問題中，有這麼一題：詐欺犯怎麼不會真的對詐騙對象產生情感呢？特別是牽扯到感情的愛情詐騙裡，怎麼不會產生情愫呢？詐欺犯沒有靈魂、沒有真心嗎？他們花這麼多時間跟對方相處，甚至還發展到親密關係了，怎麼還下得了手去利用對方呢？嗯……其實一點也不困難，許多詐欺犯只會顧慮到自己，他們多有反社會人格，或是單純想要賺錢，或是天生就是缺乏同情心，又或是純粹就是個很自私的人。

就本章詐騙故事裡的詐欺犯來說，有許多人的生活都相當拮据，心裡想的都是該如何籌到下一頓飯，該如何找個地方度過今晚；若是囚犯的話，想的就是該如何在獄中獲取監獄沒有提供的物品，以及該如何籌到出獄後所需要的金錢，這些人純粹就是沒有為他人著想的能力。麗莎曾詢問過一位從好幾位男性那騙到數千美元的囚犯，問她為何要騙人，得到的答案很簡單：「他們願意給，我也願意收囉！」這回答完美詮釋了自戀型罪犯的想法，這種人似乎也不明白為何你會因此而感到難過。

就我自己的經歷來說，我也能夠理解這樣的想法。其實，我花了好長一段時間，才了解我傷害了多少人，且傷了他們多深。當年我被拘捕到案的時候，還是很年輕的詐欺犯。當時我還真搞不懂，為何這麼多與我相處過的人，說了那麼多我的壞話，我可是有帶他們去吃晚餐，還做了很多逗他們開心的事，就算我用的錢不是正當的錢，但我還是付了帳單，不是嗎？況且這些錢也不是從他們口袋偷來的。過了好一段時間，我才搞懂了，我踐踏了他們的感情，這遠比偷錢、盜走財產還要傷人，因為我們最大的資產其實是我們的心，請務必守護好你的真心。

結語

快轉中的詐騙

六千億美元，這是防毒軟體公司邁克菲（McAfee）認為全球各地為網路犯罪所付出的成本估算，包含害人匪淺的詐騙手法、惡意程式、釣魚詐騙、勒索軟體，以及本書討論過的駭客盜竊資料事件。另外，再加上詐欺犯對個人和社群在情感上釀成的傷害，以及納入消費者、房地產等其他種類的詐騙案，整體的損失與影響可說是相當可觀。無論是一個人騙取另一個人的錢財，還是大型詐騙集團藉由自動語音電話，竊取數百萬人的身分，詐騙的確有可能打亂我們的人生步調。這也是為什麼我要每天早起，努力盡自己的全力教導大眾有關詐騙的事。

每當有人問起晚上會讓我睡不著的原因時，我會這樣回答：首先，我會告訴他們詐騙手法越來越讓人憂心，詐騙範疇越來越廣，殺傷力也日趨增強；第二，我會告訴他們我們得趕緊加速保護我們身分安全的腳步；第三，我會告訴他們自我保護的關鍵，在於要搞清楚自己得小心注意的地方，以及該如何去確實做到留心注意的工作，這點也是本書的核心目的。

接下來，我們要來了解，未來會出現什麼樣的詐騙手法，以及我們可以做些什麼來保護自己與家人朋友。

攸關個人：隱私外洩

我一直都很擔心下一波大型隱私外洩會是針對個人的搜尋引擎紀錄與網頁瀏覽紀錄，會受到侵害的搜尋紀錄可能有數十億筆。依據網際網路世界統計（Internet World Stats）的估算，全球有超過四十二億人——約占總人口數的百分之五十五——曾透過個人電腦、公用電腦或手提電話，進入到網路的世界。搜尋歷史紀錄的內容可含括具爭議性的政治議題、色情內容、個人的健康隱私等，惡名昭彰的壞蛋、政治人物、公眾人物，甚至是一般大眾，全都有可能會遭到駭客或其他類型的網路犯罪分子打劫，並以要把可能會讓你喪盡顏面的搜尋歷史紀錄公諸於世做為威脅，要求支付鉅額贖金。以撰寫此篇後記的時間點來說，光是二〇一九年一、二月，已計有約二十五億筆資料外洩，相當於每分鐘就有約二萬筆資料被洩漏出去，這是資訊科技管理研究所

（IT Governance Institute）提供的數據。同時，我相信，如果犯罪分子找到新的手法取得我們在網路上一舉一動的紀錄資料，那上述的驚人數字肯定會再爆增。

不論我們是用哪一種網頁瀏覽器，我們在網頁上的搜尋紀錄和下載檔案清單都會被記錄下來。一方面來說，這樣的紀錄是有好處的：瀏覽器會記得你造訪過的頁面，回訪時可縮短時間。但是，不管你是多良善正直的人，你可能都不會願意讓其他人取得你的瀏覽歷史紀錄和下載檔案清單，尤其更不想讓時時都在找新方法害人的網路犯罪分子取得這些資訊。

那麼，你該如何維護自己的安全？保持警戒，記得要刪除在網路上的所有活動歷史紀錄，大部分瀏覽器的刪除歷史紀錄功能都非常簡便。另外，你應該也會想要刪除下載檔案清單歷史（不是刪除下載下來的檔案）、網頁cookies（就是網站在你的電腦裡儲存的小型資料檔案），以及電腦裡的快取記憶體（cache，也就是瀏覽器先把圖片儲存起來，可加速往後網頁讀取速度）。在多數瀏覽器裡，只要開啟歷史紀錄選項，點選「清除歷史紀錄」，即可一次刪除上述三種紀錄；只要按個鍵，你所選取的歷史紀錄就會全部都清光光。另外，多數電腦瀏覽器都具有「隱私瀏覽」或是「匿名瀏覽」的視窗模式，一般都放在「檔案」的選單之中；顧名思義，只要是在隱私瀏覽視窗執行的搜尋紀錄，電腦都不會儲存起來，也不會被追蹤。

未來詐騙——不需要拿出武器的戰爭

現今來說，受過訓練的駭客可以在約十五公尺遠的地方，直接關閉某人的心律調整器。再過幾年，犯罪分子就可以在更遠的地方，或許是遠在數千公里外的地方，一次關閉數千人的心律調整器。另外，一樣是在十五公尺遠的距離，駭客甚至可以操控一臺車子。我可以想像，未來的車子都會具備自動駕駛的功能，且都會連上網路，所以遠在幾千公里的地方，也能夠操縱一整排的車子，這將會帶來莫大的混亂與傷害。

網路詐騙可能會成為無良國家重要的攻擊武器，造成社會經濟混亂，導致經濟體崩盤瓦解，但卻完全不必發射一顆飛彈，更不需要開槍。我們可以確定一點：網路戰爭在現在和未來，都不會只是壞蛋才會使用的手段。科技型罪犯利用網路攻擊來破壞機關單位的網路，合法正當的政府機關也一樣，也會運用網路攻擊來防禦敵人，例如美國政府。

舉個相當受矚目的案例來說明，震網（Stuxnet）是支相當複雜縝密的電腦病毒，鎖定的攻擊目標是伊朗的核設施離心機，總計成功感染了該廠五分之一的離心機。控制系統資安專家萊夫．蘭納（Ralph Langner）徹底研究分析了震網，寫道：「人類有史以來，設計最精密的惡意程式。」這支病毒會讓離心機自我摧毀，「不同於以往的惡意程式，震網的目的不是要盜取或操控利用資料，而是要摧毀位於伊朗納坦茲市的燃料濃縮廠的實體設施，也就是伊朗核發展計劃最重要的設施。」

設計繁瑣的惡意程式所帶來最大的問題，就是壞蛋可以研究這支程式，經過修改調整之後，再拿出來使壞。我相信已經有人在做這件事情了，而類似的網路攻擊會企圖攻擊政府機關的內部單位，也就是最高層級且最危急的詐騙對象，這一切只會是時間早晚的問題。詐騙圈裡充斥著金錢資金，資助只關心自己或只在意私利的程式設計專家，這一直都是獲利豐厚的投資；我在聯邦調查局服務期間，就親眼見過許多相關證據。

蘭納表示，大部分的工業製造設施都是採用標準工業控制系統，「你只要能操控一套工業控制系統，就能滲透到其他數十、數百套同類型的系統。」震網這支電腦病毒不是透過網路散播，主要是藉由隨身碟這種簡單的傳播工具。蘭納在《外交政策雜誌》（*Foreign Policy*）發文指出：「殘酷的現實，是全球幾乎每個工業或軍用設備所使用的工業控制系統，多多少少都相當依賴承包商，可是這些承包商大多只專精於某些工程項目，對於網路安全卻很不在行。」

這種現況有個很大的擔憂，因為攻擊的人可能會把目標鎖定在民間基礎建設，例如大型廠房和工廠、交通號誌和運輸系統、水處理廠、核能廠等，並釀成重大傷亡。犯罪分子會找到方法擾亂網路串接，並滲透到機關單位的網路裡，操控輸電網絡，關閉銀行作業系統。我們有能力預防某些攻擊行為，隨著科技技術持續發展，我們也會更有能力偵測出問題所在，不過我們終究是無法完全遏止滋事的壞蛋。我們可以做的是，接受資料外洩意外的事實，然後學習該如何預防被騙子占便宜；若預防不了，那就要想辦法把傷害降到最小。我們得僱用最棒、最聰明的專家，帶我們遠離老想傷害我們的網路犯罪分子，否則後果會相當慘痛，甚至有可能得付出高達數兆美元的代價。

今日身分，明日電子指紋

我很擔心我們現今用來確認個人身分的方式，因為實在是太粗糙了，詐欺犯很容易就能偷取、複製和使用個人身分。我有位工作上的好朋友賴瑞・本森（Larry Benson），於律商聯訊風險解決方案公司（LexisNexis Risk Solutions）擔任策略聯盟總監一職，也是催生出「今日詐騙」（Fraud of the Day）網站的推手，該網站每天都會發表有關詐騙議題的文章。本森對於許多機構組織至今仍仰賴出生證明書、社會安全碼等身分驗證方式，同樣感到不可置信。

本森建議道：「看一下現在的出生證明書。」若你手邊有舊版出生證明書的話，也可以拿出來做個比較，你會發現新舊版長得很相似。「出生證明書上有大頭照嗎？有長相的描述和說明嗎？都沒有，現在的出生證明書只提供了最基本的資料，出生日期、時間和地點，以及性別：男性、女性、有些州還有「X」（非二元性別者）的標注選項。」這些資訊根本就無法確認持有人正是出生證明書上的那個人。

況且，這用來證明身分的出生證明書其實非常容易取得。本森就有證據：「我有很多張不同人的出生證明書：演員強尼・戴普（Johnny Depp）、導演史蒂芬・史匹柏、運動員勒布朗・詹姆士（LeBron James）、前眾議院議長約翰・安德魯・貝納（John Andrew Boehner）、太空人尼爾・阿姆斯壯（Neil Armstrong）、知名拳擊傳奇人物卡修斯・克萊二世（Cassius Clay Jr.，其出生時的本名是穆罕默德・阿里

〔Muhammad Ali〕，即拳王阿里），還有我母親和許多位一般民眾的出生證明書，我還有山德士上校（Sanders，即肯德基爺爺）的死亡證明書，全都是非常容易就可以取得的文件。」

第二種最基本的身分證明文件是社會安全卡，上頭會有名字和編碼，但除此之外也沒有其他資訊了。要製作假的社會安全卡，方法有非常多種，只要上網簡單搜尋一下，就能找到許多店家幫你製作卡片。這種店家會定期關閉，但很快就會有其他店家冒出來取而代之。倚賴這麼一張簡單的紙張來證明身分，肯定會在未來釀成大問題。

展望未來

如果詐欺犯可以到處用各種不同的方式查核你的身分，然後運用各種本書所談論過的手法詐騙，那我們該如何阻擋呢？

臉部辨識科技是一種生物辨識技術（運用生物資料統計分析），或許就是解決方案了，且在未來，此項技術還會更加先進（也會更加普遍）。現階段而言，臉部辨識科技就已經比社會安全卡、出生證明書強大許多。臉部辨識軟體演算個人臉部特徵，然後用來比對監理所資料庫的駕照照片或其他身分文件照片；要蒙騙臉部辨識技術，可不是件簡單的事。如果軟體辨識分析發現照片特徵符合超過一位以上人士的身分時，那麼就得進一步確認是否為文書作業疏失所致，釐清是因為結婚或離婚而變更姓名，還是蓄意詐騙行為，或是其他原因。

撰寫本書之際，計有三十九處州立監理所已採用臉部辨識軟體。傑夫・史萊格（Geoff Slagle）在美國機動車管理人員協會，擔任身分管理主任一職；「現在有機會可以使用這項新技術，揪出企圖躲過系統機制的對象。」史萊格指出：「這項技術真的可以協助辨識詐欺犯。」

麻薩諸塞州為了驗證申請人的身分，駕照更新自助機便採用了生物辨識技術，這臺機器還會在偵測到問題時，發出警告訊號。科羅拉多州、愛達荷州、愛荷華州、馬里蘭州、華盛頓特區也已開始測試數位電子駕照，其實就是加密型手機軟體，並具有遠端讀取技術和臉部辨識功能。我可以預期到的是，不只是在美國，全球各國最終會基於節省成本和安全性的考量，廣為採用數位電子駕照。史萊格也同意此一看法，並觀察到歐洲、亞洲、非洲南部也已著手投入相關研究發展，「問題不是會不會採用，而是什麼時候。」

指紋是另一種生物辨識方式，可用來製作更安全且難以竊取的出生證明書和社會安全卡——以及你的身分。本森表示：「沒有理由不能在一出生時就製作好出生證明書。人一出生時指紋就已經生長完全了，所以可以用晶片記錄下小孩的指紋。」本森進一步指出，該項技術的專利已於數年前提出申請，但州政府與機關單位一般都得花上很長一段時間才會願意採用新技術，這過程需要的是時間和金錢，「這種出生證明書索價較高，約會多出一塊美元。等到該項技術更為普及，大眾也覺得無虞之後，州政府才會採用；不過，一旦開始採用該技術的州別，想必能在身分保護工作上，一馬當先。」

另有不少團體組織出面，表達對於生物辨識軟體侵害隱私的疑慮，因為生物辨識技術也可用在政治抗議集會遊行，以及其他譬如購物中心、運動賽場、甚至都市街道等公眾場合。雖然不是每一州，但部分州立監理所已經先踏出一步，限制生物辨識系統僅可使用於牌照辨識。不過，往後為了遏止身分竊盜，可能還是會傷及到部分隱私。我們勢必得持續努力，找尋不會損及個人權利的身分驗證系統才好。

比特幣夢碎

比特幣是全球性電子貨幣，可以想成是網路世界的現金，可讓大眾透過網路支付和收取現金，甚至也可以寄錢給不認識的人和不信任的對象；未受法規管理，運作也不歸屬傳統銀行體制。由於過去幾年以來比特幣大受歡迎，價值增長不少，也因此成為詐欺犯的下手目標，利用的是大眾有意把比特幣當作投資的這個念頭。比特幣的價值由軟體決定，但僅有少部分的人真的了解該軟體的運作方式，而比特幣詐騙受害種類分有數種。

廣為盛行的比特幣詐騙多與線上的假比特幣「錢包」有關，一旦下載下來、安裝到電腦之後，你的電腦就會被植入會竊取個人資料的惡意程式。另一種虛擬貨幣詐騙是佯裝成代表比特幣公司的人員，等到獲取不知情買家的信任之後，騙子就能取得買家的線上「比特幣錢包」來花用。另外也有傳統老鼠會型式的比特幣詐騙手法：以離譜低價販售假的比特幣。

比特幣詐欺犯以低價、高獲利的保證誘騙受害人；舉例來說，假扮成比特幣交易員的騙子擁有看起來很專業的網站，承諾可協助建立交易比特幣戶頭，並接受使用傳統貨幣，例如美元，支付手續費。一旦戶頭建立完成，你的比特幣就會被竊走，且無從討回，因為比特幣的交易不能變更、也不能取消，這是比特幣的特點，而非設計漏洞。我可以預期到的是，隨著比特幣這類加密電子錢幣越來越受歡迎，加密電子錢幣詐騙案件也會持續增長。

區塊鏈

區塊鏈是我們未來要走的方向，也是保全資料最好的方法，且是百分之百地好好保存。簡單來說，區塊鏈會在電腦記憶體中，幫名字、出生日期、血型的資料，建立無法被駭的「可驗證聲明」。基本上，區塊鏈就是一種紀錄，也可稱為資訊區塊（或交易區塊），可附加到其他資訊區塊之上，然後連接成一串資料，也就是說，每一個資訊、資料或交易區塊的前後皆有連接到其他區塊。同時，因為區塊都「串在一起」，所以難以擅自更動其中一個資料區塊；所以，駭客想要在不被發現的情況之下，更動其中一個含有資訊的區塊時，就得連同該區塊周圍的其他資訊區塊也一起變更才行。

取得、分享可驗證聲明與資料的相關權限內容儲存在區塊鏈的「帳本」裡頭，而帳本會確實記錄兩方的交易資料，並永久保存。成員之間可直接往來溝通，無須經過像是銀行之類的中央授權，可進入系統的每一位使用者都可以看到每一筆交易，但敏感性資料不會被揭露。區塊鏈技術也可用來保護和驗證其他重要性紀錄，例如健康醫療檔案、學術資格證書、財務理財資訊、所有權狀、能源信用額度等。你無法切斷區塊鏈，也無從駭進區塊鏈，更無法變更區塊鏈的內容。擁護區塊鏈的人士認為，各個政府單位、營運組織和公司行號，最終都會採用這個技術。

我個人深信，區塊鏈是未來能夠妥善保護資料處理與儲存的技術，將可大幅降低，甚至有望可以根除身分盜用的問題，可說是保護資料安全最好的方法。

我們能做些什麼？

避免掉入詐騙陷阱最重要的一步是學習新知，運用各種資源，例如AARP樂齡會反詐騙服務，了解最新的詐騙手法與威脅，可上www.aarp.org/fraudwatchnetwork加入該項服務。接著，可循著本書提供的各項建議來面對處理不同的情況。

- 凍結信用。
- 定期清除網頁瀏覽紀錄，或使用隱私瀏覽視窗模式來上網。
- 仔細閱讀銀行戶頭與信用卡明細，了解資金流向。
- 所有主要消費交易都使用單一張信用卡，就算金額很小，也以信用卡結帳，並定期檢查帳戶細目，釐清有疑慮的交易款項。
- 在密碼機制消失那天來到之前，請選用雙重身分認證的密碼機制。
- 絕不要和不認識的人，或是在社群媒體上，分享個人資訊。
- 手機一定要鎖起來。
- 使用細碎式碎紙機把敏感性文件都剪碎。
- 無論是想要投資、買賣房屋或慈善捐款，決定付諸行動之前，一定要詳讀相關文件上的每一個小字，並充分了解文件內容。
- 遇到與金錢相關的決策疑慮時，可尋求旁人不同的意見。
- 如果自己被詐騙了，不要感到不好意思，務必向執法機關報案，並通報AARP樂齡會反詐騙網絡。
- 投票時，可選擇支持國家安全系統升級的政治人物，追求預防發生「零武器戰爭」的目標，杜絕各種網路詐騙與犯罪行為。

- 支持地方政府與州政府運用新科技來保護身分資料，例如生物辨識科技、區塊鏈。

最後，我認為我們得回歸社群團體，成員間相互認識，也互相有照應。其實有許多詐騙都是發生在網路上或孤立無援的時候，如果我們不再低頭沉迷於手機的世界，試著限制自己上網的時間與目的，我們被網路詐欺犯誘騙的機率就會比較低，我們也會感到比較快樂、比較不會有孤立感。二〇一八年，賓州大學有項研究指出，每天使用社群媒體三十分鐘以上的人，可能會出現憂鬱症，而憂鬱症會引發粗心大意的危險行為，導致易受騙上當。參與社群團體可讓我們安全一些，這聽起來或許很簡單，但是我們得走出來，離開螢幕，才能認識左鄰右舍。我們也可以組成鄰里守護團體，預防按鈴登門拜訪的騙子與犯罪分子橫掃社區。只要遇到心中有疑慮的時候，例如投資機會，可以找家人朋友和鄰居商討。不過，當然，就算是擁有許多家人朋友，也保持良好人際關係的人，還是有可能會淪為詐騙受害者。如果你覺得有騙子在接近你，或你已經受騙上當了，皆可通報AARP樂齡會反詐騙網絡。

我們所有人都要有警覺心、學習新知，並與周遭家人朋友保持聯繫往來。

致謝

本書能順利出版，是許多人一起協力合作的成果。我要特別感謝許多人願意在本書中分享自己曾經受騙上當的故事，謝謝執法機關和政府單位分享辨識、打擊詐騙行為的方法與建議，也很感謝一般大眾願意提供自己的經歷與教訓。本書中，有些人名是真名，也有些人——特別是曾被犯罪分子傷害過的受害人——選擇以匿名或化名的方式來分享自己的故事。

我也要大力感謝聯邦調查局的全體同仁，謝謝你們對我的支持，並讓我有這榮幸的機會到聯邦調查局學院從事教學工作，以及參與協助調查處的計劃。

我還要大為感謝AARP樂齡會的夥伴，謝謝你們讓我有機會寫這本書：圖書部門總監喬蒂・利普森（Jodi Lipson），品牌公關部門的凱倫・霍里根（Karen Horrigan），協助審閱本書初稿的反詐騙網絡團隊凱西・斯托克斯（Kathy Stokes）、艾咪・諾夫席格（Amy Nofziger）、克莉絲汀・凱艾森（Kristin Keckeisen），以及協助本書宣傳工作的羅莉・卡馬登納・愛德華茲（Laurie Comadena Edwards）、吉娜・萊特（Gena Wright）、馬克・巴格利（Mark Bagley）。

另外，我還想要感謝ＡＡＲＰ樂齡會協助事實查證的團隊：凱倫・豐特（Karen Font）、克里斯・法蘭斯（Kris French）、米雪兒・哈理斯（Michelle Harris）、朱恩・崔里（Chuong Trang）；也要謝謝我的作家經紀人湯姆・米勒（Tom Miller）。

我還要謝謝企鵝出版集團Portfolio出版社的社長艾德里安・賽克漢（Adrian Zackheim）、行銷領域專家泰勒・愛德華茲（Taylor Edwards）、推廣領域鬼才艾莉莎・艾德勒（Alyssa Adler），還有負責本書封面精美設計的克里斯・瑟吉歐（Chris Sergio）、協助本書統整與管理工作的奧莉維亞・佩魯索（Olivia Peluso）、文稿編輯威爾・帕摩（Will Palmer）；當然還有我的編輯莉亞・楚伯斯特（Leah Trouwborst），謝謝莉亞的創意點子和鷹眼般的銳利雙眼。

我個人要特別向凱倫・凱利（Karen Kelly）致謝，凱倫是名副其實的作家和研究調查員，也是我合作過最才華洋溢的夥伴！她總是有辦法把艱難的主題，轉換成易於理解的內容，變成讀者可以用來解決嚴肅問題的方法。凱倫出過好幾本書，也有許多訪談經驗，更研究調查過非常錯綜複雜的主題。我能有機會與凱倫合力完成本書，感到榮幸之餘，更是覺得無比開心。我們一生中，總會遇到幾位非常專業的人士，而凱倫・凱利正是這麼一號人物，我在此誠心感謝凱倫對本書所付出的一片苦心。

參考資料來源

AARP. *The Con Artist's Playbook: The Psychology Behind ID Theft, Fraud and Scams.* Washington, DC: AARP Fraud Watch Network, n.d. www.aarp.org/content/dam/aarp/money/scams_ fraud/2017/07/ The- Con-Artists-Playbook-AARP.pdf.

——. "Scams and Fraud." Alerts, articles, and other resources. https://www.aarp.org/money/scams-fraud/.

Abagnale, Frank, and Will Johnson. *The Perfect Scam.* AARP podcast series. www.aarp.org/podcasts/the-perfect-scam/.

Choi-Allum, Lona. *401(k) Participants' Awareness and Understanding of Fees.* Washington, DC: AARP Research and Strategic Analysis, February 2011. www.aarp.org/work/retirement-planning/info-02-2011/401k-fees-awareness-11.html.

Equifax. *A Lasting Impact: The Emotional Toll of Identity Theft.* Atlanta: Equifax, 2015. www.equifax.com/assets/PSOL/15-9814_psol_emotionalToll_wp.pdf.

Federal Bureau of Investigation. *2017 Internet Crime Report.* Washington, DC: Internet Crime Complaint Center, Federal Bureau of Investigation, 2018. https://pdf.ic3.gov/2017_IC3Report.pdf.

Internal Revenue Service. "Tax Scams-How to Report Them." Last updated April 23, 2018.

www.irs.gov/businesses/small-businesses-self-employed/tax-scams-how-to-report-them.

Kircanski, Katharina, Nanna Notthoff, Doug Shadel, Gary Mottola, Laura L. Carstensen, and Ian H. Gotlib. *Heightened Emotional States Increase Susceptibility to Fraud in Older Adults.* Stanford, CA: Stanford Center on Longevity, Stanford University, May 5, 2016. http://longevity.stanford.edu/2016/ 05/ 05/ heightened- emotional- states- increase- susceptibility-to-fraud-in-older-adults-2/.

Pascual, Al, Kyle Marchini, and Sarah Miller. *2018 Identity Fraud: Fraud Enters a New Era of Complexity.* Pleasanton, CA: Javelin Strategy and Research, February 6, 2018. www.javelinstrategy.com/coverage-area/2018-identity-fraud-fraud-enters-new-era-complexity.

Sauer, Jennifer, and Alicia Williams. *Online Relationship Scams: Protect Your Heart and Your Wallet: Online Relationship Scams: An AARP National Survey of Internet Users Ages 18+.* Washington, DC: AARP, February 2019. https://doi.org/10.26419/res.00277.001.

Shadel, Doug, and Karla Pak. *AARP Investment Fraud Vulnerability Study.* Washington, DC: AARP Research, February 2017. https://doi.org/10.26419/res.00150.001.

——. *Under Fire: Military Veterans and Consumer Fraud.* Washington, DC: AARP Research, November 2017. https://doi.org/10.26419/res.00182.001.

附錄資料

AARP樂齡會反詐騙網絡（AARP Fraud Watch Network）

www.aarp.org/ fraudwatchnetwork

免費登錄詐騙監督警報服務，即可獲取方法識破、躲避各類型詐騙，例如身分盜用、投資詐騙、假期詐騙等。另可查閱你所在州別執法機關所發出的即時詐騙警報通知，有效追蹤詐騙手法的變化發展。另外，可撥打免付費服務電話，通報詐騙案件，並可與反詐騙顧問通話討論。

艾巴內爾顧問公司（Abagnale & Associates）

www.abagnale.com

法蘭克・威廉・艾巴內爾二世時常前往各地宣導預防詐騙的方法，歡迎前來聯繫接洽演講事宜。

聯邦貿易委員會（Federal Trade Commission）

www.ftc.gov

可上www.ftc.gov/complaint通報詐騙案，煩請盡可能提供詳盡資訊，例如收到的信件或電子郵件影本、接到來電的日期與時間、電話內容、來電號碼等。雖然詐欺犯可能會使用科技技術、謊騙電話號碼，也可能會使用假的電話號碼，不過執法機關依然有辦法追蹤電話來源，抓到來電的詐欺犯。所有身分盜用相關案件，可前往www.identitytheft.gov 進行通報。

金融業監管局（Financial Industry Regulatory Authority，FINRA）

www.finra.org

為獨立運作的機構，負責維護證券經紀自營商的管理標準。該單位的官網提供投資人許多資料與服務，包含投訴證券經紀自營商。

國稅局（Internal Revenue Service，IRS）

www.irs.gov

國稅局官網提供許多有關聯邦稅制、稅務詐騙與防治方法，以及各種金融犯罪的資訊。

聯邦醫療保險（Medicare）

www.medicare.gov/ fraud

聯繫該單位，取得與聯邦醫療保險相關詐騙手法的破解與預防方法，並可透過800免付費電話，通報與健康醫療和健康保險相關的可疑來電。

各州皆有配置長者醫療巡邏隊，協助解答各種有關聯邦醫療保險的疑問，包含潛在的身分盜用和詐騙案件等問題，並提供許多可靠資訊。可前往www.smpresource.org/content/what-smps-do.aspx，或撥打877-808-2468，找到自己所屬州別的辦公室。另外，工作人員也可協助判斷是否可能遇上詐騙或是身分盜用情事。

要是確定有人盜用了你的聯邦醫療保險福利，可依循身分盜用處理步驟，前往www.identitytheft.gov進行舉報。

謝絕來電登錄計劃（National Do Not Call Registry）

www.donotcall.gov

可免費登錄住家電話和手機電話，禁止合法正當經營的公司撥打不想接的推銷電話，但仍可接到競選電話、慈善機構來電、債務催收電話、訪問電話、電話民調電話。另外，最近曾光顧過的公司行號也可能會打電話過來，不過若已要求對方不要打電話來的話，那麼對方就應該要尊重你的決定。要是你已把電話號碼登錄本計劃，然後又接到推銷電話，那極有可能是遇到詐騙。

北美證券管理協會（North American Securities Administrators Association Inc.，NASSA）

www.nasaa.org

北美證券管理協會為志願性組織，協助投資人遠離詐騙。

社會安全局（Social Security Administration，SSA）

www.ssa.gov

聯繫社會安全局，即可取得預防詐騙的技巧，也可直接撥打反詐騙熱線，通報詐騙事宜。

美國證券交易委員會（U.S. Securities and Exchange Commission，SEC）

公司融資監管部（Division of Corporation Finance）

www.sec.gov

美國證券交易委員會可解答有關證券交易的各種疑難雜症，也可協助確認證券公司與證券交易商的登記情況。公司融資監管部為了要確保投資人的決策皆有所根據，致力於提供投資人充足的投資資訊。

慈善機構評等與評比

下列組織單位係針對各個慈善機構進行評等與評比，可以搜尋慈善機構的名稱，以利了解該機構直接運用在其成立宗旨目的之慈善款項比例，並取得相關資訊。

慈善導航（Charity Navigator）

www.charitynavigator.org

慈善監督（CharityWatch）

www.charitywatch.org/ home

Give.org（明智捐贈聯盟〔BBB Wise Giving Alliance〕）

www.give.org

善捐組織（Givewell）

www.givewell.org

信用評等公司

前往www.annualcreditreport.com，即可向全國三大信用報告機構——Experian信用監測服務、信評公司Equifax、個人徵信機構TransUnion——免費申請年度信用報告。若想要取得最新信用報告，每年可定期分別向三大信用報告機構申請報告書（譬如：一月一日先跟Experian信用監測服務索取，五月一日跟個人徵信機構TransUnion索取，到了九月一日再跟信評公司Equifax索取）。另外，你也可以聯繫三大信用報告機構，要求凍結信用。

Experian信用監測服務

www.equifax.com

信評公司Equifax

www.experian.com

個人徵信機構TransUnion

www.transunion.com

台灣相關機構

中華民國內政部警政署
www.npa.gov.tw

內政部警政署刑事警察局
www.cib.gov.tw

內政部警政署165全民防騙網
165.npa.gov.tw

教育部全民資安素養網
isafe.moe.edu.tw

財政部稅務入口網

www.etax.nat.gov.tw

衛生福利部中央健康保險署

www.nhi.gov.tw/

財團法人金融聯合徵信中心

www.jcic.org.tw/main_ch/index.aspx

詐騙交鋒：FBI安全顧問、神鬼交鋒傳奇詐欺師，教你輕鬆識破詐騙陷阱、練就戰勝騙子的反詐心法

Scam Me If You Can: Simple Strategies to Outsmart Today's Rip-off Artists

作　　者：法蘭克・艾巴內爾
（Frank W. Abagnale）
譯　　者：吳盈慧 Ingrid Wu
責任編輯：張之寧
內頁設計：家思編輯排版工作室
封面設計：任宥騰
行銷企畫：辛政遠、楊惠潔
總 編 輯：姚蜀芸
副 社 長：黃錫鉉
總 經 理：吳濱伶
發 行 人：何飛鵬
出　　版：創意市集
發　　行：英屬蓋曼群島商家庭傳媒股份有限公司城邦分公司
香港發行所：城邦（香港）出版集團有限公司
香港灣仔駱克道 193 號東超商業中心 1 樓
電話：(852) 25086231
傳真：(852) 25789337
E-mail：hkcite@biznetvigator.com
馬新發行所：城邦（馬新）出版集團
Cite (M) Sdn Bhd
41, Jalan Radin Anum, Bandar Baru Sri Petaling,
57000 Kuala Lumpur, Malaysia.
電話：(603) 90578822
傳真：(603) 90576622
E-mail：cite@cite.com.my
展售門市：台北市民生東路二段 141 號 7 樓
製版印刷：凱林彩印股份有限公司
初版一刷：2020 年 6 月
I S B N：978-957-9199-91-9
定　　價：420 元

若書籍外觀有破損、缺頁、裝訂錯誤等不完整現象，想要換書、退書，或您有大量購書的需求服務，都請與客服中心聯繫。

客戶服務中心
地　　址：10483 台北市中山區民生東路二段 141 號 2F
服務電話：（02）2500-7718、（02）2500-7719
服務時間：週一至週五 9：30～18：00
24 小時傳真專線：（02）2500-1990～3
E-mail：service@readingclub.com.tw

詐騙交鋒：FBI安全顧問、神鬼交鋒傳奇詐欺師，教你輕鬆識破詐騙陷阱、練就戰勝騙子的反詐心法 / 法蘭克.艾巴內爾（Frank W. Abagnale）作；吳盈慧譯. -- 初版. -- 臺北市：創意市集出版：家庭傳媒城邦分公司發行, 2020.06
面； 公分
譯自：Scam me if you can : simple strategies to outsmart today's rip-off artists
ISBN 978-957-9199-91-9（平裝）

1. 犯罪心理學 2. 欺騙 3. 犯罪防制

548.52 109004236